U0620712

权威·前沿·原创

皮书系列为
"十二五"国家重点图书出版规划项目

基金会蓝皮书

BLUE BOOK OF
FOUNDATION

中国基金会发展报告
（2014）

ANNUAL REPORT ON CHINA'S FOUNDATION DEVELOPMENT
(2014)

主　编／刘忠祥

社会科学文献出版社
SOCIAL SCIENCES ACADEMIC PRESS（CHINA）

图书在版编目（CIP）数据

中国基金会发展报告.2014/刘忠祥主编.—北京：社会科学
文献出版社，2015.4
（基金会蓝皮书）
ISBN 978 - 7 - 5097 - 7188 - 4

Ⅰ.①中…　Ⅱ.①刘…　Ⅲ.①基金会 - 发展 - 研究报告 -
中国 - 2014　Ⅳ.①D632.1

中国版本图书馆 CIP 数据核字（2015）第 042152 号

基金会蓝皮书

中国基金会发展报告（2014）

主　　编／刘忠祥

出 版 人／谢寿光
项目统筹／周　丽　蔡莎莎
责任编辑／蔡莎莎

出　　版／社会科学文献出版社·经济与管理出版分社（010）59367226
　　　　　　地址：北京市北三环中路甲 29 号院华龙大厦　邮编：100029
　　　　　　网址：www.ssap.com.cn
发　　行／市场营销中心（010）59367081　59367090
　　　　　　读者服务中心（010）59367028
印　　装／北京季蜂印刷有限公司

规　　格／开本：787mm × 1092mm　1/16
　　　　　　印张：15　字数：185千字
版　　次／2015 年 4 月第 1 版　2015 年 4 月第 1 次印刷
书　　号／ISBN 978 - 7 - 5097 - 7188 - 4
定　　价／69.00 元

皮书序列号／B - 2013 - 372

此报告的研究和出版得到了凯风公益基金会的资助

摘　要

《中国基金会发展报告（2014）》包括一篇总报告、两篇分报告和两篇专题报告。总报告描述了中国基金会发展的整体格局，主要包括全国基金会的数量状况、资产状况、收入状况、支出状况、工作人员和机构建设状况。最后，结合近几年全国基金会发展的状况对基金会发展趋势进行了分析。

分报告1呈现了民政部登记的基金会2013年的发展状况。除了基本的财务数据外，该报告还描述了基金会公益活动情况和内部治理情况。同时，该报告还对基金会发展中存在的问题进行了总结和思考。

分报告2呈现了深圳市登记的基金会发展状况。自2009年以来，深圳市基金会发展迅速，而且在领域分布、内部治理以及民政部门工作措施等方面呈现了自己的特点。

专题报告1是有关基金会税收优惠政策的研究报告。税收优惠政策体现了国家对基金会的鼓励和监管。该报告对基金会享受税收优惠的现状和存在的问题进行了分析，并在此基础上提出了政策建议。

专题报告2是关于基金会公众筹募政策的研究报告。该报告分析了在网络筹募快速发展、公众参与度和监督意识提升的情况下，基金会公众筹募的现状和挑战，进而提出了针对性的建议。

Abstract

The Annual Report on China's Foundations Development (2014) contains a main report, two sub-reports and two special reports. The main report describes the overall development status of China's foundations, including the statistical status of foundations' amount, assets, income, expenditure, full-time staff and condition of the organization construction. Lastly, the main report analyzes the development trend of foundations in China on the basis of recent years' development situation.

Sub-report 1 presented the development status of foundations supervised by the Ministry of Civil Affairs in 2013. In additional to the basic financial data, this sub-report describes the philanthropic programs and internal management situation. Meanwhile, this report presents the summary and viewpoint of problems existing in the development of foundations.

Sub-report 2 presents the development status of foundations in Shenzhen. Shenzhen's foundations have developed rapidly since 2009, performing some characteristics in fields' distribution, internal management and policies of civil affairs department.

Special Report 1 is a research report about foundation tax preferences policy. Tax preferences policy reflects encouragement as well as supervision of government. This report analyzes the situation and problems existing in the current tax preferences policy, and, on the basis of which, puts forward policy suggestions.

Special Report 2 is a research report about the policy of public fundraising. This report analyzes the situation and challenge of public

fundraising in the context of rapidly growing development of raising money via Internet, public participation and supervision consciousness, and then puts forward the pertinent suggestions.

序
努力推进社会组织诚信建设

国务院颁布的《社会信用体系建设规划纲要（2014～2020）》（以下简称《规划纲要》）对社会组织诚信建设做出了具体部署，明确提出到 2020 年社会组织诚信建设的目标任务，这对于加强社会组织自身建设、促进社会组织健康有序发展具有重要作用。

一 推进社会组织诚信建设的重要意义

社会组织诚信建设的进程、质量和水平，不仅直接影响到国家社会信用体系建设的进展，而且对于转变政府管理方式、完善市场经济体系、促进社会和谐发展等都具有十分重要的意义。

（一）社会组织诚信建设，是推进社会文明进步的必然选择

社会文明是人彰显其社会属性的成果。改革开放以来，我国由计划经济向市场经济快速转型，伴随着经济发展和人们收入的增长，更多的"单位人"转变为"社会人"，人们的思想日益开放、活跃，传统的精神文明建设方式已力不从心，信任危机、信仰缺失、人性冷漠等各种道德失范问题日益突出，给社会和谐稳定带来深层次隐患，直接阻碍了社会的文明进步。社会组织所具有的公益理念和志愿精神，对于现代社会是一笔宝贵的财富。人之靓丽，并

非容颜，而是内心，心存善念，非靓也美，非富也贵；人之真诚，并非话语，而是纯洁，心灵纯洁，不语也真，不诉也纯。生活的美来源于你对生活的热爱，友情的纯真来源于你对朋友真诚的相待。真诚和理解是人与人交往中最珍贵的品质。社会组织是传播社会主义核心价值观的重要载体，在推动社会文明进步中发挥着不可或缺、不可替代的作用。加强社会组织诚信建设，有利于发挥社会组织分布广泛、贴近群众、制度灵活的优势，能够充分调动人民群众自我组织、自我引导、自我管理、自我教育的潜能，以更低的成本、更高的效率，有效培育人们的参与意识、奉献意识、集体意识，增强社会诚信，促进社会互信，提升社会道德，从而从整体上推动我国社会文明进步。

（二）社会组织诚信建设，是完善社会主义市场经济体制的迫切要求

现代市场经济是诚信经济，市场交易关系和交易行为更多表现为信用关系，市场化程度越高，对市场主体诚信发育程度的要求也越高。社会组织作为重要的市场主体之一，其诚信建设是成熟的市场经济体系的重要环节。当前，我国正处于经济转型发展的关键期，社会组织尤其是行业协会商会，通过加强会员企业诚信宣传和培训、推进行业信用建设、制定行业自律规则并监督会员遵守、推动形成行业性约束和惩戒机制等诚信建设举措，能够有效规范市场经济秩序和改善市场信用环境，能够降低交易成本和防范经济风险，能够助推经济转型和产业结构升级，从而推进我国社会主义市场经济体制的不断完善。

（三）社会组织诚信建设，是改进社会组织管理的有效手段

党的十八届二中、三中全会，明确提出要对行业协会商会类、科技类、公益慈善类、城乡社区服务类社会组织实行直接登记，同时要求民政部门加强登记审查和监督管理。这项改革将带来社会组织数量的迅速增长、管理服务任务的大幅增加。面对这种情况，要实现对社会组织放得开、管得住的要求，就需要转变社会组织管理方式，既要发挥政府各部门综合监管效能，又要畅通社会监督渠道，发挥社会组织自律作用；既要坚持依法管理，加强法律保障，又要运用诚信自律、道德约束等方式化解矛盾、解决问题。按照《规划纲要》要求，健全社会组织信息公开制度，加快社会组织信息化建设，强化社会组织诚信自律，充分发挥社会的监督作用和社会组织自律监管作用，有助于减轻政府部门管理压力，实现事中、事后监管，是转变社会组织管理方式的有效手段和必由之路。

（四）社会组织诚信建设，是建立现代社会组织体制的内在要求

总体上看，我国社会组织还处于发展的初级阶段，离现代社会组织体制还有较大的差距，有些社会组织内部治理不完善，组织机构不健全，民主管理不落实，财务管理不透明，自律性和诚信度不高，社会公信力不足，有的甚至违背自身非营利性质，打着公益的幌子，通过乱评比、乱表彰、乱培训、乱拉赞助、强制服务等方式变相敛财。这些缺失诚信的行为，严重损害了现代社会组织的公信力和社会形象，影响了社会组织的健康有序发展。诚信建设是现代社会组织体制构建的关键。推进社会组织诚信建设，有利于引导社会组织建立健全自律机制，实现自我约束、自我管理、自我规范，

更好地维护公众利益，服务社会，在社会上真正树立起现代社会组织的良好形象。

二　推进社会组织诚信建设的重点任务

《规划纲要》提出了社会组织诚信建设的目标、内容和任务，具体来讲，下一阶段要围绕以下重点任务开展工作。

（一）加强社会组织规范化建设

按照现代社会组织体制要求，围绕增强依法自治能力，推动社会组织建立健全现代法人治理结构。完善会员（代表）大会、理事会、监事会制度。建立以章程为核心的人事、财务、档案、资产、活动管理、机构管理、议事决策等内部管理制度，完善内部组织架构。将诚信建设内容纳入社会组织章程，落实民主选举、民主决策、民主管理、民主监督，推进社会组织明确权责、依法自治、发挥作用。建立健全法定代表人离任审计和责任追究制度，规范社会组织服务和收费行为。引导社会组织重视人才队伍建设，提高工作人员专业化、职业化水平。建立多部门联合执法机制，加强执法监察，加大对社会组织违法违规行为的查处力度。

（二）健全社会组织信息公开制度

按照分类指导、分类管理的要求，研究制定各类社会组织信息公开办法，推动社会组织建立健全信息公开制度。对于基金会等公益慈善类组织，要积极主动向社会公开自身内部信息和业务活动信息，尤其是接受捐赠资金的详细使用情况。对于行业协会商会等社会团体，要主动向会员公开重大活动、财务收支、出国（境）考察、年度工作报告等信息，向社会公开登记证书、章程、组织机构、负责人、接受捐赠、政府转移职能或者委托项目等信息。对于民办非企业单位，要通过信息公开推动品牌化建设。登记管理机关要积极提供统一的信息发布平台，方便各类社会组织及时公开相关信息。推动广大社会组织不断丰富信息公开内容，扩大信息公开范围，创新信息公开方式。

（三）建立行业协会商会自律机制

推动行业协会商会根据行业发展要求，建立行业性约束和惩戒机制，要制定行业自律规则并监督会员遵守，对违规的失信者，实施警告、通报批评、公开谴责、取消会员资格、向有关执法部门通报等惩戒措施。鼓励行业协会商会研究制定行业职业道德准则，规范从业人员职业行为，营造诚信执业良好氛围。引导行业协会商会积极协调会员企业之间、会员企业与其他经济组织之间的关系，维护会员和行业利益。支持行业协会商会依据有关法律、法规、政策和自身章程，制定质量规范和服务标准，规范行业产品和服务质量。引导行业协会商会加强会员诚信宣传教育和培训，发挥行业协会商会在行业信用建设中的作用。

（四）完善社会组织等级评估制度

加强社会组织评估标准化建设，进一步完善各类社会组织评估指标体系。完善社会组织评估工作办法，研究制定开展社会组织第三方评估工作的指导意见，推动各地建立第三方评估机制。进一步扩大评估工作覆盖面，加大评估力度，增强评估工作影响力。修改《社会组织评估管理办法》，加强社会组织评估结果的应用，研究社会组织评估等级和社会组织信用体系的互动衔接办法。

（五）推进社会组织信用信息平台建设

依托全国社会组织法人单位信息资源库建设规划，整合社会组织信用信息资源，实现社会组织信用记录的电子化储存，加快建设社会组织信用信息平台。完善社会组织信用信息记录制度，将社会组织基本情况、组织结构、主要人员、重大活动、财务状况、宗旨、章程、业务范围、年检结果、专项治理、执法查处等信用信息及时、准确记入社会组织信用信息档案。推进社会组织信用信息的互联互通，实现登记管理机关和相关部门的信息共享和联合监管。建设社会组织信用信息发布和评价平台，及时向社会发布社会组织信用信息，充分发挥社会监督作用。

（六）建立社会组织信用奖惩机制

对于诚信社会组织，在年度检查、等级评估、税收优惠、职能转移、购买服务等事项中，实行优先办理、简化程序、"绿色通道"和重点支持等激励政策，并通过新闻媒体进行广泛宣传，营造守信光荣的舆论氛围。对于失信社会组织，探索建立"黑名单"管理制度，采取限制参与政府购买服务项目、取消财政补助和资助、取消税收减免资格、降低评估等级等措施，加大惩戒和震慑力度。建立多部门、跨地区的社会组织信用奖惩联动机制，使守信者处处受益、失信者寸步难行。

三　确保社会组织诚信建设工作落实到位

社会组织诚信建设是一项全新的工作，要统一思想认识，注重统筹规划，周密安排部署，加强协调配合，推动各项工作任务落到实处。

一是要搞好工作结合。当前，我国社会组织正处于改革的关键阶段。党的十八届二中、三中全会围绕"改革社会组织管理制度""激发社会组织活力"进行了改革安排，在社会组织直接登记、行业协会商会脱钩、加强事中事后监管、加大培育扶持等方面都将有一系列具体措施和办法。因此，我们在谋划推进社会组织诚信建设工作过程中，一定要与当前社会组织管理制度改革各项任务结合起来，找准结合点和着力点，力求通过社会组织管理改革推动社会组织诚信建设，通过社会组织诚信建设促进社会组织管理改革，进而做到一同部署，一体推进，一并落实。

二是要抓住重点突破。社会组织诚信建设，信息化是基础、支撑和保障。但我国社会组织信息化工作起步晚、基础弱、进展缓慢，不仅严重落后于工商、金融等其他部门和领域的信息化建设步伐，也与我国社会组织改革发展形势不相适应。为此，我们一定要以落实《规划纲要》为契机，彻底改变社会组织信息化水平低的状况。要以"全国社会组织法人库"为基础，加快建立社会组织信用信息系统，完善登记管理信息平台，实现社会组织信用信息的联动。只有抓住这一重点环节进行推进，社会组织信用体系才有依托和抓手。

三是要形成工作合力。社会组织分布在各行各业、各个领域，社会组织诚信建设离不开各个部门的共同努力。要明确职责分工，建立各司其职、协调配合、合力推进的工作机制。要争取地方各级政府的支持，将社会组织诚信建设纳入工作日程。各级登记管理机关要发挥牵头协调作用，统筹安排好社会组织诚信建设各项工作任务，支持有条件的地区和行业结合《规划纲要》要求和地方、行业的实际，在社会组织诚信建设上先行先试。

四是要加强宣传引导。组织广大社会组织积极开展"重信守诺，奉献社会"主题活动，加强社会组织诚信文化建设，引导社

会组织将诚信建设作为自觉追求和普遍行动。充分发挥电视、广播、报纸、网络等媒体的宣传引导作用，树立社会组织诚信建设典型，使广大社会组织学有榜样、赶有目标。开展社会组织诚信建设突出问题专项教育和治理活动，树立社会组织诚信自律新风尚。建立健全社会组织违规失信行为的舆情监测和发布机制，及时回应社会关切。

民政部副部长

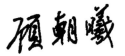

目 录

BⅠ 总报告

B.1 中国基金会发展报告（2014） ················· 001

  导 言 ································· 001

  一 全国基金会数量状况 ················· 005

  二 全国基金会资产状况 ················· 013

  三 全国基金会收入状况 ················· 029

  四 全国基金会支出状况 ················· 043

  五 全国基金会人员及机构状况 ··········· 058

  六 2013 年基金会发展趋势 ·············· 070

BⅡ 分报告

B.2 民政部登记的基金会发展报告（2013） ········· 079

B.3 深圳市基金会发展报告（2012～2013） ········· 094

Ⅲ 专题报告

.4 中国基金会税收优惠政策研究报告 …………………… 134

.5 社会组织（基金会）公众筹募政策研究报告 ………… 205

皮书数据库阅读 **使用指南**

CONTENTS

B I   General Report

B.1   Annual Report on China's Foundations Development in 2014   / 001
    Introductions   / 001
    1. Amount Status of Foundations Nationwide   / 005
    2. Asset Status of Foundations Nationwide   / 013
    3. Income Status of Foundations Nationwide   / 029
    4. Expenditure Status of Foundations Nationwide   / 043
    5. Full-time Staff and Organization Status of Foundations Nationwide   / 058
    6. Development Trend of Foundations Nationwide in 2013   / 070

B II   Sub-reports

B.2   Annual Report on MOCA Supervised Foundations Development (2013)   / 079
B.3   Annual Report on Shenzhen Foundations Development (2012-2013)   / 094

B III   Special Reports

B.4   Research Report on Tax Preferences Policy of Chinese Foundations   / 134
B.5   Research Report on Public Fundraising Policy of Social
    Organizations (Foundations)   / 205

总 报 告

General Report

B.1

中国基金会发展报告（2014）

导　言

这是第四本中国基金会发展报告，经过过去四年来的探索和实践，《中国基金会发展报告》已经形成自己的风格，并且根据实际的数据情况和基金会发展状况不断完善。报告以上一年度中国基金会全部年检数据为基础，定位于提供客观翔实的中国基金会数据及简洁的分析解读，让研究者可以从这里获取有效信息，基金会领域内的从业者能看到较为宏观的基金会发育格局，社会公众也可以从中了解基金会各方面情况。

1. 数据来源与方法

报告以 2013 年中国基金会年检数据为基础进行统计分析，该数据由民政部及地方民政部门提供。报告主要采取描述性统计分析

的方法，少数地方使用了相关分析，数据分析的统计工具主要是
Stata 软件。本报告采取了全样本数据，即涵盖每一家参加 2013 年
年检的基金会，不存在抽样误差等问题，能够准确地呈现中国基金
会发展的整体现状。

报告中的数据全部来源于基金会向其登记管理机关报送的
2013 年基金会年度工作报告，这些基金会年度工作报告最终将在
中国基金会网（http：//chinafoundation. org. cn/）上呈现。由于登
记管理机关使用的都是统一的年度检查报告格式，所以这些数据具
备统计口径一致、系统全面、真实性和权威性强等特点。

较往年有改善之处在于，自 2013 年起，除了少数地区之外，
全国各地基金会均使用民政部统一的系统提交年度工作报告，这使
得年检数据能够统一且更为翔实。但由于仍然存在部分省份用自己
的系统甚至是不通过网站年检的情况，所以除了基本信息和财务信
息之外，部分细化的数据（如分类资产、志愿者情况等）存在着
更多的缺失值。若未加以特殊说明，所用的样本均为参加 2014 年
年度检查的 3226 家基金会信息。该数据不包含在中国台湾、香港
和澳门地区登记的基金会。

截至 2013 年底，在全国各级登记管理机关登记注册的基金会
共有 3549 家。参加 2014 年年度检查的基金会共 3226 家，未参检
的基金会有三类：部分年底新成立的基金会、停止活动拟注销或者
是已注销的基金会、无故不参检的基金会。随着近年来基金会数量
的迅速增多，在经过一段时间发展之后，有些基金会已经逐渐进入
"休眠"状态，甚至发生违规操作需要撤销。所以，不参检的基金
会有可能会增多，例如海南省 56 家基金会仅有 34 家参加了 2013
年的年检，属于参检率较低的省份。虽然要求基金会在第二年 3 月
31 日之前上报年检材料，但随着基金会数量的增多，最终年检材
料的细致审核需要一定的时间，甚至需要重新提交年检材料。对于

部分省份，年检工作全部完成可能要到七八月份，这就延缓了年检数据的收集。

当年基金会数量＝上一年基金会数量＋当年新成立基金会数量－当年注销基金会数量。并不是每新成立一家基金会，基金会总数就一定会增加。因为存在不规范操作而依法被注销或完成宗旨、无法完成宗旨申请的情况，加之各地登记管理机关在上报及对外公布新成立基金会时存在时间上的差异，基金会的数量处在随时可能增减的动态变化中。

因此，本报告没有采用实时统计基金会数量的方法，而是按年末统一的时间节点进行统计。总体来看，基金会的退出机制还需要进一步完善，每年真正依法被注销的基金会并不多，有一些基金会长期处于"待注销"的休眠状态。

目前，年检报告数据是反映中国基金会的实际状况的最有效资料，但这也并不能保证其在每一个细节上与真实情况完全一致。本报告在需特殊说明的地方都附注了数据来源及有效数据情况，力图更加真实、可靠、有效地呈现基金会的真实信息，尽可能地通过客观、信息含量大的表格展现更多的数据，以供研究者参阅。

2. 章节安排

基金会年度发展报告的模式基本固定，每年会以较为统一的方式呈现基本数据，同时在此基础上结合当年的基金会发展现状和热点进行总结。

总报告主要包括以下六个方面的内容。

第一部分：全国基金会数量状况。

该部分对2013年中国基金会数量状况进行呈现与分析。该部分分析了2004年至今历年基金会数量变化情况，并按类型（公募和非公募）、登记时间、登记地区（部门）三个维度对基金会的数

量进行进一步的分析。

第二部分：全国基金会资产状况。

该部分主要关注基金会的原始基金和年末总资产状况。报告对原始基金和年末总资产分别做了总体情况描述，并进一步按类型（公募和非公募）、登记地区（部门）进行分析，并对流动资产、长期投资等分类资产进行分析。

第三部分：全国基金会收入状况。

该部分对2013年基金会收入情况进行汇总与分析，首先对基金会收入情况进行总体描述，接下来按类型（公募和非公募）、登记地区（部门）等维度进行分析，最后对捐赠收入（分为个人/法人、现金/实物、境内/境外）、政府补助收入、保值增值收入等进行了呈现与描述，让读者进一步看到基金会的收入结构。

第四部分：全国基金会支出状况。

该部分与收入状况呈现的内容类似，涉及总体情况描述、分类描述以及对不同类别的支出情况（公益支出、行政办公费用、人员工资福利）进行具体的分析。

第五部分：全国基金会人员及机构状况。

该部分对2013年中国基金会专职工作人员状况进行了描述与分析，其主要内容包括专职工作人员的总体状况，不同类型、规模和地区基金会专职工作人员的状况与特点。除了专职人员之外，还分析了理事、监事、分支机构、代表机构、专项基金、举办刊物等情况。

第六部分：2013年基金会发展趋势。

该部分主要呈现了2013年基金会的发展趋势，其中将前3年的基本情况与2013年的基本情况进行了简要的对比，分析2013年基金会的主要变化趋势。

一　全国基金会数量状况

1. 基金会数量持续增长

截至2013年底，全国各级登记管理机关登记注册的基金会共3549家，其中，参加2013年年度检查的基金会共有3226家，参检率为90.90%。未参检的基金会往往是年底新成立的基金会、停止活动或者是拟（已）注销的基金会，还有无故不参检的基金会。若未加以特殊说明，所用的样本均为参加2013年年度检查的3226家基金会信息。

从整体情况来看，2004年6月1日实施的《基金会管理条例》（以下简称《条例》）要求《条例》实施前以社团的方式登记的基金会重新换证登记。有些基金会并没有及时登记，就视同注销了，故2003～2004年存在基金会减少的情况（见表1）。2004年以后，除2005年基金会年增长率为9.19%外，其他年份全国基金会增长率维持在15%左右的水平。随着基金会基数逐渐增大，能保持这样的增长速度是基于新成立基金会绝对数量的增加。到了2013年，当年新成立的基金会为432家，当年新成立基金会的数量几乎是2004年时全国基金会数量的一半。2013年基金会年增长率为15.46%，整体数量的增长量为432家，增长率与上一年度基本持平，但绝对增长数量比上一年度多了49家。

要维持这样的发展速度，不仅需要政策上的支持鼓励，也需要足够的社会资源投入，即社会中有许多个人或组织愿意且有足够的资源投入公益领域成立基金会。2004～2013年10年的时间，无疑是中国基金会快速发展的10年，从数量到整体面貌上，中国基金会都有了巨大的变化。

表1 全国基金会数量增长趋势

单位：家，%

年份	公募	非公募	总数	增长量	同比增长率
2003	—	—	954	—	—
2004	—	—	892	−62	−6.50
2005	721	253	974	82	9.19
2006	795	349	1144	170	17.45
2007	904	436	1340	196	17.13
2008	943	643	1586	246	18.36
2009	1029	800	1829	243	15.32
2010	1078	1065	2143	314	17.17
2011	1115	1296	2411	268	12.51
2012	1228	1566	2794	383	15.88
2013	1319	1907	3226	432	15.46

注：2010年之前数据来源于中国社会组织网，2010年之后数据来源于年检数据。不包括境外基金会代表机构。《条例》出台以前，没有公募基金会和非公募基金会之分，2004年对之前的基金会进行换证登记，一些以个人名字或企业名称命名的基金会换证登记为公募基金会，有些基金会没有进行换证登记，故基金会数量有所减少。

3226家基金会中，公募基金会有1319家，占总数的40.89%，2012年公募基金会为1228家，占总数的43.95%，该比例比上一年度降低了3.06个百分点；非公募基金会有1907家，占总数的59.11%，上一年度该比例为56.05%。非公募基金会比公募基金会多588家，呈现了比公募基金会更快速的增长势头。

在2004年《条例》出台之前，没有公募基金会和非公募基金会的区别。2005年底非公募基金会仅有253家，而2013年底则发展到1907家，后者是前者的7.54倍。相较于非公募基金会的快速增长，公募基金会虽有增加但增长趋势明显弱于非公募基金会（见图1）。截至2013年，全国公募基金会数量达到1319家，与2005年比数量尚未翻番。2011年，非公募基金会数量第一次多于公募基金会，两者基本持平。此后非公募基金会占据了越来越大的

比重，两者的数量差距也逐年增大。经过了两年的发展，到了
2013 年底，非公募基金会占了基金会总数的六成左右。

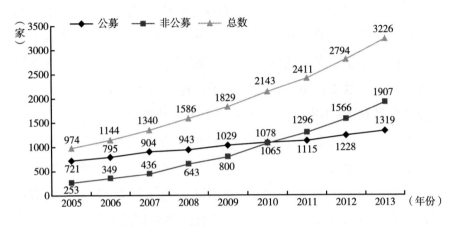

图1　全国基金会数量增长情况

从 2013 年参检基金会的设立登记时间（见图 2）可以看出，
几乎很少有基金会是 2004 年及之前登记的，且在 2005 年及之前，
公募基金会登记数远多于非公募基金会，整个基金会领域并没有发
展起来，直到近 10 年才进入快速发展的"黄金时期"。所以，国
内基金会的年龄大多数不超过"10 岁"，处于起步期。

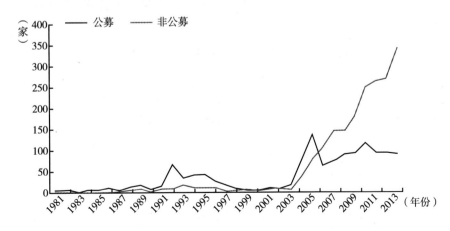

图2　不同类型基金会设立登记时间与数量

2004 年之后，公募和非公募基金会都开始快速增长。其中两者又有差异。

对于公募基金会来说，最明显的"峰值"出现在 2005 年，当年登记公募基金会数量达到 139 家，下一年便回落下来，然后，近 3 年来增长略有下降。整体来看从 2005 年至今，基本每年新登记的公募基金会数量在 100 家左右，增长速度较为稳定，平均每个省份新增数量在 3~4 家，这并不是一个很大的量。

而非公募基金会则呈现完全不同的状况。在 2004 年之前，非公募基金会年增长量基本不足 10 家/年（2004 年《条例》出台后换证时登记为非公募基金会），登记最多的一年为 15 家，平均每个省份新成立的基金会不到 0.5 家。且这些登记的非公募基金会往往是具有政府背景或者是与政府关系密切的名人发起成立的基金会。2004 年之后，这个状况迅速改变，且增长速度持续走高。在 2004~2005 期间，年增长量还不足 100 家，2006~2009 年期间年增长量在 100~200 家，而到了 2010 年之后，每年新增的非公募基金会在 250 家以上，到了 2013 年，新增的非公募基金会数量达 341 家，且没有减弱的趋势，这个增长速度是十分惊人的。

表 2 以 2004 年为界限，汇总了 2013 年参检基金会的整体构成。

表 2　2004 年前后基金会成立情况对比

单位：家，%

时间	公募	百分比	非公募	百分比	总数	百分比
2004 年及之前	459	34.80	132	6.92	591	18.32
2005~2013 年	860	65.20	1775	93.08	2635	81.68
总数	1319	100.00	1907	100.00	3226	100.00

自从 1981 年我国第一家基金会成立到 2004 年底，成立并在 2004 年换证登记的基金会共有 591 家，占目前全部基金会数量的 18.32%。

其中公募基金会459家，占全部公募基金会的34.80%；非公募基金会132家，占全部非公募基金会的6.92%。2005～2013年，成立的基金会共2635家，占全部基金会的4/5左右。其中公募基金会860家，占全部公募基金会的65.20%；非公募基金会1775家，占全部非公募基金会的93.08%。相比于西方国家，中国基金会真正的发展历史很短，也就是近10年的时间，处于发展起步期，尚有很多需要完善之处。同时，中国基金会发展迅速，十分具有活力，近5年不管是数量上、类型上还是运作模式上甚至可以用"天翻地覆"来形容。

2. 全国基金会地区分布状况

中国基金会发展地区差异十分明显。由表3可见，我国基金会数量排名前5名的地区（部门）为江苏省、浙江省、广东省、北京市和民政部，民政部登记的基金会的住所主要在北京，这5个地区（部门）登记的基金会一共有1421家，占全国基金会总数的44.05%，比往年略有下降，可见除了这5个地区（部门）之外，其他地方的基金会也开始快速发展起来了。基金会数量过百的地区还有湖南省、福建省、上海市和四川省，其中四川省基金会数量首次过百。排名在后5位的是新疆生产建设兵团（以下简称兵团）、西藏、青海、新疆、贵州。

表3　2013年全国基金会地区（部门）分布情况

单位：家

地区/部门	公募	非公募	合计	地区/部门	公募	非公募	合计
江　苏	174	240	414	福　建	23	135	158
浙　江	125	156	281	上　海	50	98	148
广　东	91	184	275	四　川	70	39	109
北　京	41	229	270	河　南	34	57	91
民政部	90	91	181	陕　西	30	60	90
湖　南	104	67	171	内蒙古	37	49	86

续表

地区/部门	公募	非公募	合计	地区/部门	公募	非公募	合计
山 东	37	45	82	重 庆	26	19	45
湖 北	21	53	74	广 西	18	22	40
辽 宁	46	26	72	甘 肃	24	15	39
安 徽	23	46	69	海 南	12	22	34
黑龙江	33	30	63	江 西	16	18	34
云 南	35	23	58	贵 州	28	3	31
吉 林	20	35	55	新 疆	16	9	25
天 津	20	35	55	青 海	12	7	19
河 北	12	38	50	西 藏	3	1	4
山 西	22	28	50	兵 团	2	2	4
宁 夏	24	25	49	合 计	1319	1907	3226

我国基金会数量与各地经济发展水平关系密切。多数基金会分布在东部地区[1]，中部次之，西部最少，且一般情况下，经济越发达的地区，基金会数量越多、规模越大（见图3）。基金会数量超过百家的9个省份和部门中，只有湖南属于中部地区，四川属于西部地区，其他均属于东部地区。中部省份基金会数量在50～100家之间，西部省份则大多在50家以下。

但从整个变化趋势上看，2013年东部地区基金会数量所占的比例开始明显下降了，东部地区基金会为2020家，比上一年增长了193家，占全国基金会的62.62%，比上一年下降了2.77个百分点（见表4）。中部地区基金会有607家，比上一年增长了111家，所占总数比例为18.82%，比上一年上升了1.07个百分点。西部

---

[1] 中国区域划分标准：根据地域和经济发展水平，中国31个行政区域分为东、中、西三个地区，东部地区包括北京、天津、河北、辽宁、上海、江苏、浙江、福建、山东、广东和海南11省（市）；中部地区有8个省级行政区，分别是山西、吉林、黑龙江、安徽、江西、河南、湖北、湖南；西部地区包括的省级行政区共12个，分别是四川、重庆、贵州、云南、西藏、陕西、甘肃、青海、宁夏、新疆、广西、内蒙古。而民政部登记的基金会住所多数在东部，故将其列入东部地区。

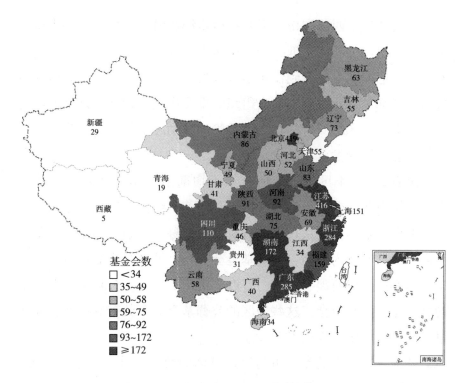

图 3 2013 年全国基金会地域分布

注：在民政部注册的基金会在此图中按地域进行了划分。

地区基金会为 599 家，其中基金会数量最多的西部省份为四川省，数量达到了 109 家。西部地区基金会数量所占比例为 18.57%，比上一年提升了 1.71 个百分点。

表 4 全国基金会地区分布状况

单位：家，%

地区	公募	百分比	非公募	百分比	合计	百分比
东部	721	54.66	1299	68.12	2020	62.62
中部	273	20.70	334	17.51	607	18.82
西部	325	24.64	274	14.37	599	18.57
合计	1319	100.00	1907	100.00	3226	100.00

四川省属于西部省份，但其社会组织数量和东部的一些省份持平甚至是超过了某些东部省份。四川省内的基金会等社会组织快速发展在一定程度上是受到汶川地震等自然灾害的影响，从政府到基层的社区都充分认识到了社会组织的重要作用，辅之以外来资源对于灾区本土社区的支持，在当地政策的鼓励之下，催生了当地基金会等社会组织的发育。

由表3、表4可见，地区分布不均衡不仅体现在基金会数量上，还体现在基金会类型的分布上。江苏、浙江、广东、北京、福建、上海等基金会数量较多的省份，非公募基金会均多于公募基金会。中部省份较为平衡，公募基金会和非公募基金会数量差距不突出。西部地区如新疆、西藏、青海、贵州等省份，公募基金会数量均多于非公募基金会。这些地区的公募基金会多数带有一些官办背景，是由政府相关部门发起设立的。

各地区基金会的类型也与当地具体的政策、社会的活跃程度、文化传统、经济实力等因素有一定的关系。基金会数量超过100家的几个地区（部门）中（见图4），大多为非公募基金会多于公募基金会。还有一些地区（部门），两类基金会数量基本持平，只有

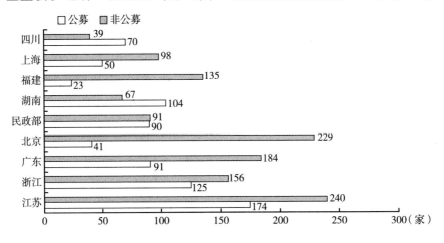

图4 基金会数量在100家以上的省份（部门）的基金会类型分布

湖南省和四川省公募基金会数量明显多于非公募基金会。可见，整体上，包括相关政策和社会意愿，在设立登记时，都还是比较倾向于非公募基金会。

二　全国基金会资产状况

1. 全国基金会原始基金数

（1）原始基金总量情况

原始基金数额是反映基金会规模大小的指标之一，它与基金会年末总资产、年末净资产等一起共同反映基金会的资产规模和发展状况。

2013 年我国基金会原始基金数额总量为 247.95 亿元，比 2012 年增长 11.27%。平均每家基金会原始基金数额为 768.60 万元，比 2012 年减少 3.70%。其中公募基金会原始基金总额为 118.91 亿元，占总额的 47.96%；非公募基金会原始基金总额为 129.04 亿元，占总额的 52.04%。

原始基金总额增长幅度与 2012 年相比（21.74%）有所减少。同时原始基金的平均规模也比上一年度缩小了 3.7%，可见2013 年新成立的基金会原始基金平均规模小于之前成立的基金会。其主要原因是 2013 年没有像前两年那样有大资产规模的基金会成立。

由表 5 可见，全国基金会原始基金数额分布在 0～400 万元（含 400 万元）①的基金会占总数的 71.04%，即原始基金数额在

---

① 大部分基金会都满足公募基金会原始基金最低为 400 万元、非公募基金会原始基金最低为 200 万元的要求，极少部分在 2004 年之前登记的基金会原始基金低于 200 万元。《条例》出台以前成立的基金会原始基金数额若没有进行补齐，则可能达不到此标准。《条例》出台以后的基金会必须按此规定中的原始基金数额进行设立登记。

400万元及以下的基金会依然是国内基金会的主体。《条例》规定地方性公募基金会原始基金数额不得低于400万元人民币、地方民政部门登记的非公募基金会原始基金数额不得低于200万元人民币。这是对基金会作为独立法人的基本要求，半数以上的基金会都是以最低原始基金数额登记注册。其中原始基金恰好为200万元的非公募基金会一共1136家，占基金会总数的35.21%，占非公募基金会的59.57%；原始基金恰好为400万元的公募基金会一共675家，占基金会总数的20.92%，公募基金会总数的51.18%。

原始基金数额在2000万至1亿元的基金会一共129家，非公募基金会略多于公募基金会。原始基金数额在1亿元以上的基金会有21家，占基金会总数的0.65%，其中公募基金会12家，非公募基金会9家。我国基金会原始基金数额普遍不高，多数是刚刚达到《条例》要求。不过，原始基金仅是基金会开展社会公益活动的基本底线，发展较好的基金会其资产、收入、支出可能是原始基金的几倍甚至是数十倍，所以原始基金数额大的基金会其资产规模一般比较大，而资产规模大的基金会其原始基金并不一定多。

表5　全国基金会按原始基金数额分布情况

原始基金数额（万元）	公募基金会		非公募基金会		合计	
	数量(家)	比例(%)	数量(家)	比例(%)	数量(家)	比例(%)
[0,200]	16	1.21	1141	59.83	1157	35.86
(200,400]	750	56.86	385	20.19	1135	35.18
(400,600]	272	20.62	135	7.08	407	12.62
(600,1000]	150	11.37	87	4.56	237	7.35
(1000,2000]	58	4.40	82	4.30	140	4.34
(2000,10000]	61	4.62	68	3.57	129	4.00
10000以上	12	0.91	9	0.47	21	0.65
合　计	1319	100.00	1907	100.00	3226	100.00

对基金会出资作为其原始基金是一种社会捐赠，一旦确定出资并通过验资进入基金会账户，这部分资金的性质便发生了改变，不能收回，也不再是出资者个人或者组织的资产，而是基金会的公益资产，其使用和管理需要遵循相关的政策法规及基金会章程。在每年基金会登记管理机关的年检工作中，要求基金会的净资产达到登记时的原始基金量，这是"基金会"这一法人主体的基本要求，是为了保障组织能够满足基本的资产要求开展公益项目。

由表6可见，我国原始基金数过亿元的基金会共有21家。其中，

表6　原始基金数额过亿元名单（不包括1亿元）

单位：万元

序号	名　　　　称	省　份	类　型	原始基金	年末总资产
1	中国残疾人福利基金会	民政部	公　募	50621	78701.4
2	陕西省神木县民生慈善基金会	陕　西	非公募	50000	236071.3
3	中国海油海洋环境与生态保护公益基金会	民政部	非公募	50000	50225.1
4	上海市慈善基金会	上　海	公　募	46000	209459.6
5	嘉兴市秀洲区农业技术推广基金会	浙　江	公　募	40000	400.4
6	中国和平发展基金会	民政部	非公募	30100	31872.2
7	上海市拥军优属基金会	上　海	公　募	26000	69483.9
8	江苏元林慈善基金会	江　苏	非公募	25660	25268.4
9	中国青年创业就业基金会	民政部	公　募	24000	15868.1
10	紫金矿业慈善基金会	民政部	非公募	20000	19788.9
11	泛海公益基金会	民政部	非公募	20000	20109.8
12	神华公益基金会	民政部	非公募	20000	91191.0
13	陕西省府谷县城乡居民大病医疗救助基金会	陕　西	非公募	17600	20654.7
14	广州市教育基金会	广　东	公　募	17378	18179.1
15	陕西省府谷县教育基金会	陕　西	非公募	16000	17139.3
16	苏州市党员关爱暨帮扶困难群众基金会	江　苏	公　募	16000	17574.2
17	上海市教育发展基金会	上　海	公　募	14400	24841.4
18	上海公安金盾基金会	上　海	公　募	14000	17547.1
19	广州市番禺区教育基金会	广　东	公　募	13040	25662.1
20	广东省见义勇为基金会	广　东	公　募	12527	12235.9
21	佛山市顺德区教育基金会	广　东	公　募	10653	15184.0

民政部登记的基金会是 7 家，占原始基金过亿元基金会的 33.33%；上海市 4 家，广东省 4 家，陕西省 3 家，江苏省 2 家，浙江省 1 家，可见资产规模较大的基金会基本都分布在东部沿海省份，中西部地区仅有陕西省有原始基金规模较大的基金会。原始基金最多的基金会是中国残疾人福利基金会（公募），金额达到 5.06 亿元，另外在 2011 年和 2012 年陕西省和民政部各成立了 1 家原始基金达到 5 亿元的基金会，分别是陕西省神木县民生慈善基金会和中国海油海洋环境与生态保护公益基金会。原始基金在 2 亿元及以上的基金会共有 12 家。原始基金过亿元的基金会主要有两种类型，一种是带有一定政府背景的基金会，这类基金会以公募为主，成立时间一般都比较早。少数新成立的往往是地方性公募基金会，且一般是开展民生救助类活动。另一类是带有企业背景的基金会，这类基金会基本上都是非公募基金会，且一般都是近两三年成立，资金规模较为雄厚，除了在民政部登记之外，往往是在东部较为发达省份登记。

这 21 家基金会的原始基金总额为 53.40 亿元，占全国基金会原始基金总额的 21.54%，其中公募基金会有 12 家，非公募基金会有 9 家。

（2）原始基金地区分布情况

与基金会数量分布情况类似，基金会原始基金也有按地域分布的特点。由表 7 可见，原始基金数额总数排名在 10 亿元以上的省份和部门有民政部、江苏省、上海市、广东省、浙江省、陕西省、湖南省，比上一午度新增一个省份——湖南省。其中，民政部登记的基金会原始基金数额总量和均值都排名第一，这同样与《条例》的规定有关。在民政部登记注册的公募基金会原始基金至少在 800 万元以上，非公募基金会原始基金至少在 2000 万元以上。事实上，近年来在民政部登记成立的非公募基金会，原始基金一般都在 5000 万元以上，在整体上具有规模优势。与 2012 年相比，民政部登记的基金会原始基金总额有所降低，这与缺失值有关。浙江省原始基金总额增长了近5亿元，湖南省增长超过3亿元。

表7　全国基金会原始基金总量

单位：万元

地区/部门	总数	平均数	公募总数	平均数	非公募总数	平均数
民政部	633407.00	3499.49	187021.00	2078.01	446386.00	4905.34
江　苏	345575.40	834.72	160612.80	923.06	184962.60	770.68
上　海	222420.00	1502.84	162870.00	3257.40	59550.00	607.65
广　东	205837.00	748.49	145088.00	1594.37	60749.00	330.16
浙　江	182981.30	651.18	96518.93	772.15	86462.41	554.25
陕　西	123985.00	1377.61	15880.00	529.33	108105.00	1801.75
湖　南	108592.60	635.04	87357.01	839.97	21235.60	316.95
北　京	88573.00	328.05	20038.00	488.73	68535.00	299.28
福　建	68164.77	431.42	13960.00	606.96	54204.77	401.52
四　川	44504.58	408.30	33431.58	477.59	11073.00	283.92
山　东	41601.00	507.33	26245.00	709.32	15356.00	341.24
湖　北	32082.28	433.54	17605.00	838.33	14477.28	273.16
黑龙江	31084.00	493.40	17709.00	536.64	13375.00	445.83
内蒙古	30252.00	351.77	15000.00	405.41	15252.00	311.27
河　南	27948.00	307.12	14413.00	423.91	13535.00	237.46
辽　宁	27531.86	382.39	21346.86	464.06	6185.00	237.88
山　西	25425.60	508.51	13427.60	610.35	11998.00	428.50
贵　州	24590.00	793.23	14132.00	504.71	10458.00	3486.00
云　南	24545.69	423.20	18985.69	542.45	5560.00	241.74
安　徽	24283.55	351.94	11068.55	481.24	13215.00	287.28
重　庆	19827.00	440.60	14521.00	558.50	5306.00	279.26
天　津	18810.00	342.00	11210.00	560.50	7600.00	217.14
宁　夏	18765.00	382.96	9895.00	412.29	8870.00	354.80
吉　林	18683.38	339.70	9566.04	478.30	9117.34	260.50
海　南	16624.17	488.95	7787.00	648.92	8837.17	401.69
河　北	15394.00	307.88	4900.00	408.33	10494.00	276.16

续表

地区/部门	总数	平均数	公募总数	平均数	非公募总数	平均数
广　西	14484.66	362.12	8373.00	465.17	6111.66	277.80
甘　肃	14018.97	359.46	10298.97	429.12	3720.00	248.00
江　西	10515.00	309.26	6015.00	375.94	4500.00	250.00
新　疆	9210.00	368.40	6110.00	381.88	3100.00	344.44
青　海	7250.00	381.58	5732.00	477.67	1518.00	216.86
兵　团	1280.00	320.00	880.00	440.00	400.00	200.00
西　藏	1263.16	315.79	1063.16	354.39	200.00	200.00
总　计	2479510	768.60	1189061	901.49	1290449	676.69

资料来源：各地登记管理机关填报的基金会基本情况表。

　　基金会原始基金数额平均值超过 1000 万元的依然只有民政部、上海市、陕西省三个地区或部门。这三个地区或部门都存在一些原始基金十分大额的基金会，使得整个地区或部门的基金会整体原始基金平均额较大。江苏、贵州、广东、浙江、湖南、山西、山东这几个省份原始基金平均额度为 500 万 ~ 1000 万元。剩下地区基金会原始基金规模都是在 500 万元以下（见图 5）。从全国来看，非公募基金会的原始基金总数比公募基金会多 10.14 亿元，但是从平均原始基金来看，公募基金会高于非公募基金会。这与《条例》本身的要求有一定的关系。在民政部登记注册的基金会之中，公募基金会平均规模为 2078.01 万元，非公募基金会是其两倍多，达到 4905.34 万元，可见在民政部登记的非公募基金会都属于大规模的基金会。陕西省也是非公募基金会的平均原始基金金额大于公募基金会，这与其少数特殊值的影响有关。

2. 全国基金会年末总资产

（1）基金会年末总资产总量情况

　　截至 2013 年底，中国基金会资产总额为 944.67 亿元，比 2012

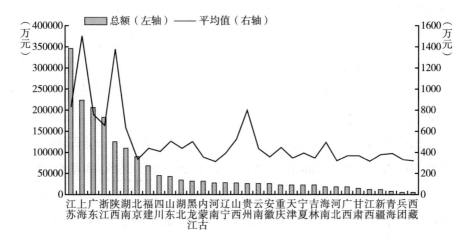

图5 各省原始基金总值与平均值比较

注：民政部基金会规模远大于地方省份，故未在此图中出现。

年增长2.34%，相对增长率不如2012年与2011年（2012年为17.61%，2011年为29.91%）。其中公募基金会资产为487.93亿元，占总额的51.65%，非公募基金会资产为456.74亿元，占总额的48.35%。平均每家基金会年末总资产为2965.99万元，相较于2012年的3303.82万元减少了10%。这表明，新成立的基金会资产额度相对较低，从而使得基金会年末总资产均值整体有所下降。相对原始基金数，我国基金会年末总资产总量要大得多，是原始基金数的3.81倍，相较2012年有所降低（上一年度为4.14倍）。基金会年末总资产相较原始基金数的扩大倍数是判断基金会活跃程度的指标之一。

这些资产是通过企业、政府、个人及其他社会组织等进入社会公益领域的重要资源。但不管来源于哪一种主体的捐赠，它们都进入了"公益"范畴中，不管其以何种方式进行传递，它们的公益性质在传递过程中均不能发生改变。

基金会自身可以进行资产的保值增值运作，增值后的资产也必

须属于基金会，保持其公益性质不变。所以，在合法、安全、有效的原则下各种资产运作方式都是合理的，甚至是值得鼓励的，因为如果不对公益资产做合理的保值工作，那么这部分资产反而有可能会随着通货膨胀而贬值，虽然金额不变，但实质上却是"缩水"了的。

由图6可见，在基金会年末总资产分布情况中，公募基金会资产为500万~1000万元的居多，一共有337家，占公募基金会总数（有效数据为1308家，下同）的25.76%；其次是500万元以下的，共有326家，占公募基金会总数的24.92%；1000万~2000万元的基金会有280家，占公募基金会总数的21.41%；2000万~5000万元的基金会有195家，占公募基金会总数的14.91%；5000万~1亿元的基金会有84家，占公募基金会总数的6.42%；资产在1亿元以上的公募基金会一共86家，其中有13家基金会资产超过了5亿元，最多的为中华慈善总会，总资产为30.83亿元。

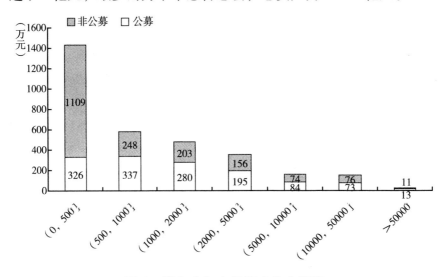

图6 基金会年末总资产分布情况

注：有效数据中有公募基金会1308家、非公募基金会1877家，共计3185家，缺失值有41家。

相比之下，非公募基金会的资产规模较小，主要集中在 500 万元以下，这类基金会一共有 1109 家，占非公募基金会总数（有效数据为 1877 家）的 59.08%。在 1 亿元以下的区间，随着资产规模的增多，非公募基金会数量逐渐减少。但是 1 亿~5 亿元的基金会数量要比 5000 万~1 亿元的基金会数量多 2 家。另外，资产规模上亿元的非公募基金会数量为 87 家，超过公募基金会 1 家。其中最多的为 2011 年成立的河仁慈善基金会，资产规模达到 26.21 亿元。1 亿元以上的非公募基金会是在近 3 年来才逐渐兴起的，越来越多的大企业或者企业家愿意把资金捐赠到基金会，且不再停留在过去相对较小的规模，而是较大规模的资金支持。

一般来说，成立时间较早的基金会都有了一定的积累，其资产规模相对较大，尤其是除了流动资产之外的固定资产等其他资产类别也较多；新成立的基金会往往资产类别较为单一，以流动资产为主。目前只有少数基金会像河仁慈善基金会那样在成立之初就投入了大规模的资金，利用公益资金的保值增值收入来开展公益项目，更多基金会还是通过每年社会捐赠募集来的资金开展项目活动。

表 8 是我国基金会中年末总资产过 5 亿元的基金会名单，2013 年该类基金会一共有 24 家，与上一年度持平。这 24 家基金会的年末总资产之和达到了 311.23 亿元，占当年中国基金会年末资产总额的 32.95%。可见，和企业领域类似，基金会领域内很多资产也都是集中在少部分"航空母舰"型的基金会中。在名单中登记管理机关为民政部的基金会有 14 家，占 58.33%。同原始基金数额过亿元的基金会中在民政部登记的基金会占多数的原因一样，民政部登记的基金会原始基金数额门槛较高，故而这些基金会资产雄

表8 年末总资产在5亿元以上的基金会名单

单位：万元

序号	名　　称	地区/部门	类　型	成立年份	年末资产
1	中华慈善总会	民政部	公　募	1994 年	308286.13
2	河南省宋庆龄基金会	河　南	公　募	1992 年	287187.84
3	河仁慈善基金会	民政部	非公募	2010 年	262051.80
4	清华大学教育基金会	民政部	非公募	1994 年	240048.51
5	陕西省神木县民生慈善基金会	陕　西	非公募	2011 年	236071.30
6	上海市慈善基金会	上　海	公　募	1994 年	209459.63
7	北京大学教育基金会	民政部	非公募	1995 年	168925.63
8	中国扶贫基金会	民政部	公　募	1989 年	156707.55
9	中国教育发展基金会	民政部	公　募	2003 年	117852.27
10	浙江大学教育基金会	民政部	非公募	2006 年	97434.15
11	上海市大学生科技创业基金会	上　海	公　募	2006 年	95782.95
12	神华公益基金会	民政部	非公募	2010 年	91191.00
13	老牛基金会	内蒙古	非公募	2007 年	88996.87
14	上海民生艺术基金会	上　海	非公募	2010 年	88067.28
15	上海交通大学教育发展基金会	上　海	非公募	2005 年	83027.69
16	中国残疾人福利基金会	民政部	公　募	1984 年	78701.43
17	中华全国体育基金会	民政部	公　募	1994 年	78582.29
18	南京大学教育发展基金会	江　苏	非公募	2005 年	77788.28
19	上海市拥军优属基金会	上　海	公　募	1995 年	69483.91
20	中国青少年发展基金会	民政部	公　募	1989 年	61763.74
21	中国光华科技基金会	民政部	公　募	1993 年	56676.24
22	中国红十字基金会	民政部	公　募	1994 年	55646.78
23	上海宋庆龄基金会	上　海	公　募	1993 年	52306.68
24	中国海油海洋环境与生态保护公益基金会	民政部	非公募	2012 年	50225.10
	合　　计				3112265.03

厚，相应的年末总资产也高。在民政部之外，上海地区年末资产在5亿元以上的基金会也比较多，一共有6家。在这些年末总资产超

过 5 亿元的基金会中，公募基金会有 13 家，略多于非公募基金会。其中公募基金会资产规模较大的主要是全国性大型公募基金会、各地的慈善会、扶贫救济类基金会，非公募基金会资产规模较大的主要是高校成立的基金会和企业基金会。在领域上，除了基础慈善领域，还有文化、体育、环保等类的基金会，大规模基金会的类型逐渐增多。

其中中华慈善总会属于资产规模最大的机构，但其收入和支出都超过了其资产规模，分别达到了 100.85 亿元和 97.02 亿元。除了中华慈善总会之外，有些公募基金会并没有太大规模的资产，但每年的收支规模都很大。

（2）基金会年末总资产地区（部门）分布情况

由表 9 可见，我国基金会年末总资产排名首位的是民政部登记的基金会，总额达 298.93 亿元，均值为 1.65 亿元，两项指标较上一年度都有所降低，但均远远超过地方各省份登记的基金会。基金会年末总资产超过 100 亿元的还有江苏省、上海市，没有突破亿元的有青海省、西藏自治区和新疆生产建设兵团，均属于西部地区。另外，上海市基金会的平均资产规模达到了 7755.25 万元，是除了民政部之外，基金会平均资产规模最大的地区。陕西省基金会的平均资产规模也比较大，在 5000 万元以上，其原因是陕西省有 2 家资产规模较大的基金会，这使得其整体平均值变大。

与原始基金数额不同，全国公募基金会年末总资产要高于非公募基金会年末总资产，相差约 31 亿元，这一差距相较于上一年度的 100 亿元已有明显的缩小。这一方面说明，一些大型的全国性公募基金会成立时间相对较长，资金经过积淀，规模较大，有的还接受政府补贴，因而总资产较高；另一方面也说明了非公募基金会资金规模在逐渐发展壮大，两者差距已经在逐渐缩小；此外，也与公募基金会和非公募基金会公益支出比例的计算方法有关。

表9 全国基金会年末总资产

单位：万元

地区/部门	总数	平均值	公募	非公募
民政部	2989330.00	16515.64	1515057.00	1474273.00
江 苏	1222617.00	2960.33	414325.10	808291.50
上 海	1147778.00	7755.25	705149.40	442628.20
广 东	629377.30	2288.65	405909.40	223467.90
北 京	410322.70	1519.71	82636.31	327686.30
陕 西	377725.20	5474.28	54096.37	323628.80
浙 江	370313.80	1327.29	219921.00	150392.80
河 南	348581.90	3873.13	326956.70	21625.17
福 建	297010.50	1891.79	102097.20	194913.30
湖 南	205870.90	1218.17	164737.00	41133.93
四 川	179446.70	1646.30	146922.20	32524.53
内蒙古	172385.20	2004.48	64024.04	108361.10
山 东	137341.00	1674.89	95584.53	41756.42
天 津	123776.00	2250.47	75343.14	48432.85
山 西	102465.40	2049.31	28407.38	74058.00
湖 北	100445.60	1375.97	41065.17	59380.44
安 徽	82326.54	1193.14	54967.04	27359.50
黑龙江	76685.78	1217.24	50687.75	25998.04
辽 宁	73956.84	1027.18	60435.90	13520.94
云 南	60015.63	1052.91	51969.24	8046.40
江 西	43038.26	1265.83	20770.66	22267.60
广 西	42972.95	1101.87	31631.38	11341.57
重 庆	40743.72	905.42	30903.11	9840.61
吉 林	38766.20	745.50	19889.64	18876.57
贵 州	36265.59	1169.86	35952.83	312.76
河 北	29737.72	594.75	14999.21	14738.50
宁 夏	28739.25	586.52	20171.48	8567.77
海 南	26704.60	785.43	9328.55	17376.05
甘 肃	20434.67	601.02	11558.12	8876.55
新 疆	18335.69	763.99	13764.00	4571.69
青 海	9337.29	518.74	8180.37	1156.92
西 藏	2562.56	640.65	1536.90	1025.70
兵 团	1255.71	313.93	301.15	954.55
合 计	9446666.20	2965.99	4879279.20	4567386.60

注：该部分数据存在41家缺失值。

一般情况下，资产越多，基金会当年的公益支出也会越多。对于非公募基金会，《条例》要求"非公募基金会每年用于从事章程规定的公益事业支出，不得低于上一年基金余额的8%"；对于公募基金会，《条例》要求"公募基金会每年用于从事章程规定的公益事业支出，不得低于上一年总收入的70%"，所以存在极少数处于"半休眠"状态的公募基金会，其基本没有收入，虽然资产规模较大，但每年不需要进行大额的支出，最终造成一些资产规模庞大的基金会每年支出与其资产规模并不匹配的格局。

相反，有一些基金会，每年虽然没有存留下来额度很大的资产，但其年收入和支出金额都与资产金额相当，甚至有每年收支规模比年末总资产还要多的情况发生，这类基金会充满了活力，且具备较大的发展潜力。还有一些基金会，在其成立之初因为发起者个人或企业捐赠而拥有了大额资产，基金会每年通过对这些资产的增值运作获得收益来运作公益项目。这类基金会与那些"资产与每年收支相当"的基金会呈现的资产格局完全不同，但同样充满活力。

所以，在评价一家基金会时，不能只是观察资产或收支的指标，而应整体性地关注基金会运作的各个方面，进而分析其运作是否合理。

3. 全国基金会资产分类情况

基金会的资产分为流动资产、长期投资、固定资产、无形资产和委托代理资产。一般来说，基金会主要是进行公益资金的筹集与使用，故主要集中在流动资产方面，尤其是在发展初期，基金会组织建构尚未完善，其固定资产、无形资产等较少，或者部分是由发起机构提供。

基金会不同类型的资产情况见表10。

表10　基金会分类资产情况

单位：万元，%

类　　型	总数	比例	平均数	最大值	中位数
流动资产	6517802.1	76.28	2283.7	307933.4	513.7
长期投资	1690482.1	19.78	592.3	254330.0	0.0
固定资产	281809.6	3.30	98.7	61049.5	0.0
无形资产	3962.6	0.05	1.4	945.3	0.0
受托代理资产	50638.9	0.59	17.7	38221.0	0.0
合　　计	8544695.4	100.00	2993.9	308286.1	—

注：该部分数据存在372家缺失值。

　　截至2013年底，全国基金会的流动资产共651.78亿元，占资产总额（有效数据）的76.28%，平均每家基金会的流动资产为2283.7万元。流动资产最多的基金会为中华慈善总会，资产为30.79亿元，接近半数的基金会流动资产在500万元以下。流动资产的比例高是我国基金会区别于企业、政府等组织或部门的特征，也是区别于许多欧美国家基金会的特征。对于许多欧美国家基金会来说，其主要资产构成往往是长期投资，基金会作为财团法人，通过长期投资等获得收益，将收益用于资助或者自己运作公益项目。我国的基金会发展时间短，许多出资方更多的是把基金会作为一个"花钱"的机构来运作，基金会较少自己运作资金，主要是通过捐赠来获得收入。这在收入部分将有详细分析。

　　国内基金会长期投资资金额度仅次于流动资产，共有169.05亿元的规模，占基金会资产总额的1/5左右，平均每家基金会的长期投资为592.3万元，其中长期投资规模最大的为河仁慈善基金会，共有25.43亿元，这与曹德旺先生的股权捐赠有关。半数以上的基金会没有长期投资，即这些基金会并不通过长期投资，而是通过其他方式获得收入。相较于之前几年的情况，基金会长期投资的整体比例有所提高。在近些年，越来越多的基金会选择通过资产的运作，包括长期投资获得收益来开展项目，尤其是企业家出资的一些基金会，越来越倾向于选择这一模式。

基金会固定资产总额为28.18亿元，占资产总额的3.3%，平均每家基金会固定资产不到100万元，半数以上的基金会没有固定资产。固定资产最多的基金会为上海民生艺术基金会，达到6.10亿元。基金会的委托代理资产总额为5.06亿元，占资产总额的0.59%，平均每家基金会的委托代理资产为17.7万元。基金会的无形资产总额为0.39亿元，仅占总额的0.05%，平均每家基金会无形资产为1.4万元。绝大多数的基金会没有委托代理资产和无形资产。这也体现出大部分基金会处于发展初期，并没有形成自己的品牌，也没有进入相比之下较为复杂的委托代理资产运作之中。

其中，公募基金会和非公募基金会的资产格局又有明显的差异（见图7、图8）。非公募基金会的长期投资比例明显高于非公募基金会，公募基金会这一比例仅为16.62%，非公募基金会达到了23.25%，比公募基金会多了6.63个百分点。相对应的，公募基金会的流动资产比例比非公募基金会高了7.60个百分点。同时两者在无形资产和受托代理资产方面又有区别，公募基金会主要是无形资产比例略高些，非公募基金会主要是受托代理资产比例略高。

具体而言，公募基金会资产规模达到了446.85亿元，占总资产的52.30%；非公募基金会资产规模为407.62亿元，占总资产的47.70%（见表11）。在平均值方面，除了委托代理资产①之外，公募基金会在其他资产方面的平均值均高于非公募基金会，包括长期投资。从单个基金会纵向上看，资产构成与基金会成立时间也有一定的关系，随着成立时间的增加，基金会的资产一般来说也会增

---

① 非公募基金会的委托代理资产可能受少数几个特殊值影响，规模相应较大。

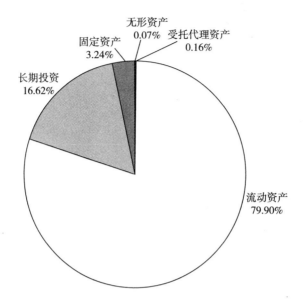

图7 公募基金会资产格局

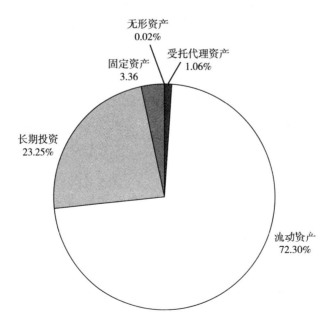

图8 非公募基金会资产格局

长，同时在类型上也更不会单一，可能会增加固定资产、无形资产等额度。

表 11 不同类型基金会分类资产情况

单位：万元，%

项　　目	流动资产	长期投资	固定资产	无形资产	受托代理资产	总资产
公募总额	3570535	742631.0	144748.2	3215.0	7360.3	4468490
非公募总额	2947267	947850.6	137061.4	747.6	43278.6	4076205
公募平均额	3003.0	624.6	121.7	2.7	6.2	3758.2
非公募平均额	1770.1	569.3	82.3	0.4	26	2448.1

注：该部分数据存在 372 家缺失值。

三　全国基金会收入状况

1. 2013 年全国基金会收入总额

2013 年全国基金会收入总额[①]为 519.60 亿元，同比增长 19.06%。其中公募基金会总收入为 329.73 亿元，同比增长 21.28%，非公募基金会总收入为 189.88 亿元，同比增长 15.39%。平均每家基金会年收入约为 1633.97 万元，同比增长 4.6%。主要原因可能包括：2013 年发生了雅安地震等自然灾害，调动了社会大规模捐赠，造成 2013 年全国基金会总收入较 2012 年高很多。

由图 9 可见，很大一部分基金会的收入并不高，主要集中在 500 万元以内（2212 家），收入在 100 万元以内的基金会数量甚至达到 1113 家，占总数的 35%，其中非公募基金会 756 家，公募基金会 357 家。年收入在 1 亿元以上的基金会较少，共有 64 家，其

---

① 基金会收入包含捐赠收入、提供服务和商品销售收入、政府补助收入、投资收益、其他收入等，其中捐赠收入在基金会收入中占比最大。

中公募基金会39家，非公募基金会25家，其规律与年末净资产分布规律类似，这些基金会主要是全国性公募基金会、高校发起设立的基金会及一些大企业捐资设立的基金会等。

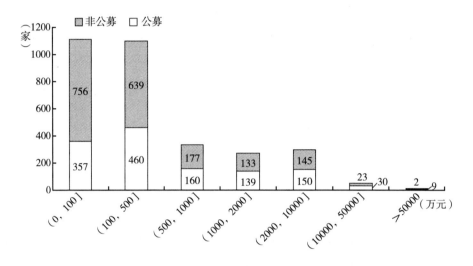

图9　2013年基金会收入分布情况

注：非公募基金会有效数据为1875家，公募基金会有效数据为1305家，共计3180家，缺失值为46家。

其中，公募基金会总收入为329.73亿元，同比增长21.28%，占全国总额的63.46%（见图10），与2012年的62.29%相比，该比例进一步增大。非公募基金会总收入为189.88亿元，同比增长15.39%，占全国总额的36.54%。平均每家非公募基金会收入为1012.68万元，不到公募基金会平均收入的一半（2013年平均每家公募基金会收入为2526.63万元）。整体上，公募基金会的收入总额和平均值都要大于非公募基金会。可见，虽然非公募基金会数量上超过了公募基金会，但公募基金会的收入仍占了半数以上的份额。公募基金会具有公开募集资金的资格，而且普遍成立时间较长、规模较大、具有更广泛的资源来源，部分基金会还有政府的财政补助支持以及在特殊时期为某一事件集中募捐（如雅安地震），因而无论在资金的基数和收入的额度上都具有一定优势。

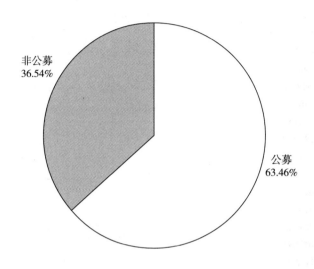

图10　2013年公募与非公募基金会收入总额比例分布

　　民政部登记的基金会总收入约为263.40亿元，占全国基金会总收入的50.69%。由图11可见，除民政部登记的基金会外，基金会的收入总额超过10亿元的省份有6个，依次为江苏省（约43.09亿元）、北京市（约35.51亿元）、上海市（约35.35亿元）、广东省（约26.94亿元）、浙江省（约11.38亿元）、福建省（约10.90亿元）。其中，北京市的收入涨幅较大，超过上海市成为排名第二的地区，广东省、上海市也均有不同程度的增长（涨幅分别为49.5%和35.7%）。江苏、浙江、福建的收入有所减少，但幅度不大，而陕西省2012年度收入为11.10亿元，2013年降低到7.44亿元，比上一年度降低32.97%，主要是受少数特殊基金会的影响。总体来看，东部省份基金会收入较多，中西部省份基金会收入相对较少，与基金会数量分布的规律类似。总的来说，各地基金会收入情况有增有减。

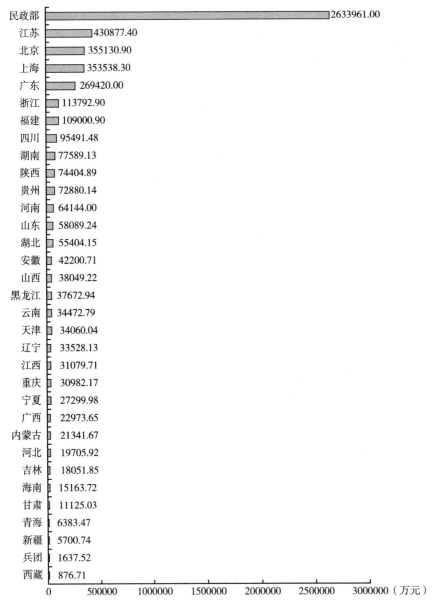

图11 2013年全国各地基金会总收入分布

由表12可见，收入总额前十的基金会中有9家基金会是在民政部登记注册的，包括中华慈善总会、高校教育基金会及其他专项领域的基金会，另一家是上海市慈善基金会。这十家基金会的收入总和占到了全部基金会总收入的 37.59%，较 2012 年有所上升。可见，在基金会领域，社会资源的分配和企业领域也有相似之处，即少部分的基金会掌握了大部分的社会捐赠。

表 12　2013 年收入总额前十位的基金会

单位：万元

排序	基金会名称	地区/部门	收入总额
1	中华慈善总会	民政部	1008495.00
2	清华大学教育基金会	民政部	165537.20
3	中国癌症基金会	民政部	162240.90
4	北京大学教育基金会	民政部	148965.70
5	中国教育发展基金会	民政部	111673.60
6	上海市慈善基金会	上海市	84339.95
7	中国博士后科学基金会	民政部	80459.18
8	中国青少年发展基金会	民政部	70540.12
9	中国光华科技基金会	民政部	65705.88
10	中国扶贫基金会	民政部	55352.17
合　计			1953309.70

2. 2013 年全国基金会各类收入情况

基金会的收入主要包括捐赠收入、提供服务和商品销售收入①、政府补助收入、投资收益和其他收入，其中捐赠收入是主要收入来源。从 2013 年的数据来看，基金会的绝大多数收入来自捐赠收入，比例约为 83.54%。其他各项收入总额仅占 16.46%，这一比例虽然较上一年度有所增加（2012 年为 13.83%），但依然有大部分基金会很少或没有除捐赠收入外的其他收入。与 2012 年相

---

① 基金会提供服务和商品销售收入均较少，故将这两类收入一并统计。

比，投资收益所占比例由 3.39% 增大到 4.13%，增长率为 21.8%，说明基金会资金的保值增值工作逐渐受到重视，投资收益所占基金会收入的比重不断提升，但这一比例仍然不高。其他收入的比例由 2012 年度的 2.27% 增长到 5.19%，涨幅较大（见图 12）。

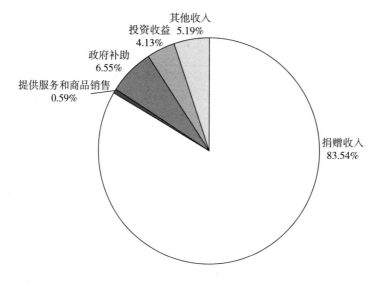

图12　2013 年基金会各类收入总额比例分布

由图 12 可见，在 2013 年国内基金会的收入格局中，捐赠收入占据绝对主导的地位。这样的格局是比较符合基金会这一公益法人主体特征的，基金会依靠公益项目这样的产品来获得社会捐赠，主要依靠捐赠来进行项目运作。

具体到一家基金会来说，其收入完全可以全部来自捐赠。因为基金会作为公益组织，其主要业务就是设计、运作公益项目，以项目为核心进行社会化筹款，可能也可以完全依靠捐赠收入就做得很出色。但对于整个行业来说，基金会的成熟和健康发展实质上需要更为多元的收入格局，这与现实格局不符：在提供服务和商品销售收入、政府补助收入、投资收益三类收入中，每种收入都有 2000 家以上甚至 90%

的基金会不存在该类别的收入。从这个意义上说，我们鼓励基金会多"开源"，如获得合理的投资收益、争取政府购买服务的资金等。

表13　基金会各类收入情况

单位：万元，%

类　　别	金额	占总额比重	平均数	备注
捐赠收入	4340926.00	83.54	1365.07	593 家为 0
提供服务和商品销售收入	30652.86	0.59	9.64	3066 家为 0
政府补助收入	340266.20	6.55	107.00	2604 家为 0
投资收益	214545.30	4.13	67.47	2157 家为 0
其他收入	269640.20	5.19	84.79	502 家为 0
总收入	5196030.00	100.00	1633.97	143 家为 0

注：该部分数据存在46家缺失值，另外上海市基金会获得政府购买资金也纳入政府补助收入中。

下面对基金会最主要的三大类收入进行分析。

（1）基金会捐赠收入

2013 年全国基金会捐赠收入总额为 434.09 亿元，平均每家基金会获得的捐赠收入为 1365.07 万元，其中公募基金会捐赠收入总额为 276.50 亿元，占捐赠收入总额的 63.70%，平均值为 2118.76 万元；非公募基金会捐赠收入总额为 157.59 亿元，占捐赠收入总额的 36.30%，平均值为 840.50 万元。

2012 年基金会中捐赠收入最高的是中华慈善总会，金额达 100.64 亿元（见表14），占该基金会当年总收入的 99.80%。捐赠收入排名前 10 位的基金会捐赠收入之和为 179.13 亿元，占全国基金会捐赠收入总额的 41.27%，其中民政部登记的有 7 家。2013 年无捐赠收入的基金会有 593 家。对于极少数的基金会来说，除捐赠收入外，其他收入也可能占主导，这与国内基金会行业发展不成熟的现状相关，也与基金会关注的领域有关，一些"雪中送炭"的

领域，如儿童救助、扶贫等更容易获得公众关注，而文化艺术类或者是研究类的基金会在筹款上可能相对困难。

除了慈善会这类大型公募基金会之外，捐赠收入较多的就是大学教育基金会，在前5名的基金会中有2家是大学教育基金会，其中清华大学教育基金会2013年的捐赠收入为14.51亿元，可能与当年清华大学的校庆活动有关，相对于2012年其捐赠收入增长了80.7%。大学教育基金会的捐赠收入与其校友捐赠有关，也与学校在社会中的影响力以及基金会自身的运作能力有关。

表14　2013年捐赠收入总额前十位的基金会

单位：万元

排序	基金会名称	地区/部门	收入总额
1	中华慈善总会	民政部	1006443.20
2	中国癌症基金会	民政部	160835.97
3	清华大学教育基金会	民政部	145120.40
4	北京大学教育基金会	民政部	139584.18
5	上海市慈善基金会	上海市	74367.14
6	中国光华科技基金会	民政部	64332.08
7	广东省扶贫基金会	广东省	52699.02
8	中国扶贫基金会	民政部	52462.14
9	中国青少年发展基金会	民政部	50270.69
10	上海民生艺术基金会	上海市	45200.00
合　计			1791314.82

从各省份的不同情况来看，捐赠收入占全部收入的比例最高能够达到98%以上。其中西藏、新疆兵团、河南、贵州的捐赠收入比例均在95%以上。除了民政部之外，捐赠收入金额最多的省份为江苏，达37.85亿元，虽然较2012年度（44.80亿元）有所下降，但比排名第二的上海仍高出约10.34亿元（见表15）。捐赠收

入排名前十的地区（部门）均在 5 亿元以上，总和达到 383.28 亿元，占全国捐赠收入总额的 88.30%，说明全国基金会捐赠收入在各地区间分布不均，东部地区远远高于中部和西部地区。

表15　捐赠收入前十位的地区（部门）

单位：万元

排序	地区/部门	捐赠收入	排序	地区/部门	捐赠收入
	民政部	2283838.00	6	福　建	90356.89
1	江　苏	378474.10	7	四　川	84011.03
2	上　海	275118.00	8	贵　州	69608.86
3	广　东	236753.90	9	河　南	61945.02
4	北　京	199263.40	10	湖　南	58743.83
5	浙　江	94730.76		合　计	3832843.79

捐赠收入可以进一步分为现金捐赠和实物捐赠、境内捐赠和境外捐赠、自然人捐赠和法人捐赠。表16 是不同类型基金会捐赠情况，可以看出公募基金会和非公募基金会的现金捐赠差异不大，其主要差异是在实物折合方面，平均每家公募基金会的实物捐赠达到1234.29 万元，而非公募基金会只有 27.29 万元。在境内和境外捐赠方面，两类基金会的主要差异也是在境外捐赠方面，公募基金会的平均境外捐赠达到了 1040.11 万元，而非公募基金会只为 82.41万元。

表16　不同类型基金会分类捐赠情况（平均值）

单位：万元

类　型	现金	实物折合	境内	境外	自然人	法人
公　募	978.18	1234.29	1172.35	1040.11	250.78	1961.69
非公募	876.70	27.29	821.58	82.41	210.83	693.16
总　计	924.45	595.26	986.64	533.07	229.63	1290.08

注：该部分缺失值为 372 家。

同时，可以看出，两类基金会都是法人捐赠大于个人捐赠，其中公募基金会法人捐赠的比例（88.67%）高于非公募基金会（76.68%）。两者在个人捐赠方面的平均额相当，均为200多万元，但公募基金会的法人捐赠达到了1961.69万元，非公募基金会的法人捐赠仅为693.16万元。这与我们有时候主观上认为公募基金会个人捐赠比较多的观点有一定的差异，实质上，公募基金会的法人捐赠比较多。

整体来看，法人捐赠占据绝对主导，比例高达84.89%，这与美国等国家以个人捐赠为主体的捐赠格局有很大的差异，可见中国的公益领域尚未真正大范围地调动广泛的社会参与，尚有很大的空间待开拓。在其余捐赠类别中，境内捐赠比例为64.92%，境外比例达到35.08%，其实境外捐赠比例并不低。在现金和实物方面，实物捐赠的比例仍然不低，达到了39.17%（见图13）。

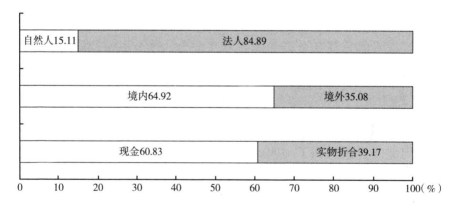

图13 基金会各类捐赠比例

（2）政府补助收入

政府补助收入总额为34.03亿元，同比增长2.1%。该部分收入约占基金会总收入的6.55%，这一比重较2012年的7.64%有所下降，其增长速度不如总收入的增长速度。平均每家基金会获得的政府补助收入为 107 万元，其中公募基金会政府补助收入总额为 29.94 亿元，占政府补助总额的 87.99%，平均每家公募基金会获得政府补助为 229.43 万元；非公募基金会捐赠收入总额为 4.09 亿元，平均值为 21.79 万元，远远少于公募基金会所获得的政府补助支持。整体上，较之于上一年度基金会的政府补助收入增长幅度较小，且这部分资金主要集中在少数的几家基金会上。

2013 年获得政府补助的基金会共计 576 家，数量比上一年度增加 22.29%，大多数为公募基金会（442 家，占总数的 76.74%），通常通过政府拨款或政府购买服务的形式。获得 100 万元及以上政府补助的基金会有 205 家，1 亿元及以上的有 5 家，其中 3 家是民政部登记的基金会，还有两家分别是陕西省神木县民生慈善基金会和上海市大学生科技创业基金会。最高的是中国教育发展基金会，为 8.78 亿元（见表 17），比 2012 年增长 5000 万元。

表 17　政府补助收入前十的基金会

单位：万元

排序	基金会名称	政府补助
1	中国教育发展基金会	87800.00
2	中国博士后科学基金会	79887.00
3	陕西省神木县民生慈善基金会	15000.00
4	上海市大学生科技创业基金会	11994.00
5	中国法律援助基金会	10123.50
6	中国文学艺术基金会	8688.00
7	中国红十字基金会	8000.00
8	上海文化发展基金会	7435.38
9	重庆大学教育发展基金会	4877.08
10	上海市老年基金会	4646.33
	总　　额	238451.29

从政府补助资金量来看，除了民政部登记的基金会之外，2013
年基金会政府补助排名前列的省份主要是上海、陕西和江苏（见
表18）。上海市大学生科技创业基金会接受了 1 亿元以上的政府补
助资金，上海文化发展基金会接受了 7435 万元，上海市老年基金
会接受了 4646 万元。其次是陕西省，陕西省主要是由于陕西省神
木县民生慈善基金会接受了政府补助 1.5 亿元，属于特殊值影响。
整体看来，基金会获得政府补助方面仍然是民政部登记的基金会占
据了总额的"半壁江山"，东部地区多于中西部地区。

表18　政府补助排名前十位的地区（部门）

单位：万元

排序	地区/部门	政府补助收入	排序	地区/部门	政府补助收入
	民政部	209437.10	6	广　东	6726.33
1	上　海	37454.75	7	四　川	6241.81
2	陕　西	15669.40	8	福　建	4832.56
3	江　苏	10714.34	9	浙　江	4401.06
4	湖　南	9197.93	10	吉　林	3136.50
5	北　京	6772.40		合　计	314584.18

陕西省、吉林省、河北省、内蒙古自治区、湖南省、新疆维吾
尔自治区、上海市的政府补助收入占总收入的平均比例均在 10%
以上，政府补助收入占总收入的平均比例最高的为陕西省，达
21.06%，主要是受特殊值影响。多数省份政府补助收入分布为0~
5%，其中天津市、江西省和西藏自治区的基金会政府补助收入占
总收入 1% 以下（见表19）。

（3）投资收益

基金会财产主要来源于社会捐赠，最终应当用于公益事业，财
产的保值增值问题是基金会管理的一大重点。基金会实现财产保值

中国基金会发展报告（2014）

表19 2013年全国基金会收入情况

单位：万元，%

地区/部门	捐赠收入		提供服务和商品销售		政府补助		投资收益		其他收入		平均收入	总收入
	收入	百分比	收入	百分比	收入	百分比	收入	百分比	收入	百分比		
民政部	2283838.0	86.71	9244.8	0.35	209437.1	7.95	100315.3	3.81	31125.4	1.18	14552.3	2633961.0
江 苏	378474.1	87.84	60.2	0.01	10714.3	2.49	21701.2	5.04	19927.5	4.62	1043.3	430877.4
上 海	275118.0	77.82	3923.4	1.11	37454.8	10.59	25048.6	7.09	11993.7	3.39	2388.8	353538.3
广 东	236753.9	87.88	4610.2	1.71	6726.3	2.50	11961.3	4.44	9368.3	3.48	979.7	269420.0
北 京	199263.4	56.11	4975.7	1.40	6772.4	1.91	5849.9	1.65	138269.6	38.93	1315.3	355130.9
浙 江	94730.8	83.25	52.5	0.05	4401.1	3.87	7066.1	6.21	7542.5	6.63	409.3	113792.9
福 建	90356.9	82.90	1867.8	1.71	4832.6	4.43	5198.2	4.77	6745.5	6.19	694.3	109000.9
四 川	84011.0	87.98	21.3	0.02	6241.8	6.54	1673.1	1.75	3544.2	3.71	876.1	95491.5
贵 州	69608.9	95.51	0	0.00	1339.2	1.84	567.2	0.78	1364.9	1.87	2351.0	72880.1
河 南	61945.0	96.57	2.3	0.00	672.9	1.05	836.4	1.30	687.4	1.07	712.7	64144.0
湖 南	58743.8	75.71	239.5	0.31	9197.9	11.85	6496.8	8.37	2911.0	3.75	459.1	77589.1
湖 北	51733.0	93.37	0	0.00	1060.2	1.91	796.9	1.44	1814.1	3.27	759.0	55404.2
山 东	51422.4	88.52	247.1	0.43	1412.5	2.43	1565.3	2.69	3442.0	5.93	708.4	58089.2
安 徽	36645.4	86.84	0	0.00	1367.8	3.24	3035.1	7.19	1152.5	2.73	611.6	42200.7
陕 西	35631.8	47.89	260.0	0.35	15669.4	21.06	5561.4	7.47	17282.3	23.23	1110.5	74404.9
黑龙江	35049.0	93.03	239.2	0.63	1335.4	3.54	408.3	1.08	641.0	1.70	598.0	37672.9
山 西	33638.1	88.41	79.5	0.21	757	1.99	2430.9	6.39	1143.8	3.01	761.0	38049.2

续表

地区部门	捐赠收入		提供服务和商品销售		政府补助		投资收益		其他收入		平均收入	总收入
	收入	百分比	收入	百分比	收入	百分比	收入	百分比	收入	百分比		
辽宁	30700.1	91.57	272.0	0.81	1246.5	3.72	223.1	0.67	1086.4	3.24	465.7	33528.1
云南	30165.4	87.50	3.7	0.01	1527.1	4.43	2230.4	6.47	546.2	1.58	604.8	34472.8
天津	29132.2	85.53	0	0.00	300.0	0.88	3705.4	10.88	922.5	2.71	619.3	34060.0
江西	28645.5	92.17	0	0.00	157.6	0.51	1898.0	6.11	378.5	1.22	914.1	31079.7
重庆	26304.0	84.90	160.9	0.52	2784.8	8.99	1112.3	3.59	620.2	2.00	688.5	30982.2
宁夏	24343.1	89.17	430.1	1.58	2125.1	7.78	91.7	0.34	309.9	1.14	557.1	27300.0
广西	20647.9	85.88	14.4	0.06	972.5	4.23	433.3	1.89	905.5	3.94	589.1	22973.7
河北	16123.0	81.82	15.4	0.08	2495.3	12.66	248.5	1.26	823.7	4.18	394.1	19705.9
吉林	14106.6	78.14	0	0.00	3136.5	17.37	62.9	0.35	745.9	4.13	347.2	18051.9
内蒙古	13825.0	64.78	65.4	0.31	2569.7	12.04	3467.7	16.25	1413.9	6.63	248.2	21341.7
海南	9386.7	61.90	3829.2	25.25	1503.1	9.91	215.3	1.42	229.4	1.51	446.0	15163.7
甘肃	7604.2	68.35	38.3	0.34	1070.0	9.62	178.7	1.61	2233.9	20.08	347.7	11125.0
青海	5985.4	93.76	0	0.00	308.8	4.84	0	0.00	89.3	1.40	354.6	6383.5
新疆	4535.8	79.57	0	0.00	652.9	11.45	151.4	2.66	360.5	6.32	237.5	5700.7
兵团	1596.7	97.51	0	0.00	23.8	1.45	14.7	0.90	2.4	0.15	409.4	1637.5
西藏	860.3	98.13	0	0.00	0	0.00	0	0.00	16.4	1.87	219.2	876.7
总数	4340925.5	83.54	30652.9	0.59	340266.2	6.55	214545.3	4.13	269640.2	5.19	1634.0	5196030.4

注：该部分数据存在46家缺失值。

增值的主要途径有银行存款、投资国债、投资其他有价证券、投资兴办企业及委托理财等。遵循合法、安全、有效的原则对基金会财产进行保值增值，不仅是《条例》的明确规定，也是基金会对社会捐赠财产负责的重要举措。

而事实上，大部分的基金会对于保值增值即投资都保持比较谨慎的态度，没有投资行为，所以整体投资收益占总收入的比例不高。其中，基金会投资收益低于1%的省份有7个，占总数的21.21%。民政部登记的基金会投资收益为3.81%，虽较2012年有较大涨幅，但依旧比重不高。

从全国基金会的实际情况来看（见表19），投资收益仅占总收入的4.13%，平均每家基金会投资收益为67.47万元，仅占平均总资产的2.27%，虽较上一年度的1.60%有了较大增长，但是低于定期存款利率。从原始数据来看，16家基金会投资收益为负，402家基金会投资收益为0。而这些基金会的净资产总和达到近16.63亿元。

内蒙古自治区、天津市、湖南省的投资收益占总收入比例较高，均在8%以上。

四　全国基金会支出状况

1. 2013年全国基金会支出总额

2013年全国基金会支出总额为389.54亿元，同比增长19.76%，比2012年的增长幅度增加了7个百分点，呈现快速增长的趋势，这与基金会数量的增长有关，前几年基金会数量快速增长，也与2013年发生了如芦山地震等自然灾害有关。在经过成立初期的摸索之后，许多基金会进入了快速发展的轨道中，包括收支规模。该数额占当年基金会总收入的74.97%，其中，总收入中包

括了 2013 年新成立的部分基金会的原始资金收入。

由表 20 可见基金会支出的分布情况。与基金会收入情况相对应，也与 2013 年之前的分布情况相一致，大部分的基金会尤其是非公募基金会支出都集中在 500 万元以内，尤其是非公募基金会有半数以上支出规模在 100 万元以内，数量达到 1020 家。这里有新成立基金会的影响，刚成立不久的基金会如果没有之前的积累，一般需要经历一些探索后，才逐渐扩大支出规模。而目前中国有 1083 家基金会是近 3 年成立的，占基金会总数的 33.57%。支出超过 1 亿元的基金会共有 41 家，比上一年增加了 4 家，其中公募基金会 29 家，非公募基金会 12 家。整体而言，公募基金会的支出分布比非公募基金会的支出分布更为均衡，在 100 万~500 万元以及更大范围内公募基金会数量比例均大于非公募基金会。

表 20　基金会支出分布情况

支出分布 （万元）	公募		非公募		合计	
	数量（家）	比例（%）	数量（家）	比例（%）	数量（家）	比例（%）
[0,100]	504	38.21	1020	55.08	1524	48.06
(100,500]	404	30.63	519	28.02	923	29.11
(500,1000]	161	12.21	116	6.26	277	8.74
(1000,2000]	105	7.96	96	5.18	201	6.34
(2000,10000]	116	8.79	89	4.81	205	6.46
(10000,50000]	21	1.59	11	0.59	32	1.01
>50000	8	0.61	1	0.05	9	0.28
合　计	1319	100.00	1852	100.00	3171	100.00

注：该部分数据存在 55 家缺失值。

由图 14 可见，全国公募基金会支出约 290.96 亿元，比上一年增长 24.90%，占基金会总支出的 74.69%，比上一年增加了 3.07%，占公募基金会总收入的 88.24%；全国非公募基金会支出

约 98.58 亿元，比上一年增长 6.78%，占基金会总支出的
25.31%，占非公募基金会总收入的 51.92%。整体上，非公募基
金会的发展势头进一步加强，在数量上已经超过公募基金会，也不
乏运作规范、专业的非公募基金会，但就规模与资金量而言，公募
基金会仍占有绝对优势。

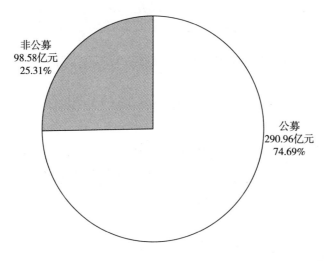

图 14　不同类型基金会支出情况

平均每家基金会的支出为 1227.3 万元，比上一年增长了
5.42%。其中公募基金会的平均值为 2204.3 万元，比上一年增长
16.19%，非公募基金会的平均值为 531.7 万元，比上一年下降
9.80%（见图 15）。整体上，公募基金会的支出规模较大，是非公
募基金会的 4 倍，且公募基金会的支出规模在上升，非公募基金会
的支出规模略微下降。

从收入的地区（部门）分布情况来看，民政部登记的 181 家
全国性基金会支出总额为 225.72 亿元，比上一年增长了 25.36%，
占全国总支出的 55% 左右，在支出规模上占绝对优势。除民政部
之外，基金会支出最多的 5 个省份分别是江苏省（25.66 亿元）、

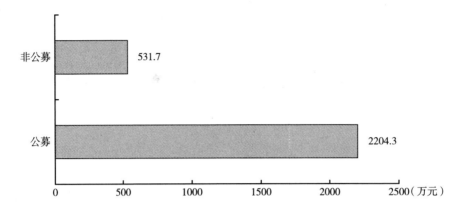

图15　不同类型基金会平均支出规模

广东省（18.98 亿元）、上海市（18.04 亿元）、北京市（14.71 亿
元）、河南省（12.14 亿元），其分布规律与收入和资产的分布规律
类似（见图16）。其中河南省超过了浙江省，第一次成为支出最多
的5个省份之一（2012年支出第5名为浙江省），是唯一一个属于
中部地区的省份。

　　和往年一样，江苏省仍作为全国基金会支出总额最大的省份，
在各地区中遥遥领先，但支出比2012年下降了9.04%。广东省超
越了上海市成为除民政部之外，支出第二多的省份，其支出较上一
年增长了5.07亿元，涨幅为36.45%。上海市基金会支出总额也
略有增长，增长了8.81%。北京市由上一年的第5名上升了1位，
涨幅为43.79%。浙江省基金会支出较2012年减少，由第4名下降
到了第6名。河南省在2013年支出快速增长，由上一年的6.15亿
元增长到了12.14亿元，增长了97.40%，几乎是原先的2倍。其
中与河南省宋庆龄基金会在2013年的大额支出有关，其当年的支
出额度达到了8.32亿元。

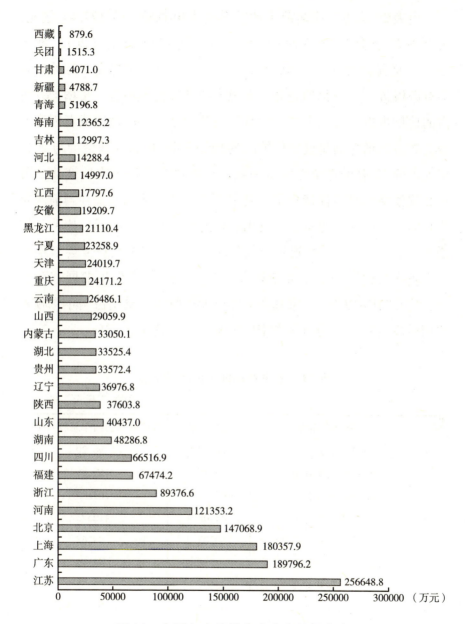

图16 全国各省份基金会支出总额分布

注：由于民政部注册登记的基金会支出额较大，影响分布图的呈现，故单独说明。该部分数据存在55家缺失值。

由表21可见，排名前十的基金会支出总额约为177.41亿元，占全国基金会支出总额的45.54%，其支出额度（2012年为130.37亿元）和比重（40.08%）较上一年进一步提高，可见基金会有两极进一步分化的趋势，大规模的基金会支出进一步增加，所占的比例也进一步加大，并没有受到其他基金会的冲击或者因为基金会数量的增多而呈现比例缩小的趋势。前10名的基金会与2012年支出前10名的基金会完全一致，只不过在次序上有所变化，可见其规模格局基本保持稳定。其中总支出额最大的基金会与前两年均相同，为中华慈善总会，支出总额达到了97.02亿元，比上一年增长了36.26%，遥遥领先于其他基金会。这10家基金会当年支出占收入的比例除清华大学教育基金会与中国青少年发展基金会外，均在70%以上。3家基金会支出大于收入，支出占当年总收入比例最高的基金会为河南省宋庆龄基金会，达412.73%。

表21　支出总额前十位的基金会

单位：万元，%

排序	基金会名称	支出总额	占该基金会当年总收入比例
1	中华慈善总会	970219.8	96.20
2	中国教育发展基金会	189676.6	169.85
3	中国癌症基金会	167149.0	103.03
4	河南省宋庆龄基金会	83208.8	412.73
5	中国博士后科学基金会	80203.2	99.68
6	清华大学教育基金会	72756.8	43.95
7	上海市慈善基金会	62007.9	73.52
8	中国光华科技基金会	53066.8	80.76
9	广东省扶贫基金会	50281.1	93.66
10	中国青少年发展基金会	45526.3	64.54
	总　计	1774096.2	97.33

2. 2013 年全国基金会各类支出情况

基金会的支出包括业务活动成本、管理费用、筹资费用和其他费用。业务活动成本主要指"为了实现其业务活动目标，开展其项目活动或者提供服务所发生的费用"①，其中绝大部分是公益事业的支出。管理费用反映基金会为组织和管理其业务活动所发生的各项费用总额，主要包括行政办公费用和人员工资福利费用。以上两项费用是基金会的主要支出，反映基金会的运作状况和活跃程度，受到登记管理机关和社会公众的关注。为了更为直观地看出各类支出情况，每年年检报告中均单独体现基金会的公益支出、行政办公费用、人员工资福利费用，本报告也从这一角度展开分析。

由图 17 可见，2014 年全国基金会总支出为 389.54 亿元，在不同类型的支出中，公益支出总额为 377.81 亿元，较上一年增长 19.22%，占总支出的 96.99%，较前两年首次出现小幅度下降，比 2012 年降低了 0.43%。行政办公费用和人员工资福利的比例均在 1% 左右，分别是 3.60 亿元和 4.10 亿元，与往年比例差异不大。

就公募基金会和非公募基金会分别来看，公募基金会的公益支出比例较高。公募基金会的公益支出总额约 283.82 亿元，比上一年增长 24.51%，增长幅度较大，占公募基金会支出总额的 97.55%，和往年比例相当（见表 22）。公募基金会管理费用占支出总额的 1.86%，低于非公募基金会的 2.33%。非公募基金会的公益支出为 93.99 亿元，远低于公募基金会，较上一年的增长幅度为 10.47%，也不如公募基金会的增长幅度。可见公募基金会虽然数量增长不如非公募基金会，但规模增长高于非公募基金会。另外，非公募基金会的行政办公费用和人员工资福利的比例较 2012 年均略有提高，这或许是一种更合理的趋势。过低比例的行政办公

---

① 《民间非营利组织会计制度》。

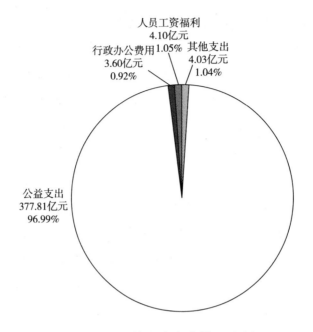

人员工资福利
4.10亿元
行政办公费用1.05% 其他支出
3.60亿元 4.03亿元
0.92% 1.04%

公益支出
377.81亿元
96.99%

图17 全国基金会支出情况比例

费用和人员工资福利并不利于基金会专业化、职业化发展。

从绝对数量来看，非公募基金会平均支出约为531.7万元，公募基金会约为2204.3万元，为非公募基金会的4倍多（见表22），与2012年相比，两者差距进一步拉大。相较于公募基金会，非公募基金会发展历史较短，资金规模也较小，目前需要逐渐从数量的快速增长延伸到规模的增长和专业性的发展上来，近年来随着各地对非公募基金会的支持，非公募基金会发展迅速，趋势良好。

（1）公益支出

"基金会用于公益事业的支出包括直接用于受助人的款物和为开展公益项目发生的直接运行费用"[①]。2013年全国基金会公益支出总额约为377.81亿元，平均每家基金会的公益支出为1190.32

---

① 民政部：《关于规范基金会行为的若干规定（试行）》。

万元。公益支出排名前十的基金会与总支出排名完全一致，支出总额约为 175.44 亿元，较上一年增长 35.91%，占全国基金会公益支出总额的 46.44%，接近半数。这 10 家基金会的公益支出占其相应总收入的比例为 96.24%（见表 23）。

表 22　全国公募基金会与非公募基金会支出情况

单位：万元，%

类型	项目	公益支出	行政办公费用	人员工资福利	其他支出	总支出
公　募	支出合计	2838215.0	24067.8	29934.8	17420.9	2909638.0
	平均值	2150.2	18.2	22.7	13.2	2204.3
	比　例	97.55	0.83	1.03	0.60	100.00
非公募	支出合计	939858.6	11969.0	11052.6	22928.5	985808.7
	平均值	506.9	6.5	6.0	12.4	531.7
	比　例	95.34	1.21	1.12	2.33	100.00

注：该部分数据存在 55 家缺失值。

表 23　公益支出额排名前十位的基金会

单位：万元，%

排序	基金会名称	公益支出	占该基金会当年总收入比例
1	中华慈善总会	968656.8	96.05
2	中国教育发展基金会	189435.1	169.63
3	中国癌症基金会	165657.9	102.11
4	河南省宋庆龄基金会	82928.1	411.34
5	中国博士后科学基金会	79679.9	99.03
6	清华大学教育基金会	69372.7	41.91
7	上海市慈善基金会	54225.5	64.29
8	中国光华科技基金会	50961.8	77.56
9	广东省扶贫基金会	50086.9	93.30
10	中国青少年发展基金会	43350.3	61.45
	合　　计	1754355.0	96.24

这 10 家基金会中，从基金会性质来看，除清华大学教育基金会为非公募基金会之外，其余 9 家均为公募基金会；从登记注册机关来看，除 7 家在民政部登记的全国性基金会外，剩下 3 家分别是河南省宋庆龄基金会、上海市慈善基金会和广东省扶贫基金会。公益支出额最高的为中华慈善总会，近 100 亿元。公益支出占总收入比例最高的仍为河南省宋庆龄基金会，达到 411.34%，应该是基金会内部项目运作的偶然情况。

从表 24 可以看出，基金会支出按登记部门的分布格局中，民政部的基金会公益支出总额远远高于各省，达到了 225.72 亿元，占全国基金会公益支出总额的 57.94%。除了民政部之外，排名前 5 位的省份为江苏、广东、上海、北京、河南，与基金会收入情况基本一致。公益支出占总支出比例最高的为西藏（99.53%）和河南（98.81%），该比例在 80% 以下的省份为海南省（74.17%）。公益支出是评价基金会规模和活跃程度的最直观的指标，具有相当的重要性。由于其占据基金会总支出绝大部分比例，所以其分布规律与基金会总支出的分布类似。

公益支出主要为公益项目活动经费。在年检报告数据中，全国基金会一共填报了 13971 个项目[①]，平均每家基金会有 4.86 个项目。这些项目的收入总额达到了 357.43 亿元，项目支出总额达到了 355.94 亿元（见图 18），平均每个项目收入金额为 255.84 万元，每个项目的支出金额为 254.77 亿元，基本达到了收支平衡。

另外，2013 年，中国的基金会共参加国际会议或相关活动 233 次，涉及美国、英国、俄罗斯、德国、日本、南非等多个国家，会

---

① 350 家基金会该部分数据缺失，缺失的数据为新成立的基金会或者是部分未使用民政部年检系统的基金会。

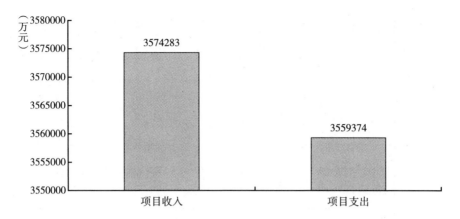

图18　基金会公益项目的收支总额

议或活动内容包括 G20 青年企业家峰会、第五届中美司法与人权研讨会、世界教育创新峰会、联合国气候变化大会等。中国的基金会也逐渐开始在世界的舞台上展露风采。

（2）工资福利和行政办公支出

根据《条例》第二十九条规定，基金会工作人员工资福利和行政办公费用比例不得超过当年总支出的10%。此项规定用于约束基金会的运作规范性及提高公益资金的使用效率，但并不意味着管理费用越低就越好，而应根据基金会的运作类型和具体情况而定。合理、高效地使用善款是最终目的。

由表24可见，从全国的平均数来看，基金会的行政办公费用和人员工资福利支出仅占支出总额的1.97%，远远低于《条例》规定的标准。除了海南省之外，各省份该支出比例均符合10%以内的规定。大部分的省份（部门）登记的基金会行政办公费用都在1%左右，最低的是西藏和新疆生产建设兵团，主要原因是这些省份（部门）仅有少数与政府关系密切的基金会。除了这两个省份（部门）之外，民政部和河南省基金会的行政支出比例也较低，主要的原因是这些省份（部门）整体的支出金额较大，行政支出

表24　2012年全国基金会支出情况

单位：万元，%

| 地区/部门 | 公益支出 | | 行政办公费用 | | 人员工资福利 | | 其他支出 | | 平均支出 | 总支出 |
	支出	百分比	支出	百分比	支出	百分比	支出	百分比		
民政部	2207660.0	97.81	12718.5	0.56	19366.1	0.86	17444.5	0.77	12470.7	2257189.1
江　苏	251670.8	98.06	2279.9	0.89	1789.4	0.70	908.6	0.35	629.0	256648.8
广　东	182947.1	96.39	1835.4	0.97	2453.0	1.29	2560.7	1.35	690.2	189796.2
上　海	165376.8	91.69	3496.3	1.94	3947.6	2.19	7537.2	4.18	1218.6	180357.9
北　京	138269.6	94.02	2518.2	1.71	3178.1	2.16	3103.0	2.11	544.7	147068.9
河　南	119913.5	98.81	631.5	0.52	604.2	0.50	204.0	0.17	1348.4	121353.2
浙　江	86432.3	96.71	1084.1	1.21	972.9	1.09	887.4	0.99	297.9	89376.6
福　建	64843.4	96.10	889.1	1.32	1115.1	1.65	626.6	0.93	429.8	67474.2
四　川	64733.6	97.32	862.9	1.30	709.3	1.07	211.0	0.32	621.7	66516.9
湖　南	45311.7	93.84	855.3	1.77	627.4	1.30	1492.4	3.09	298.1	48286.8
山　东	38513.0	95.24	956.6	2.37	414.5	1.03	552.9	1.37	518.4	40437.0
陕　西	35460.7	94.30	568.8	1.51	898.2	2.39	676.1	1.80	417.8	37603.8
辽　宁	36181.4	97.85	410.5	1.11	320.3	0.87	64.6	0.17	513.6	36976.8
贵　州	32644.9	97.24	276.7	0.82	451.3	1.34	199.5	0.59	1049.1	33572.4
湖　北	32614.9	97.28	245.5	0.73	323.2	0.96	341.7	1.02	459.3	33525.3
内蒙古	31150.1	94.25	1291.6	3.91	434.6	1.31	173.9	0.53	379.9	33050.1
山　西	28619.6	98.49	233.6	0.80	169.5	0.58	37.1	0.13	1263.5	29059.9

续表

地区/部门	公益支出		行政办公费用		人员工资福利		其他支出		平均支出	总支出
	支出	百分比	支出	百分比	支出	百分比	支出	百分比		
云南	25620.6	96.73	383.7	1.45	327.7	1.24	154.1	0.58	456.7	26486.1
重庆	23227.9	96.10	534.3	2.21	315.6	1.31	93.4	0.39	537.1	24171.2
天津	22569.7	93.96	398.1	1.66	286.3	1.19	765.6	3.19	436.7	24019.7
宁夏	22796.6	98.01	209.6	0.90	162.8	0.70	89.8	0.39	505.6	23258.9
黑龙江	20335.5	96.33	386.4	1.83	196.6	0.93	192.0	0.91	335.1	21110.4
安徽	18631.0	96.99	321.0	1.67	299.1	1.56	-41.4	-0.22	286.7	19209.7
江西	17498.9	98.32	152.1	0.85	135.6	0.76	10.9	0.06	809.0	17797.6
广西	14259.7	95.08	334.8	2.23	303.0	2.02	99.5	0.66	394.7	14997.0
河北	13719.7	96.02	300.9	2.11	230.7	1.61	37.1	0.26	285.8	14288.4
吉林	12258.4	94.32	324.0	2.49	160.5	1.23	254.4	1.96	228.0	12997.3
海南	9171.9	74.17	1294.9	10.47	511.5	4.14	1387.0	11.22	363.7	12365.2
青海	5024.3	96.68	42.6	0.82	27.2	0.52	102.7	1.98	324.8	5196.8
新疆	4501.7	94.01	108.6	2.27	131.7	2.75	46.7	0.97	208.2	4788.7
甘肃	3837.0	94.25	89.6	2.20	122.3	3.01	22.1	0.54	104.4	4071.0
兵团	1401.5	92.49	1.2	0.08	0.7	0.05	111.9	7.38	378.8	1515.3
西藏	875.4	99.53	0.5	0.05	1.4	0.16	2.3	0.26	219.9	879.6
总计	3778073.3	96.99	36036.7	0.92	40987.5	1.05	40349.3	1.04	1227.3	3895446.7

金额虽然不低，但相较于大额的公益支出，其比例自然显得较小。人员工资福利的情况和行政办公费用类似，仍然是新疆生产建设兵团和西藏的比例最低，河南、山西、江苏、青海、宁夏的比例较低，由于民政部登记的基金会是全国性的基金会，其资金规模较大，全职工作人员较多，规范化建设程度较高，所以其比例不如行政办公支出那么低。

参与年检的3226家基金会中，由于数据为0（新成立）或缺失而无法计算的基金会有338家，剩余的2888家基金会中（见表25），有335家基金会行政办公费用和人员工资福利比例超过了10%，即剩下的89%的基金会均符合《条例》中人员工资福利和行政办公费用比例的规定，该比例比上一年上升了3%，可见基金会规范化程度在逐步提升。196家基金会显示此项费用为0，占基金会总数的7%，这些基金会多为成立不久或者由发起出资方等承担这部分费用的基金会。有85家基金会仅有行政类费用支出而无公益支出。

表25 全国基金会人员工资福利和行政办公费用金额分布

单位：家，%

人员工资福利和行政办公费用占总支出比例	公募		非公募		总计	
	数量	比例	数量	比例	数量	比例
0%	62	5	134	8	196	7
(0%,1%]	186	15	370	22	556	19
(1%,5%]	409	33	552	33	961	33
(5%,10%]	402	33	438	26	840	29
(10%,50%]	139	11	133	8	272	9
(50%,100%)	28	2	35	2	63	2
100%	0	0	0	0	0	0
总　计	1226	100	1662	100	2888	100

注：因总支出数据为0（多为新成立不久的机构）或者缺失而无法计算该数据，故有338个缺失值。

从结果来看，人员工资福利和行政办公费用占总支出 50% 及以上的基金会共有 63 家，比上一年减少了 25 家，占有效数据的 2%，可见中国基金会的规范性正在提高，仅有极少数的基金会公益支出比例明显不够合理，这些情况基本都是由于基金会未进行项目运作，所以无公益支出。

全国基金会这两项支出占基金会总支出的 1.97%，比例和往年类似，甚至略有下降。该比例实质上远低于《条例》的规定标准，整体比例偏低，和资产格局类似，这也是基金会领域处于起步阶段的特征。为保证基金会项目的良好运作，产生相应的费用是合理的，所以基金会的管理费用并非越低越好，而应该在一个适度的范围。从数量上看，基金会的行政办公费用和人员工资福利在 1% 以下的基金会有 752 家，占基金会总数的 26%，这意味着如果基金会运作支出 500 万元的项目所产生的人员和行政费用不足 5 万元，欠缺合理性。而在 2013 年的支出总额之中，有 2477 家基金会支出不足 500 万元，其最多仅能有 50 万元的管理费用，而按照实际情况来看，这个数字还要低很多。对于大规模的基金会来说，还可以通过扩大整体规模来缓解管理费用的压力，但对于大部分目前支出规模不足 500 万元的基金会来说，其行政办公费用和人员工资福利的确面临着受限的"困境"。当然其中也不排除一些基金会另有专门的捐赠来支付此类费用，或由捐赠企业承担相关行政费用等。总之，从这两项费用支出的分布和会计核算的角度来看，我国基金会在管理费用的支出上需要进一步合理调整。

公益是有成本的，尤其是自己独立运作项目的基金会，必然需要一定的行政成本和人力支出，否则将无法维系组织正常的运作。不同类型的公益活动或项目的行政及人力成本有很大的差距，到底多高的成本合适，实质上是交由社会选择的，即由捐款人"说了

算"。过低的行政及人员成本不仅留不住人、无法更好地运作项目，也会误导公众，认为公益就是理所当然的"付出与奉献"，将公益置于"道德高台"之上。很多基金会迫于成本压力只能"另辟蹊径"，通过其他途径如通过业务主管单位或主要捐资方来提供人员工资福利与行政办公费用，最终呈现的比例确实很低，但其结果可能导致基金会对业务主管单位或主要捐资方的依赖，独立自主性受到影响，也不利于维持基金会自身的可持续运作。另外，从公信力的角度，这种方式其实也不利于建构基金会的公信力，因为这种运作方式下基金会的透明度实质上是不足的，公众在看不到人力和行政成本的情况下反而可能会产生质疑。

五　全国基金会人员及机构状况

1. 专职人员数量总体状况

基金会专职工作人员数量可以反映基金会的专业化程度和水平。2013 年我国基金会专职工作人员为 10647 人，比上一年度仅多了 302 人，其中可能存在统计口径的问题[①]，增长率为 2.91%，平均每家基金会拥有专职工作人员 3.3 名[②]，专职工作人员偏少。

由表 26 可见，全国基金会中，有 808 家基金会无专职工作人员，所占比例为 25.07%，比上一年增加了 302 家，比例提高了 6.88 个百分点。这与每年新成立大量基金会有关，基金会在成立之初往往人员队伍不可能"一步到位"。有 469 家基金会只有 1 名专职工作人员，该数量比上一年少了 53 家。大多数基金会拥有 3 名及以下专职工作人员，一共有 2197 家基金会属于此类情况，累

---

① 2012 年黑龙江省的基金会专职工作人员为 867 人，2013 年进一步规范统计口径，专职工作人员为 236 人。

② 存在 5 个缺失值。

计比例达68.17%。拥有5名以上专职工作人员的基金会所占比例仅为16.32%，这是一个很低的比例。有5家基金会的专职工作人员在50人以上，比上一年少了2家，这些基金会都是大型公募基金会，且成立时间都较早，除了爱德基金会之外，其他的基金会均是2000年之前成立的。

表26　基金会拥有专职工作人员总体情况

人数（人）	数量（家）	比例（%）	累计比例（%）
0	808	25.07	25.07
1	469	14.55	39.62
2	474	14.71	54.33
3	446	13.84	68.17
4	271	8.41	76.57
5	229	7.11	83.68
6	116	3.60	87.28
7	102	3.16	90.44
8	72	2.23	92.68
9	50	1.55	94.23
10	42	1.30	95.53
11~19	102	3.16	98.70
20~49	37	1.15	99.84
50 及以上	5	0.16	100.00
合　计	3223	100.00	—

注：该部分主要来源于各地上报的基本信息表，缺失值为3个。

我国作为世界上劳动人口最多的国家，基金会整个行业的专职就业人数刚刚达到1万人，这种比例显得很悬殊。这一方面反映了我国基金会行业处于起步时期，缺乏专业化、职业化的人才支持，公益领域的人力资源培养和发展情况极其滞后；另一方面，也体现

出基金会对专业人员需求量的巨大。我国大多数基金会出于节约开支等原因，工作人员多用兼职人员或志愿者。但是，基金会作为独立的法人主体，要运营大量的公益资产和公益项目，必然要科学高效地开展募捐和进行支出，做好信息公开透明、项目运作和管理、资产保值增值等工作。这些均需要专职的工作人员来完成。目前我国基金会专职工作人员相对缺乏的现状，不能满足基金会专业高效的运行要求。尤其是我国基金会事业正处于蓬勃发展的阶段，更需要专职工作人员从数量和质量上加以提高，以适应基金会的发展需要。

公募基金会专职工作人员总和为5758人，非公募基金会专职工作人员总和为4889人，平均每家公募基金会的专职工作人员为4.4人，平均每家非公募基金会的专职工作人员为2.6人，公募基金会拥有的专职工作人员多于非公募基金会。原因一方面可能是公募基金会规模大、成立时间长；另一方面，非公募基金会为节省工作成本支出，工作人员一般是由发起设立基金会的企业、单位员工兼任。在两类基金会的工作人员具体分布上，拥有5人以上专职工作人员的基金会数量，公募基金会在每个组别都大于非公募基金会（见图19）。

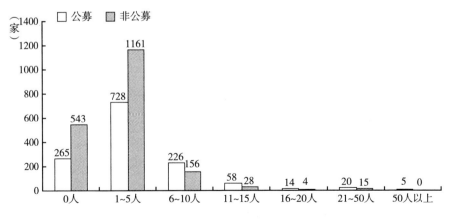

图19　不同类型基金会工作人员分布

由表27可见基金会年末总资产与基金会专职工作人员的关系。随着资产规模的增大，基金会拥有专职人员的平均数逐渐增大。资产规模在500万元以下的基金会平均每家专职工作人员为2.21人；资产规模为500万~1000万元，平均每家基金会专职工作人员达到了2.61人；而当资产规模达到1000万~2000万元时，平均每家基金会专职工作人员达到3.31人。以此类推，逐步增长，当资产规模达到5000万~1亿元时，平均专职人员为5.61人。当资产超过5亿元，基金会一般都拥有数十名专职人员，其平均值为29.25人。可见，资产多的基金会大多规模大、项目多，故而对专职工作人员的需求量大。同时，这样的基金会也有更充裕的资金用于员工工资福利支出。

表27　基金会专职工作人员按年末总资产分类情况

年末总资产（万元）	人数（人）	平均数（人）
[0,500]	3168	2.21
(500,1000]	1526	2.61
(1000,2000]	1599	3.31
(2000,5000]	1474	4.20
(5000,10000]	887	5.61
(10000,50000]	1175	7.89
>50000	702	29.25
合　计	10531	3.31

注：该部分需要资产和人员两部分信息同时具备，缺失值为42个。

由表28可见全国基金会专职工作人员排名前10位的基本情况。其中6家在民政部登记注册，8家基金会的登记管理机关为东部地区民政部门，10家基金会全是公募基金会，9家基金会的登记时间是在2000年以前，除四川省扶贫基金会外均拥有很高的年末

总资产。因此可以看出，专职工作人员较多的基金会有以下特点：集中在东部地区、公募基金会、运作时间长、资产雄厚。

表28　全国基金会专职工作人员排名前10位名单

排名	人数（人）	名称	地区/部门	类型	成立年份	原始基金数（万元）	年末总资产数（万元）
1	111	中国扶贫基金会	民政部	公募	1989	1000	156707.6
2	78	中国光华科技基金会	民政部	公募	1993	800	56676.2
3	71	中国青少年发展基金会	民政部	公募	1989	800	61763.7
4	71	爱德基金会	江苏	公募	2005	2500	27605.0
5	60	中国残疾人福利基金会	民政部	公募	1984	50621	78701.4
6	47	中国妇女发展基金会	民政部	公募	1988	1000	39203.6
7	47	四川省扶贫基金会	四川	公募	1992	800	3604.5
8	46	河南省宋庆龄基金会	河南	公募	1992	400	287187.8
9	44	上海市慈善基金会	上海	公募	1994	46000	209459.6
10	43	中国红十字基金会	民政部	公募	1994	800	55646.8

由表29可见全国基金会专职工作人员的分布情况。其中民政部登记的基金会的专职工作人员的总数和均值都远远高于地方各省份；专职工作人员数量总和超过500人的还有北京、江苏、广东；各省份基金会专职工作人员的分布与基金会的分布情况基本相同，东部较多，中部居中，西部较少；平均每家基金会专职工作人员的数量没有因地区的不同而存在明显的差别，均分布在2~5人之间，这也反映出我国基金会专职工作人员普遍偏少。

2. 理事和监事情况

理事会是基金会的决策机构，代表社会各方参与基金会的决策、监管过程。很多理事是来自社会某一领域的专家或者具有

表29　全国基金会专职工作人员分布情况

单位：人

地区/部门	总数	均值	地区/部门	总数	均值
民政部	2042	11.3	湖　北	187	2.5
北　京	1003	3.7	辽　宁	183	2.5
江　苏	932	2.3	甘　肃	179	5.0
广　东	655	2.4	安　徽	164	2.4
湖　南	443	2.6	吉　林	158	2.9
浙　江	440	1.6	重　庆	155	3.4
福　建	431	2.7	广　西	148	3.7
上　海	415	2.8	贵　州	129	4.2
陕　西	378	4.2	宁　夏	125	2.6
四　川	370	3.4	天　津	120	2.2
河　南	338	3.7	江　西	109	3.2
山　东	249	3.0	海　南	83	2.4
河　北	243	4.9	新　疆	75	3.0
黑龙江	236	3.7	青　海	30	1.6
山　西	210	4.2	西　藏	13	3.3
云　南	206	3.6	兵　团	9	2.3
内蒙古	189	2.2	总　计	10647	3.3

注：一共有3个缺失值，其中黑龙江专职工作人员和上一年度差异较大，可能是统计标准的问题。

一定社会影响力的公众人物。《条例》规定，基金会的理事会由5～25名理事组成。2013年，一共有35440名社会人士担任中国基金会的理事，平均每家基金会有12.63名理事①。

理事会人数分布呈现的最为明显的规律为：理事会人数多为奇数，偶数相对较少，故图20呈现"锯齿"状的分布规律。据统计，一共有1948家基金会理事会人数为奇数，占有效数据的

① 该部分共有数据2876条，其中有效数据2805条。

69.45%，有 857 家基金会理事会人数为偶数，占有效数据的 30.55%。其中许多基金会理事会人数在 10 人以内，有 394 家基金会理事会人数为 5 人，有 324 家基金会理事会人数为 7 人。另外，理事会人数为 25 人的基金会数量也较多，有 167 家。而理事会为 10 人、14 人、16 人、18 人、20 人、22 人和 24 人的基金会数量较少，均为六七十家。

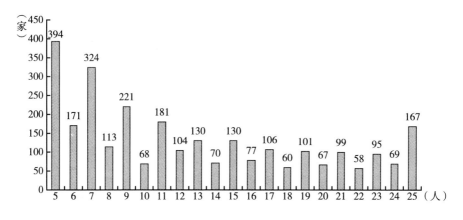

图 20　基金会理事会人数分布

注：该部分数据存在 421 个缺失值。

按类型分析可得，公募基金会理事会人数分布较为均衡，非公募基金会理事会人数分布更多集中在 5 名和 7 名等个位奇数上。同时，公募基金会理事会人数比例最高的是 25 人的理事会，非公募基金会理事会人数比例最高的是 5 人的理事会（见表 30）。

基金会监事主要是监督基金会的运作，包括基金会财务的监督、参加并监督理事会的规范运作等。2013 年，中国基金会一共有 6143 名监事，平均每家基金会的监事数为 2.1 人①。有 14 家没有监事，大部分基金会有 1~2 名监事，1188 家基金会有 1 名监

---

① 监事部分有效数据为 2873 条。

表30　不同类型的基金会理事人数分布

理事人数（人）	公募基金会 数量（家）	公募基金会 比例（%）	非公募基金会 数量（家）	非公募基金会 比例（%）	理事人数（人）	公募基金会 数量（家）	公募基金会 比例（%）	非公募基金会 数量（家）	非公募基金会 比例（%）
5	81	6.99	313	19.02	16	39	3.36	38	2.31
6	41	3.54	130	7.90	17	56	4.83	50	3.04
7	70	6.04	254	15.43	18	31	2.67	29	1.76
8	37	3.19	76	4.62	19	63	5.44	38	2.31
9	69	5.95	152	9.23	20	36	3.11	31	1.88
10	21	1.81	47	2.86	21	70	6.04	29	1.76
11	66	5.69	115	6.99	22	41	3.54	17	1.03
12	40	3.45	64	3.89	23	62	5.35	33	2.00
13	48	4.14	82	4.98	24	52	4.49	17	1.03
14	40	3.45	30	1.82	25	129	11.13	38	2.31
15	67	5.78	63	3.83	总计	1159	100.00	1646	100.00

注：该部分数据存在421个缺失值。

事，758家基金会有2名监事，两者的比例占基金会总数的67.73%，最多的一家拥有22名监事，但这种情况比较少见（见表31）。从不同类型的角度分析，公募基金会监事人数较多，其人数在2名及以上的组别大多比非公募基金会的比例高。而近半数的非公募基金会监事人数为1名。

表31　不同类型基金会监事情况

监事人数（人）	公募基金会 数量（家）	公募基金会 比例（%）	非公募基金会 数量（家）	非公募基金会 比例（%）	总计 数量（家）	总计 比例（%）
0	10	0.83	4	0.24	14	0.49
1	391	32.64	797	47.58	1188	41.35
2	356	29.72	402	24.00	758	26.38

续表

监事人数（人）	公募基金会		非公募基金会		总计	
	数量（家）	比例（%）	数量（家）	比例（%）	数量（家）	比例（%）
3	296	24.71	339	20.24	635	22.10
4	51	4.26	54	3.22	105	3.65
5	42	3.51	52	3.10	94	3.27
6	18	1.50	7	0.42	25	0.87
7	14	1.17	13	0.78	27	0.94
8	3	0.25	2	0.12	5	0.17
9	2	0.17	0	0.00	2	0.07
10	7	0.58	2	0.12	9	0.31
11	1	0.08	2	0.12	3	0.10
12	0	0.00	1	0.06	1	0.03
13	2	0.17	0	0.00	2	0.07
15	3	0.25	0	0.00	3	0.10
19	1	0.08	0	0.00	1	0.03
22	1	0.08	0	0.00	1	0.03
总计	1198	100.00	1675	100.00	2873	100.00

注：该部分数据存在 353 个缺失值。

3. 分支机构、代表机构和专项基金

2013 年，中国的基金会一共有 388 个分支机构，大约平均每 7 家基金会就有 1 个分支机构。其中有 2788 家基金会没有分支机构，占基金会总数（有效数据）的 96.94%，其中公募基金会该比例较低，非公募该比例较高，达到了 98.63%（见表 32）。拥有超过 3 家以上分支机构的基金会绝大部分是公募基金会。同时，也可以看到只有极少数基金会有 5 家以上的分支机构，分支机构最多的一家基金会其机构数达到了 36 个，这比较少见。

表32　基金会分支机构情况

分支机构数（个）	公募基金会		非公募基金会		总计	
	数量（家）	比例（%）	数量（家）	比例（%）	数量（家）	比例（%）
0	1133	94.57	1655	98.63	2788	96.94
1	22	1.84	18	1.07	40	1.39
2	7	0.58	2	0.12	9	0.31
3	5	0.42	2	0.12	7	0.24
4	6	0.50	0	0.00	6	0.21
5	2	0.17	0	0.00	2	0.07
6	5	0.42	0	0.00	5	0.17
7	4	0.33	0	0.00	4	0.14
8	1	0.08	0	0.00	1	0.03
9	1	0.08	1	0.06	2	0.07
10	3	0.25	0	0.00	3	0.10
12	3	0.25	0	0.00	3	0.10
13	1	0.08	0	0.00	1	0.03
14	1	0.08	0	0.00	1	0.03
15	1	0.08	0	0.00	1	0.03
17	1	0.08	0	0.00	1	0.03
30	1	0.08	0	0.00	1	0.03
36	1	0.08	0	0.00	1	0.03
总计	1198	100.00	1678	100.00	2876	100.00

注：该部分数据存在350个缺失值。

　　2013年，中国的基金会一共有457个代表机构，平均每6家基金会就有1家代表机构，数量略比分支机构多一些。和分支机构规律类似，有2780家基金会没有任何的代表机构，占基金会总数（有效数据）的96.66%（见表33）。其中代表机构仍然集中在公募基金会，最多的1家基金会代表机构有67家。非公募基金会仅有26家有代表机构，最多的一家非公募基金会有4个代表机构。

表 33　基金会代表机构情况

代表机构数（个）	公募基金会		非公募基金会		总计	
	数量（家）	比例（%）	数量（家）	比例（%）	数量（家）	比例（%）
0	1128	94.16	1652	98.45	2780	96.66
1	36	3.01	23	1.37	59	2.05
2	4	0.33	2	0.12	6	0.21
3	4	0.33	0	0.00	4	0.14
4	5	0.42	1	0.06	6	0.21
5	2	0.17	0	0.00	2	0.07
6	3	0.25	0	0.00	3	0.10
8	2	0.17	0	0.00	2	0.07
9	1	0.08	0	0.00	1	0.03
10	2	0.17	0	0.00	2	0.07
17	4	0.33	0	0.00	4	0.14
18	1	0.08	0	0.00	1	0.03
19	2	0.17	0	0.00	2	0.07
21	1	0.08	0	0.00	1	0.03
32	1	0.08	0	0.00	1	0.03
33	1	0.08	0	0.00	1	0.03
67	1	0.08	0	0.00	1	0.03
总计	1198	100.00	1678	100.00	2876	100.00

注：该部分数据存在 350 个缺失值。

　　相较于分支机构和代表机构，基金会的专项基金较为常见。2013 年，中国基金会一共有 2694 个专项基金，平均每个基金会有 0.96 个专项基金[1]。其中有 2469 个基金会没有专项基金，占基金会总数（有效数据）的 87.74%，有 254 家基金会有 1~5 个专项基金，占占基金会总数（有效数据）的 9.03%。有 2 家基金会拥有 100 个以上的专项基金，这种情况并不多见（见图 21）。

---

[1]　有效数据为 2814 条。

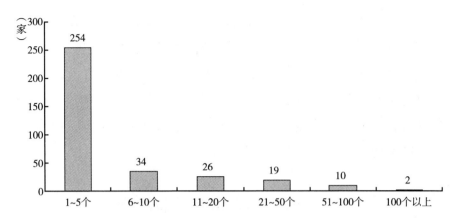

图21　基金会专项基金情况

注：该部分数据存在412个缺失值。

4. 创办刊物情况

基金会创办刊物是进行宣传推广的一种手段之一，大部分的基金会（2372家）都没有创办刊物（见图22），占基金会总数（有

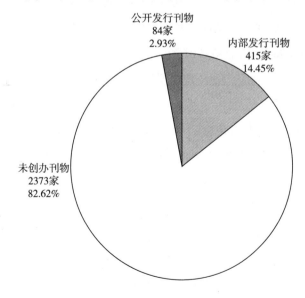

公开发行刊物
84家
2.93%

内部发行刊物
415家
14.45%

未创办刊物
2373家
82.62%

图22　基金会创办刊物情况

注：该部分数据存在354个缺失值。

效数据）的 82. 62%，有 415 家基金会（14. 45%）内部发行刊物，有 84 家基金会（2. 93%）公开发行刊物。基金会的刊物是除了网站等平台之外的一种建构公信力、促进社会人士熟悉自身的形式，一般情况下，创办刊物的基金会具有较高的公信力。同时，还有部分基金会其本身的公益项目之一或许就是出版某一领域的专业刊物，这多为研究类或者文化类基金会。

六 2013 年基金会发展趋势

1. 增长分化继续

2004 年《基金会管理条例》出台至今已经有 10 年，这 10 年是中国基金会快速发展的时期，且增长速度逐渐加快，能够保持每年 15% 左右的增长率。在 2004 年及之前，中国平均每年成立基金会数是 37 家；2004 年之后，每年新增的基金会数量都在上升，增长势头完全没有变缓。2013 年新增的基金会为 432 家，2004 年至今，平均每年新增基金会 259 家。

基金会进一步快速增长也与当前越来越开放的政策有关。2013年，社会组织登记管理政策也有明显的变化。2013 年 3 月，十二届全国人大一次会议上审议通过的《国务院机构改革和职能转变方案》明确提出："改革社会组织管理制度……重点培育、优先发展行业协会商会类、科技类、公益慈善类、城乡社区服务类社会组织。成立这些社会组织，直接向民政部门依法申请登记，不再需要业务主管单位审查同意。民政部门要依法加强登记审查和监督管理，切实履行责任。"在国家政策的支持之下，许多地区都开始探索试点社会直接登记政策，如北京、广东、浙江等。基金会是典型的公益慈善类社会组织，直接登记使得基金会登记注册的门槛大大降低，使得之前制约社会组织发育的瓶颈——双重管理体制开始松动，让社会中更多的组织和个人能够成立基金会，使得中国基金会在经历近10年快速增长之后，增长速度并没有变缓，反而是一种加速增长的趋势。

在数量快速增长的同时，基金会的规模和类型也开始出现多元的分化。在前文已经看到，虽然公募基金会的数量增长速度不如非公募基金会，但是其收支方面扩张迅速，尤其是支出方面，无论是总额还是平均值都占据主导位置。图23至图25分别是近4年来，不同类型基金会资产、收入和支出的增长情况。

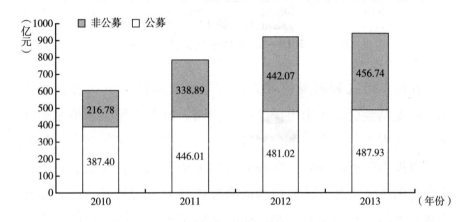

图23　2010～2013年基金会资产变化

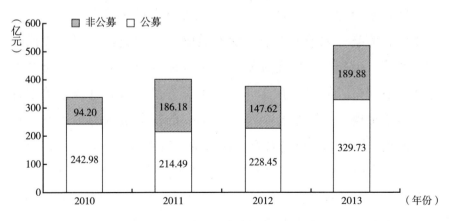

图24　2010～2013年基金会收入变化

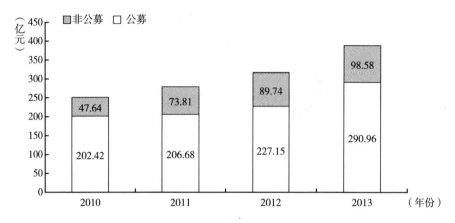

图25　2010～2013年基金会支出变化

　　在运作模式和服务领域方面，基金会的运作方式也更加多元。企业基金会近年来出现了股权捐赠、以资产保值增值来运作基金会的方式。许多大型公募基金会，如中国扶贫基金会等均开始了资助型转型的探索。在服务领域方面，基金会开始渗透到社会服务的各个方面，甚至包括动物保护都有专门的基金会，如北京爱它动物保护公益基金会。还有一些是专业学科领域的基金会等，如北京阳光知识产权与法律发展基金会、北京市吴秉铨病理学发展基金会等，通过社会组织的形式与力量来聚集国内外的专家学者，为某一领域的专业知识发展献力，这类社会组织在西方较为普遍，近年来国内尤其是在北京等地专业学科的基金会开始迅速发展起来。同时，在江苏、广东等省份，村级基金会等多种形式纷纷出现，使得基金会不只是单一的扶贫济困等传统慈善类型。而正是因为基金会与社会所认可的传统慈善有一定区别，所以在面向社会筹集资金或资源时可能会遇到困难，此时，专业化的项目运作和良好的社会公信力是解决问题的关键，让捐赠人看到基金会的能力和责任，才能够投以信任。其中一些基金会已经在探索，并取得了一定成效。

2. 功能作用提升

基金会最初以"慈善"的身份出现，多做些"雪中送炭"的事情。但随着社会的发展变革以及非营利领域本身的深入发展，其功能发生了根本性的拓展与提升——从慈善到公共服务，再到社会治理，成为一种引领社会变革与创新发展的力量。

在上一年基金会蓝皮书的分报告《企业基金会研究报告》中，将基金会的项目运作划分为 5 个层级（见图 26）：从以基础慈善为内容的"简单散财"和以企业化管理方式为核心运作技术的"流程化公共服务"，发展到以非营利管理技术与服务技术为支撑的"社会服务"和"公共参与"层面，最终上升到以价值、战略、社会思考为要义的"领域发展与社会变革"层面。这 5 个层级构成基金会项目运作的完整谱系，理想的状态是每个层级都有丰富的运作者，单个组织能沿着特定的轨道不断上升，追寻更广泛和深刻的社会意义与价值，更有力地促进社会变革。

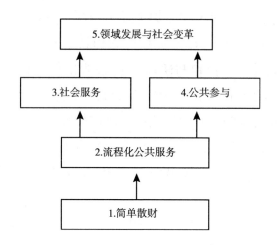

图 26　基金会运作的 5 个层级

"简单散财"作为基金会项目运作最基础和直接的形式，是基金会通过募集善款或物资，向受助群体直接提供资金或物资上

的援助，最典型的情况是济困助残、救灾中的紧急救援、面向医疗卫生和教育等领域的慈善捐赠。"流程化公共服务"是基金会做公益时对"简单散财"最基本的超越，通过基金会的管理和服务，将筹集的善款转化为公益产品和流程化的服务提供给受助方。

"社会服务"和"公共参与"是对前两个层次的实质性超越，至此，基金会的项目运作展示出非营利领域特有的技术和专业性。"社会服务"是指基金会在价值理念的指导下，通过运用非营利管理的技术，为社会中的人提供帮助和服务，其中更多地体现出软性的技术，是流程化公共服务无法达到的。与"社会服务"相平行的另一个方面是"公共参与"，基金会用非营利的管理技术帮助公众参与到公共治理、自我治理与发展、民主精神等社会治理与个体发展领域，培养人作为公民所需要的基本素质与能力。

当基金会的发展相对成熟，并走到一个更高的境界与视域时，则可能进入基金会项目运作的顶端，引领与推动领域发展与社会变革（智库、价值、社会发展）。这一类项目主要包括以下方面：支持民间智库发展，推动公共政策与社会的变革；对中国传统价值观、转型时期的价值体系等价值相关问题的探究与教育工作；对公益文化传播和公益产业链的打造等问题的探究。此时的基金会可能剥离具体的项目运作，而以一个统领者与资助者的身份存在，从价值、战略和发展层面来看待并思考社会，而将具体的运作托付给社会中更专业的机构。

中国基金会经历了近10年的快速发展后，项目运作逐渐出现了向更高层级发展的趋势。在最初的10年，许多基金会最开始都是以关注基础慈善为主，以"散财"的方式进入公益领域，而到了现在，已经出现了多元的分化。部分基金会的项目已经开始出现由低层级向高层级转型的趋势，甚至有少数基金会，在成立之初便是为了综合性地解决社会问题，促进社会发展变革，这是令人欣喜的现状。

北京作为全国的政治、经济和文化中心，其文化、研究等领域的基金会近年来得到快速发展。本次对北京市基金会2013年的1511个项目（有效数据为1495个）进行项目层级分类，并统计每个类别的项目收支情况，如表34所示。

表34 各项目层级的项目数

项目层级	项目数（个）	收入		支出	
		总额（万元）	平均额（万元）	总额（万元）	平均额（万元）
简单散财	883	65458.1	74.1	63347.1	71.7
流程化公共服务	317	33325.6	105.1	35742.4	112.8
社会服务	141	8531.9	60.5	8899.6	63.1
公共参与	59	1733.9	29.4	3700.0	62.7
领域发展与社会变革	95	6809.5	71.7	7217.8	76.0
总　计	1495	115859.1	77.5	118906.9	79.5

注：该部分数据存在16个缺失值。

可以看出，半数以上（59.06%）的项目都属于基础"散财"层面，这个层面的项目主要注重款物递送过程之中的公信力建设，做到公开透明，递送链条越短越直接越好。流程化公共服务的项目为317个，占总数21.20%。

其中，社会服务类项目为141个，占总数的9.43%，其注重服务过程中的"质量"，包括带来人文关怀、引入社工技术等。涉及公共参与、领域发展和社会变革的项目很少，其中公共参与不足5%，领域发展和社会变革不足10%。前者涉及社会自下而上的发育兴起，社会公众参与到更多的社会事务之中，是目前社会治理体制改革的方向之一；后者涉及社会创新和变革，这也是北京市基金

会的特色。很多智库型基金会、研究型基金会以及聚焦于社会创新的基金会都汇集在此，使得这个层次的公益项目成为北京市基金会的一大特色。

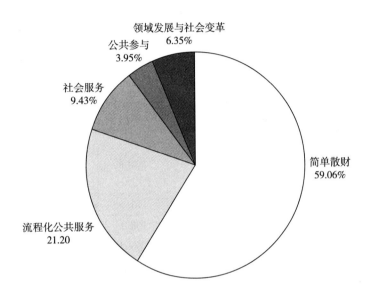

图27　5个项目层级项目数比例分布

整体而言，虽然社会服务、公共参与、领域发展与社会变革的比例略少，但已经有基金会进行了积极的探索，并且越来越多的基金会开始朝着这个方向进行转型。相信随着基金会进一步发展，后三类的比重将会进一步加大，最终呈现5个层级均有基金会分布的状况，共同促进社会各个领域发展。

3. 协调合作发展

在2013年的基金会发展过程中，另一个明显的趋势是基金会之间以及基金会和其他社会组织之间协调合作的趋势越来越明显。

其中比较典型的是2013年芦山地震中出现基金会救灾协调会。基金会救灾协调会是由中国青少年发展基金会、中国扶贫基金会、深圳壹基金、南都公益基金会、腾讯公益基金会、爱德基金会等多家基金会联合发起，为促进中国基金会在救灾中更好地协作行动，联合有志于参与救助的社会组织，在灾区协调高效有序地开展救灾工作的行业平台，同时借助这个平台推动中国公益行业在国内外救灾事业的发展。

在 2013 年的芦山地震之中，除了基金会救灾协调会之外，还有政府及社会组织自己组成的多种平台，如雅安抗震救灾社会组织和志愿者服务中心①、中国社会组织灾害应对平台②、成都公益组织 420 联合救援行动③等，另外还有一些常态化的救援联盟如壹基金救灾联盟以及华夏公益联盟（后成立为华夏救灾基金）。

其实早在 2008 年，基金会领域就有了非公募基金会论坛，后来中国社会组织促进会也组织了基金会双月沙龙等交流活动。从 2010 年开始，中国基金会网、基金会中心网等多种中介或平台性质的网站或机构也逐渐兴起。但许多都是交流、学习及展示的平台，真正意义上的深度协调沟通及合作是近一两年在具体的领域中开展起来的，救灾领域就是最为前沿的一个领域，其紧急救援阶段的急迫性和灾后重建阶段的持续性使得基金会开始探索深度的协作共赢。

整体上，虽然中国基金会发展迅速，但其仍然处在发展起步的初期，人们从各行各业进入公益领域，绝大多数都秉承着服务

---

① 该中心系四川省抗震救灾指挥部社会管理与服务组联合全省 8 个群团组织与雅安团市委等相关机构共建，于 2013 年 5 月 12 日正式成立，并下设 7 个县（区）服务中心、26 个乡镇服务站，构建起了横向拓展、纵向延伸的组织体系，旨在搭建起协同社会组织和志愿者有效参与抗震救灾和灾后重建的平台。

② 中国红十字总会、北京师范大学、南都公益基金会和成都公益组织 420 联合救援行动四方共同发起成立的第三方平台。

③ 成立于芦山地震当天，截至 4 月 28 日成员伙伴机构为 68 家，共同遵循 420 共识："以实际行动推动促进灾区救援和重建中的社会协同、公众参与；协助政府、协力灾区；有序参与、有效服务；资源共享、平等合作；各尽其能、各得其所。"

社会、实现自我的公益理念。在起步初期必然会面临种种困难，展现或多或少的不足，但这只是暂时的和局部存在的。我们不要以偏概全，把少数基金会的不当行为认为是行业整体的状况，对于绝大多数基金会，希望我们能够给予它们最基本的尊重、理解和支持。

分　报　告

Sub-reports

.2

民政部登记的基金会发展报告（2013）

一　数据说明

截止到 2013 年 12 月 31 日，在民政部登记成立的基金会共有 183 家（不包括在民政部登记的由境外人士担任法定代表人的基金会及境外基金会代表机构）。其中，公募基金会 90 家，非公募基金会 93 家，非公募基金会在数量上首次超过了公募基金会①，保持了良好的发展势头。2013 年，应有 182 家基金会参加年度检查，实际有 180 家②基金会提交了年检材料，故本报告仅对 180 家基金会有关信息进行收集、分析。

---

① 2013 年新成立的基金共有 11 家，全部是非公募基金会。

② 1 家基金会由于成立时间是 2013 年 12 月 26 日，2013 年度有关手续尚未办理完毕，无须参检，故参检基金会为 182 家；在 182 家基金会中，2 家基金会未提交年检材料，故仅对 180 家基金会数据进行分析。

二 财务情况

（一）总资产和净资产

2013 年度参检基金会的资产总和达到 299.55 亿元。从表 1 中我们可以看出，总资产在 1000 万元以上的基金会占总参检基金会数的 87.78%，在 1000 万~5000 万元、5000 万~8000 万元、8000 万~10000 万元及 10000 万元以上这几个区间的基金会数量与 2012 年基本持平，但总资产在 100 万元以下的基金会数量比 2012 年有所增加。

表 1　基金会总资产分布情况

总资产范围（万元）	数量（家）	比例（%）	累计比例（%）
（0，100）	11	6.11	6.11
[100，500）	3	1.67	7.78
[500，800）	3	1.67	9.44
[800，1000）	5	2.78	12.22
[1000，5000）	72	40.00	52.22
[5000，8000）	18	10.00	62.22
[8000，10000）	10	5.56	67.78
≥10000	58	32.22	100.00
合　计	180	100.00	—

从表 2 总资产的各项构成看，也与上一年相差不大，其中，流动资产总额为 236.65 亿元，长期投资为 56.27 亿元，这两项占总资产的比例为 97.79%。

表2 基金会总资产构成情况

单位：万元，%

类　　型	总额	平均额	比例
流动资产	2366495.77	13147.20	79.00
长期投资	562709.91	3126.17	18.79
固定资产	59524.31	330.69	1.99
无形资产	1112.11	6.18	0.04
委托代理资产	5625.53	31.25	0.19
合　　计	2995467.63	16641.49	100.00

从图1来看，公募基金会的资产总额为151.35亿元，非公募基金会的资产总额为148.19亿元，公募基金会的资产总额虽然还是高于非公募基金会，但两者之间的差距在变小[①]。

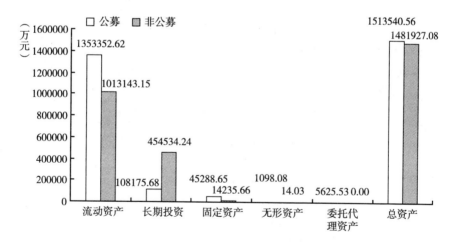

图1 公募和非公募基金会资产分类总额

其中，公募基金会的流动资产为135.34亿元，长期投资为10.82亿元，固定资产为4.53亿元，无形资产为0.11亿元，委托代理资产为0.56亿元；非公募基金会的流动资产为101.31亿元，

----

① 2012年两者之差为4.81亿元，2013年两者之差为3.16亿元。

长期投资为 45.45 亿元，固定资产为 1.42 亿元，无形资产为 0.0014 亿元，委托代理资产为 0 元。可见，公募基金会的流动资产总量大，而非公募基金会的投资行为更加活跃。

（二）负债

2013 年度参检基金会的总负债为 23.82 亿元。其中，流动负债为 12.46 亿元，占总负债的 52.32%；长期负债为 6.16 亿元，占总负债的 25.85%；委托代理负债为 5.2 亿元，占总负债的 21.83%（见表 3、图 2）。

表 3　基金会负债构成情况

单位：万元，%

类　型	总额	平均额	比例	累计比例
流动负债	124643.72	692.47	52.32	52.32
长期负债	61587.03	342.15	25.85	78.17
委托代理负债	52007.22	288.93	21.83	100.00
合　计	238237.97	1323.54	100.00	—

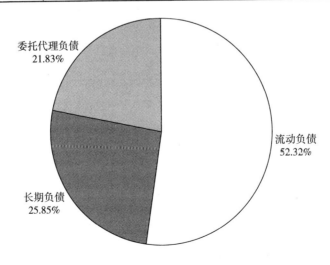

图 2　基金会负债构成情况

（三）成本控制

从表4可以看出，2013年度参检基金会的运营成本（包括行政办公费用、人员工资福利及其他支出）为5.09亿元，占当年总支出的比例为2.25%。

表4　基金会成本控制情况

单位：万元，%

类　型	总额	平均额	比例
公益支出	2206963.45	12260.91	97.75
行政办公	12701.38	70.56	0.56
人员工资	19354.17	107.52	0.86
其他支出	18845.23	104.70	0.83
合　计	2257864.23	12543.69	100.00

（四）收入构成

从表5中可见，捐赠收入仍是基金会收入的最主要来源，占总

表5　基金会收入构成

单位：万元，%

类　型	总额	平均额	比例
捐赠收入	2282908.41	12682.82	86.67
提供服务收入	9244.79	51.36	0.35
商品销售收入	0.00	0.00	0.00
政府补助收入	209437.06	1163.54	7.95
投资收益	100315.30	557.31	3.81
其他收入	32001.89	177.79	1.21
合　计	2633907.45	14632.82	100.00

收入的比例为 86.67% ；政府补助收入、投资收益与上一年度相比，均有所增加①；而近两年的商品销售收入都为 0。

三 获得公益性捐赠税前扣除资格情况

2013 年，获得公益性捐赠税前扣除资格的基金会数量有 170 家，2012 年是 157 家。与 2012 年相比，2013 年获得公益性捐赠税前扣除资格的基金会有 23 家，取消公益性捐赠税前扣除资格的基金会有 10 家。其中，8 家基金会因评估等级低于 3A 被取消资格，2 家基金会因年检不合格被取消资格。

四 公益活动情况

近年来，基金会的公益支出呈现稳步增长的态势，2013 年度，基金会的公益活动支出总额约为 220.92 亿元，比 2012 年增长了约 28%。其中，公募基金会的公益支出为 191.97 亿元，占当年公益支出总额的 86.9% ；非公募基金会的公益支出为 28.95 亿元，占当年公益支出总额的 13.1%。公募基金会由于发展时间较长、总体规模较大，公益支出绝对数额比非公募基金会多 85%，可见，公募基金会仍然是公益慈善事业的中坚力量。

从公益项目的领域来看，由于基金会的项目具有一定的延续性和稳定性，与 2012 年度相比，2013 年度的项目领域仍然集中在扶贫济困、灾害救助、教育卫生、社会福利等传统领域。一些

---

① 2012 年度的政府补助收入为 178733.50 万元，2013 年度增加了 30703.56 万元；2012 年度的投资收益为 51882.49 万元，2013 年度增加了 48432.81 万元。

知名基金会的品牌项目，如神华公益基金会的"爱心行动""爱心书屋"、中国残疾人福利基金会的"集善嘉年华""信息无障碍论坛"、中国红十字基金会的"红十字天使计划"、中国扶贫基金会的"爱心包裹""筑巢行动""母婴平安120行动项目"等已开展多年，每年的支出金额都在1000万元以上，受益面广，影响力大，项目管理科学高效，运营团队经验丰富，成为整个基金会行业的精品项目，并对其他基金会的项目开展起到了积极带动作用。

除了上述"规定动作"的传统项目，基金会也在探索项目创新，在章程和业务活动范围的规定之内，发挥各自领域优势，摸索出一套"自选动作"，拓宽了公益慈善事业的领域，在更大层面上解决了社会问题。特别是一些非公募基金会，在社会组织能力建设与支持、社会改革与研究等领域勇于尝试，如南都公益基金会开展支持行业发展的银杏计划、景行计划，资助社区服务机构的新公民计划，友成企业家扶贫基金会的社会创新支持平台系列项目，发现和培育新公益行业人才项目，阿里巴巴公益基金会的公益机构扶持系列项目等，这些项目视角独特，设计新颖，有的公益项目支出金额虽然不高，但通过支持社会组织能力建设和行业发展，发挥了"四两拨千斤"的功效，也带动了其他社会资源的投入，使之进入良性发展的快车道。

从公益项目开展的方式看，越来越多的基金会选择更加灵活多样的方式推进项目，从项目论证、立项、执行到监督、反馈、总结，都能够充分利用互联网平台和技术，如通过微博、微信、手机APP与公众进行互动交流。项目设计接地气、受欢迎，公众关注度高，参与面广，监督途径便捷，又推动了基金会信息公开透明，促使基金会项目更好地落实。

五 内部治理情况

（一）理事会基本情况

1. 理事

《基金会管理条例》规定理事会人员数量应在 5～25 人，从表 6 可以看出，基金会理事数量分布比较均匀。据统计，理事数量为奇数的有 113 家，偶数的有 66 家。

表 6　基金会理事会分布

单位：人，家

理事会人数分布	基金会数
5～10	55
11～15	36
16～20	36
21～25	52
合　计	179

注：中华慈善总会没有纳入统计。

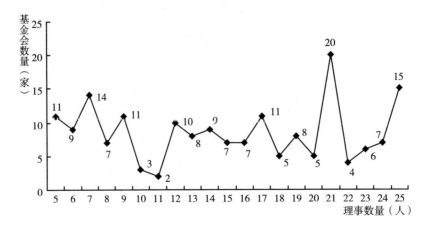

图 3　基金会理事会分布情况

2. 负责人（包括理事长、副理事长、秘书长）

2013 年度参检基金会负责人总数为 795 人，平均每家基金会为 4.42 人。

（二）理事会召开情况

《基金会管理条例》规定理事会每年至少召开 2 次会议，理事会会议须有 2/3 以上理事出席方能召开。2013 年度有 13 家基金会没有按时召开理事会，4 家基金会因参会理事数未达标而无效，7 家基金会的理事会无监事参会，2 家没有召开过理事会。其中，部分基金会上述违规行为交叉存在，理事会未能尽责履职。

（三）监事

《基金会管理条例》对监事的数量没有规定，2013 年度参检基金会中有 98 家基金会设立了 1 名监事，41 家基金会设立了 2 名监事，31 家基金会设立了 3 名监事，4 家基金会设立了 4 名监事，4 家基金会设立了 5 名监事，2 家基金会设立了 7 名监事。

（四）发行刊物、网站建设情况

2013 年，有 19 家基金会公开发行了刊物，有 46 家基金会发行了内部刊物，共占参检基金会总数的 36%（见图 4）。在网站建设方面，建立网站的基金会有 158 家，占参检基金会总数的 87.78%。

（五）志愿者使用情况

2013 年，基金会志愿者使用情况见图 5。

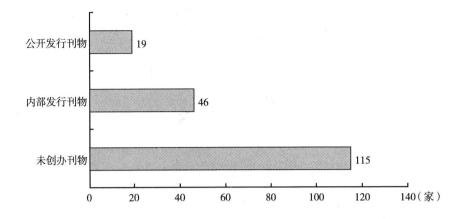

图4　基金会创办刊物情况

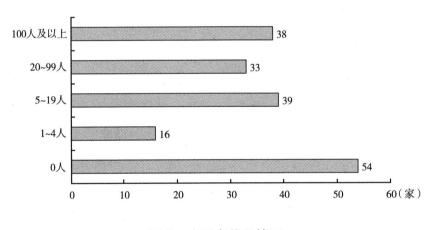

图5　志愿者使用情况

（六）设立分支、代表机构情况

2013 年，基金会设立分支、代表机构情况见表 7、表 8、表 9。

表7　设立分支、代表机构总体情况

单位：个

序号	类型	共设机构数量
1	设立分支机构	85
2	设立代表机构	21
合计		106

表8　分支机构数量分布情况

序号	设立分支机构数量范围（个）	基金会数量（家）	比例（%）
1	0	161	89.44
2	[1,5)	14	7.78
3	[5,10]	3	1.67
4	≥11	2	1.11
合计		180	100.00

表9　代表机构数量分布情况

序号	设立代表机构数量范围（个）	基金会数量（家）	比例（%）
1	0	171	95.00
2	[1,5)	8	4.44
3	[5,10]	1	0.56
4	≥11	0	0.00
合计		180	100.00

六　总结和思考

（一）问题

2012 年度年检中发现基金会存在的问题，在 2013 年仍不同程

度地存在，主要有以下几个方面。

（1）项目管理水平不高。有的基金会尚未制定管理制度，有的基金会虽然制定了管理制度，但制度不完善，不具备可操作性；项目在立项、决策、执行、监管等环节缺少管控，项目有关资料、档案未能及时整理保存。

（2）非货币资产价值认定依据不足。基金会在接受非货币捐赠时，需要以公允价值入账，但有的基金会仅凭借捐赠方单方说明就确认了捐赠价值；接受非货币资产后，基金会应当及时入账，并建立相应的管理制度，有的基金会在这方面存在缺失，甚至非货币资产只是名义上赠给了基金会，实质上还是由捐赠方保管。

（3）对外投资未履行必要报批手续。有的基金会对外投资活动未执行必要的决策程序，负责人或者经办人个人就能够决定投资事宜，这也是基金会内部治理不规范的表现。

（4）信息公开尚未完善。近年来，登记管理机关对基金会信息公开的要求逐渐提高，不仅要求基金会公开年度工作报告书及报告书摘要，基金会的内部制度、募捐情况、收入支出明细、关联方信息等，也需要对外公布。但有的基金会仅能完成基本的信息公开义务，只公开了年度报告书及报告书摘要，其他信息则没有及时公开；有的基金会虽然公开的信息数量较多，但质量不高，存在更新不及时、数据不准确、描述不详细等缺陷。

以上4类问题，有的是由于基金会未引起足够重视，虽然在2012年年检中已经发现问题存在，但2013年未按照登记管理机关要求进行整改；有的是由于基金会成立时间较短，缺乏运作经验，存在工作疏漏，不知道如何改进；还有的是因为基金会管理体制机制不畅，在开展工作时，遇到一定阻力和困难。

除了上述问题，在 2013 年年检中，又发现了一些新的问题。

1. 资产保值、增值行为违规

基金会是财产的集合，资产在基金会的运营中发挥了核心作用，基金会项目的开展、组织的运转都是围绕资产运作展开的，这也是基金会与社会团体、民办非企业单位等其他社会组织的重要区别。为了增加基金会的资产规模，提高公益项目的运作能力，基金会可以对资产进行保值、增值①操作。

从 2013 年年检的情况来看，大多数基金会能够按照《基金会管理条例》《关于规范基金会行为的若干规定（试行）》等法规、规范性文件的要求，开展资产保值、增值活动，并取得了较好的收益。但也有部分基金会，由于种种原因出现了违规行为，将资金委托给了不具有金融资质的单位进行理财。例如，由企业作为主要捐赠人发起成立的基金会，将资金再返还给该企业，基金会每年获得一定比例的理财收益，期满后收回本金。基金会认为将钱交给捐赠方企业"知根知底"，不会有损失，但企业并不是金融机构，并没有开展理财业务的资质，特别是当企业经营出现问题的时候，基金会的资产就处在巨大的风险中。另外，基金会的资产用于企业的生产经营活动，本身就违背了公益性，因为基金会的资产并不属于任何企业和个人，捐赠方一旦捐出，就不再属于捐赠方，而具有了公益性的属性，不允许捐赠方占有。

2. 财务管理存在漏洞

基金会是资产的集合，因而对资产管理的要求较高，对财务合规性要求也更加严格。实践中，大多数基金会能够建立财务管理的规章制度，聘请专业财会人员，对基金会的收支进行规范管理。年

---

① 《基金会管理条例》规定"基金会应当按照合法、安全、有效的原则实现资金的保值、增值"，《关于规范基金会行为的若干规定（试行）》中规定"基金会进行委托投资，应当委托银行或者其他金融机构进行"。

检中发现以下财务方面的问题需要引起注意。

（1）基金会公益支出未取得合规票据，使用收据或资金往来票据作为公益支出的票据。票据使用和管理上的失范，有可能让基金会的捐赠方重复享受税收优惠。

（2）捐赠协议签订不规范，捐赠票据开具、使用不规范，存在一定的法律风险。

（3）现金使用和管理不规范。有个别基金会将基金会的资产转移至个人账户后提取现金，严重违规。

3. 公开募捐行为有待规范

2013年度通过义演、义赛、义卖等方式开展募捐的基金会数量不多，但总体来看，公开募捐募集的金额较大，都在几百万元至几千万元；通过慈善笔会、慈善晚宴、慈善展卖等方式开展募捐，公众参与面广，关注度高。募捐活动中存在的违规现象主要有以下几个方面：基金会未开具捐赠票据或捐赠票据开具单位与实际付款人不一致，基金会为开展募捐而花费的筹资费用比例过高，基金会筹集的款项未及时拨付，承诺的公益活动未能按时开展，等等。

（二）思考

基金会是开展公益慈善事业的重要载体，基金会运作规范、治理高效、作用发挥充分，对公益慈善事业发展具有重大意义。推动基金会健康发展，促进公益慈善事业繁荣，需要各方面的努力、配合与支持。

1. 基金会要加强自身能力建设

"打铁还需自身硬"，基金会要赢得行业尊重和发展机会，必须把加强自身能力建设放在首位。能力建设是个系统工程，需要全盘筹划，从组织定位、制度创设、项目运作、资金筹集、人员管理、信息公开等多个维度进行优化，最终建立高效、规范的现代治理结构。年检中出现问题的基金会，绝大多数并不存在违规的主观故意，更多的是由于内部管理出现了问题，如规章制度执行不力、人员监管存在漏洞、审批程序不严格、理事会作用未发挥等。这些"短板"制约了基金会的发展，基金会要认真应对，及时整改，把"短板"补齐，把制度理顺。

2. 登记管理机关加大发展支持力度

登记管理机关通过年检、日常监管等手段，掌握基金会发展动态，了解基金会存在的问题，处罚违法违规基金会，履行监督管理的职责。随着政府机构改革和职能转变的深入推进，登记管理机关在监管职责之外，将加大对基金会的政策扶持力度，在资金支持、税收优惠、社会保障等方面进行顶层设计和制度规划，为基金会发展营造良好的外部环境。

3. 社会公众、舆论媒体等第三方监督

随着社会公益慈善理念逐渐增强，公众和媒体主动介入了基金会的运作过程，对基金会的公益项目、财务支出等进行监督。这种来自第三方的参与式监督，能够更加全面地反映基金会的工作情况，让基金会更加精准地发现自身问题，也是基金会改革发展的动力所在。近年来，很多公益热点问题都是由公众发现、媒体报道的，这些问题暴露了基金会在管理上的缺失，推动了基金会的自我完善。需要注意的是，由于对基金会发展历程认识不够全面，第三方监督容易陷入一个误区，即对基金会只看问题、忽略成绩，以偏概全、以点概面，这种做法对基金会乃至整个公益慈善事业的发展是不利的。社会公众和舆论媒体应当以客观公正的姿态，对基金会进行理性监督，既要发现不足，也要正视基金会做出的贡献，发挥监督的积极作用。

B.3

深圳市基金会发展报告
（2012～2013）

一　深圳市基金会基本情况

（一）数量情况

深圳市基金会发展起步较晚。自 2009 年 7 月民政部和深圳市政府签订《推进民政事业综合配套改革合作协议》（以下简称"部市"合作协议）后，深圳市才开始开展基金会登记管理工作。截至 2013 年 12 月 31 日，在深圳市登记成立的基金会共有 76 家，较2012 年之前登记的 47 家增长了 29 家，增长率达到 61.7%，发展十分迅速（见图 1）。

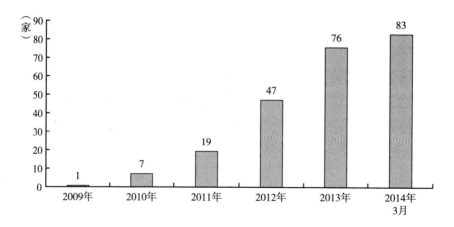

图 1　授权登记后深圳市基金会增长情况

全市76家基金会中，公募基金会有6家，占比7.9%；非公募基金会有70家，占比92.1%，在数量上较公募基金会有压倒性优势（见图2）。公募基金会数量比较稳定，从2012年到2013年数据没有变化；而非公募基金会数量由2012年之前登记的40家增长到2013年的70家，非公募基金会的崛起说明深圳市社会力量逐渐苏醒，借助基金会浮现出来，有条件有能力的个人、企业和组织，可以按照自己的意愿成立非公募基金会，一些有影响力的企业特别是民营企业，由于企业社会责任意识的提高，纷纷成立非公募基金会，从原来的捐赠人转变为基金会法人。

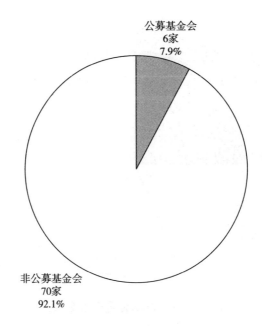

图2 各类基金会占比情况

（二）领域分布情况

虽然深圳的基金会还是蹒跚学步的孩童，但种类多样，各具特色。既有像深圳壹基金公益基金会这样募款能力强、资助领域宽的资助型、枢纽型基金会，也有专注某一领域、特色鲜明的运作型基金会。分布领域包括公益慈善、教育、环境保护、文化体育、医学健康等方方面面，其中有提供多元化社会关爱的关爱行动公益基金会、支持孩子阅读的爱阅公益基金会、倡导环境保护的绿色低碳发展基金会、支持教育改革实验的明德实验教育基金会、保护和发展艺术的雅昌艺术基金会等，可以说触角伸向了社会生活的各个领域。在已登记注册的76家基金会中，有社会服务类43家、教育类14家、生态环境类2家、文化艺术类5家、医药卫生事业类6家、志愿服务类1家、体育类2家、学术研究类3家（见图3）。

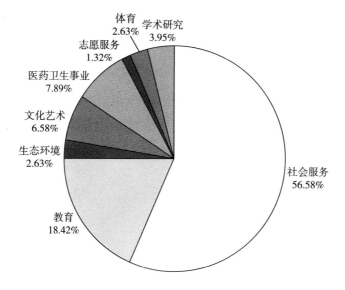

图3　深圳市基金会分布领域

从分布领域情况看，深圳市基金会发展呈现如下特点。

1. 社会服务和教育领域的基金会发展较快

基金会行业分布实际上与社会发展紧密相关，是社会发展的一面镜子，通过这面镜子可以反映出同一时期人们关注什么、需要什么以及社会发展状况等。深圳市社会服务类和教育类基金会占据基金会总数的75%，可以说深圳市基金会以社会服务领域和教育领域为主。社会服务类基金会的兴起，是公共服务社会化、社会管理兴起的一个整体趋势。尤其是自深圳市开展基金会登记管理体制改革、实行直接登记以来，基金会的设立无须挂靠业务主管单位，大大降低了基金会设立的门槛及简化了登记手续。登记管理体制的改革促进和引导基金会朝着服务社会建设、服务民生的方向发展。不同于北京、上海的教育类基金会以高校教育基金会为主，尽管深圳市高校数量并不多，但教育类基金会数量和比例都非常可观，两所主要高校——深圳大学和南方科技大学都设立了基金会，体现了深圳人建设城市、发展教育的决心和努力。但同时，深圳市基金会分布领域过于集中在社会服务和教育方面，从另外一个方面体现出公益项目资源投向过于集中，同质化倾向较重、差异不明显的问题。

2. 文化艺术、学术研究异军突起

深圳作为中国改革窗口、经济中心之一，在文化艺术和学术科研方面可谓后起之秀，从文化艺术类基金会和学术研究类基金会数量——8家，占总数的10.5%可见一斑。这种行业分布与深圳市人口素质结构和深圳市政府大力推广文化艺术产业及发展高科技产业有一定的关系。

3. 基金会分布领域不断扩展

深圳市的基金会正处于一个快速发展、深刻变革的阶段，巨大的创新浪潮、新的思维和实践探索都引发了社会的高度关注，其领域已经从传统的安老扶幼、助学济困、助残救灾等方面拓展到教育、科技、文化、环保、社区发展、行业支持、政策研究等公益领域，呈现全面发展的态势。有的基金会探索多个领域，如关爱行动基金会整合多元资源，联手关爱办，爱心企业、单位、媒体、团体、爱心市民、家庭，探索以物质关爱、文化关爱、心理关爱、能力建设、慈善教育、理论研究、优化资源配置为目的的交流合作七

大领域；有些基金会填补了我国基金会领域的空白，如成立于2012年7月的深圳市红树林湿地保护基金会（MCF），是国内首家由民间发起的地方性环保公募基金会。

（三）深圳市基金会登记管理制度

我国社会组织原本实行登记管理机关和业务主管单位"双重管理"体制。2009年7月，"部市"合作协议试点民政事业改革，同意深圳"探索建立社会组织直接向民政部门申请登记的制度"。

虽然关于基金会管理体制改革的普遍性政策在全国范围内实施需要时间，但政策上已经允许地方开展试点探索，深圳地区便是具有典型意义的试点之一。直接登记的尝试，为社会组织管理体制改革积累了经验，使无法找到业务主管单位的社会组织可以进行登记。郑卫宁慈善基金会致力于促进残障人士等弱势群体的自我救助与可持续发展。基金会整合社会公益资源打造平台，支持残友社会组织群的标准化、专业化运行，而残友社会组织群又为残友社会企业群提供社企残障员工的标准化无障碍生活社区服务与扶助推动弱势群体生存状态改变的社会服务。多元化和综合服务使得郑卫宁慈善基金会在过去难以找到合适的业务主管部门，"部市"合作协议签订后，郑卫宁慈善基金会成为深圳首家获批的基金会。

二 基金会公益项目情况

（一）涉及多领域

深圳市基金会公益事业涉及社会的方方面面，每年投入的资金有力地支持了教育、科技、文化艺术、扶贫、救灾、环保等社会公益事业，对完善公共服务、传播公益理念、弘扬公益慈善文化发挥了积极作用。可以说，需要社会资源支持的地方，经常可以看到基金会活动的身影，基金会不仅承载着募集社会公益资源的功能，更多的是利用公益资源开展实际行动，引起社会对该领域的关注，使资源得到最合理、最大化应用，最终慢慢消融人们心头的坚冰，让人们对社会充满信心。

公益项目是基金会的核心产品，深圳市基金会以维护社会公平正义、弘扬社会公益文化为己任，通过整合社会资源，发现公益需求，提供优质服务，获得社会和公众的广泛认可。如深圳市松禾成长关爱基金会主动发现民族文化保育需求，以"民族文化输出"为目的开展创意型公益项目。它将民族传统文化保护与少数民族地区小学阶段艺术素质教育结合起来，着眼于这些地区艺术素质教育缺失和民族传统文化濒临失传的现状，以小学阶段艺术素质教育为切入点，将以民族歌舞为代表的民族传统文化带入校园，让孩子们通过系统学习民族传统文化，逐步建立对自身民族文化的自信、认同和责任感。

（二）社会管理中的承接作用大

深圳市基金会在社会管理格局中发挥了积极作用。在环境保护方面，深圳市红树林湿地保护基金会作为国内首家由民间发起的地方性环保公募基金会，不仅进行着本土环境保育的活动，还担负着公众环境教育工作。在关爱残疾人方面，深圳市郑卫宁慈善基金会推动残障人士借助现代科技就业自养，实现"就业一人，幸福一家，安定一方"，更远赴喀什、海南扶助少数民族残障群体、促进社会融合与民族团结。深圳市志愿服务基金会是为关爱志愿者而成立的。

基金会虽然不像企业和政府部门那样能迅速吸收大量人才，但它作为正处于蓬勃发展时期的社会组织，能够盘活社会上的志愿资源，释放巨大的公益能量。深圳市公益事业之所以能够充满活力，与首创"志愿者之城"的基础有紧密关系。深圳市基金会基本覆

盖了社会需求的方方面面，集合公益资源为政府分担社会管理职能，同时传播公益理念。

（三）搭建跨界交流平台

深圳市连续 3 年承办中国公益慈善项目交流展示会。作为国内目前规模最大、规格最高的慈善交流平台，刚刚结束的第三届慈展会，3 天共吸引了 16 万人次参观。有参展单位 896 家，其中"草根"组织和项目有 720 个，同比增长 14.4%；共举办了 15 场专题研讨会、13 场发布会、73 场互动沙龙和公益体验活动，开设了 7 条社会创新之旅观摩线路，共约 500 人参加了创新之旅；展会实现了慈善资源的有效对接，优化配置，共有 438 个项目对接，总额达 50.79 亿元；举办的公益慈善项目大赛共有 906 个项目参赛，较 2012 年翻了一番，评出 207 个实施类和创意类"双百强"项目，决出金银铜奖和年度特别奖 50 个，资助金额达 370 万元。基金会与公益组织在慈展会上亲密接触，广结善缘，基金会找到了优秀的公益项目，公益组织找到了新资源，慈展会搭建了公益资源供求双方直接高效的交流、洽谈、交易平台，以及政府与社会组织之间的沟通平台，积极组织社会组织代表参加了各种听证会、论证会。

三 基金会资产状况

（一）基金会原始基金状况

原始基金也是基金会对外公示和社会评价其规模与实力的一个非常直观的参考指标，基金会可以根据需要进行变更。深圳市基金会拥有的原始基金总额约为 60196.4 万元（见表 1），规模并不小，原始基金在 1000 万元以上的基金会有 10 家，占基金会总数的

11.1%，平均每家原始基金为668.85万元（见表2）。深圳市基金会拥有接近10.95亿元的年末总资产。2013年吸引了约为8.12亿元的捐款收入，发生了2.60亿元的公益支出。从整体看，深圳市基金会每年的捐赠收入约是原始基金的135%；每年的公益支出是原始基金的43.3%、年末资产的23.74%、捐款收入的32%。原始基金是基金会开展社会公益活动的基本底线，发展较好的基金会的资产、收入、支出可能是原始基金的几倍甚至几十倍，所以原始基金数额高的基金会资产规模一般比较大（见表3）。但原始基金对年末资产、收入、支出三者的影响并不大，原始基金多的基金会其支出不一定多。

表1 原始基金情况

单位：万元

类 型	总数	平均数	最大值	最小值	中位数
公募基金会	29291.4	1302.37	20000	400	1705.7
非公募基金会	30905	727.18	5000	100	200
合 计	60196.4	—	20000	100	—

表2 原始基金过1000万元的基金会

单位：万元

排序	基金会名称	原始基金
1	深圳大运留学基金会	20000
2	深圳壹基金公益基金会	5000
3	深圳市明德实验教育基金会	5000
4	深圳美丽园丁教育基金会	3600
5	深圳市龙岗区教育发展基金会	2411.4
6	深圳市阳光心理健康基金会	1030
7	深圳市华强公益基金会	1000
8	深圳市TCL公益基金会	1000
9	深圳市陈一丹公益慈善基金会	1000
10	深圳市志愿服务基金会	1000

表 3 基金会原始基金分布

金额（万元）	公募（家）	非公募（家）	合计（家）	百分比（%）
(200,300]	0	55	55	72.37
(300,400]	0	3	3	3.95
(400,500]	2	1	3	3.95
(500,1000]	0	5	5	6.58
(1000,5000)	2	5	7	9.21
≥5000	2	1	3	3.95

注：截至 2013 年 12 月 31 日，共 76 家基金会。其中公募基金会 6 家，非公募基金会 70 家。

（二）总资产情况

相对于原始基金，深圳市基金会年末总资产规模要大得多，是原始基金的 1.82 倍，基金会年末总资产相较于原始基金的扩大倍数是判断基金会活跃程度的指标之一。资产通过企业、政府、个人、其他社会组织等进入公益领域，基金会自身要对资产进行保值和增值，增值后的资产必然也属于基金会，其公益性质不变。公益资产也必须得到保值和增值，否则有可能随着通货膨胀而贬值，这样一来，资产金额虽然不变，但实质上"缩水"了。所以，合法、安全、有效的资产运作应得到鼓励和倡导。

从表 4 中可知，深圳市基金会总资产为 109467.39 万元，平均每家基金会的资产为 1633.84 万元。其中公募基金会总资产为 71283.38 万元，占基金会总数 7.9% 的公募基金会拥有 65.12% 的总资产，且每家公募基金会的年末总资产都在 500 万元以上，其中最少的也多于 572 万元。这与公募基金会成立的时间相对较长，资金经过沉淀，规模较大，有的还受财政支持和政府补贴有关。相比之下，占总数 92.1% 的非公募基金会拥有总资产 38184.01 万元，占总资产的34.88%，非公募基金会的资产规模较小，主要集中在400万元以下，这类基金会有45家。非公募基金会的分布规律是随着资产规模的增大基金会数量逐渐减少，但是资产超过1000万元的非公募基金会也有5家，越来越多的大企业或者企业家愿意把资金捐赠给基金会，而且不是停留在过去相对较小的规模。所有基金会中，有9家基金会的总资产超过1000万元，占有效数据67家的13.43%，其中3家基金会总资产超过1亿元（见表5）。规模大的"航空母舰"式的基金会往往能覆盖更多的群体、有着更广泛的项目，但是规模只是基金会的一个方面，不代表其开展的公益项目的效果。大部分基金会还处于成长阶段，但是如果开展的公益项目效果好，其潜力还是十分巨大的（见表6）。2013年总资产为342.4万元的深圳市松禾基金会的资产规模为中等偏上，其运作的"飞越彩虹"公益项目相较于其他集中在物质输入层面的公益活动，更侧重智力"输入"，为更多的少数民族地区的孩子提供一个接触、接受艺术教育的机会，培训这些地区的小学艺术师资队伍，让孩子们有机会学习那些在"现实世界看来未必有用的东西——音乐、舞蹈、民族语言等"，为他们的生命开启一个新的世界或维度，丰富他们的童年。深圳市爱阅公益基金会资产规模不大，其捐赠图书馆的公益项目做的是一个系统工作，对受捐赠学校进行考察，对捐赠书的使用情况做回访；考虑如何真正帮助孩子阅读和发展，让自己所捐建的乡村图书馆的书目更专业。2011年，该基金会邀请人民教育出版社副编审、儿童文学博士王林领衔编写了《中国小学图书馆基本配备书目》。爱阅公益基金会已经在广西、云南、贵州、甘肃、湖南、山东等12个省份建立了乡村小学图书馆，如甘肃有27所、山东有23所，湖南省最多，有104所。总资产为200.1万元的深圳市雅昌艺术基金会资产规模偏小，却是全国范围内目前唯一一家专注于全方位艺术教育的基

金会，拥有文化艺术行业最顶尖的专业艺术家顾问团队和最专业、最有经验的理事、监事、财务及运营团队。其运作的公益项目秉承"保护传承优秀文化艺术，促进当代艺术发展，推进艺术教育普及"的宗旨，重点公益项目"点亮孩子艺术梦想——雅昌艺术图书馆公益行动"获第二届中国公益慈善项目大赛"创意类"前50名入围奖。

表4   深圳市基金会总资产情况

单位：万元

类 别	总数	平均数	最大值	最小值	中位数
公募基金会	71283.38	14256.68	45407.33	572.31	3461.87
非公募基金会	38184.01	615.87	10004.38	0	220.74
合 计	109467.39	1633.84	45407.33	0	276.82

注：只有67家在规定时间内报送年检数据，其他9家暂未列入发展报告进行统计。其中公募基金会存在1个缺失值，以5家计算。

表5   深圳市总资产过1000万元的基金会

单位：万元

排序	基金会名称	总资产
1	深圳壹基金公益基金会	45407.33
2	深圳大运留学基金会	20588.85
3	深圳市明德实验教育基金会	10004.38
4	深圳市陈一丹公益慈善基金会	4108.01
5	深圳市关爱行动公益基金会	3461.87
6	深圳美丽园丁教育基金会	3232.83
7	深圳市桃源社区发展基金会	2118.63
8	深圳市志愿服务基金会	1253.03
9	深圳市北大创新发展基金会	1155.10

表6　深圳市基金会总资产情况分布

分布区间（万元）	数量（家）	比例（％）	累计比例（％）
[0,200]	16	23.88	23.88
(200,300]	19	28.36	52.24
(300,400]	10	14.93	67.17
(400,600]	4	5.97	73.14
(600,1000]	9	13.43	86.57
>1000	9	13.43	100.00
总　　计	67	100.00	—

注：只有67家在规定时间内报送年检数据，其他9家暂未列入本报告进行统计。

基金会的资产分为流动资产、固定资产、长期投资、无形资产和受托代理资产。其中流动资产占了最大的比例，长期投资其次，无形资产比较少，受托代理资产为零。基金会的主要职责在于公益基金的筹集和使用，所以主要集中在流动资产方面，尤其是在发展初期，基金会组织结构尚未完善，其固定资产、无形资产较少，或者部分是由发起机构捐赠的。

深圳市基金会资产中，流动资产占98.96％，表明基金流动性很大，活跃在公共服务领域，增值保值意识强，其他类型的资产较难占据主导份额。深圳市基金会的固定资产、长期投资、无形资产、受托代理资产之和不足2％，固定资产一般是由出资方捐赠或无偿提供的，29.85％的基金会都有固定资产；只有5家基金会有长期投资，最多投资为2571.46万元；仅有2家基金会有无形资产，且其中的一家——深圳壹基金公益基金会占了无形资产总数的76.6％；受托代理资产为零。可见深圳市的基金会处于发展初期（见表7、图4）。

表7 深圳市基金会资产分类情况（分类1）

单位：万元

项　目	总数	平均数	最大值	最小值	中位数	备注
流动资产	108333.31	1616.92	45227.84	0	244.39	2家为0
固定资产	365.27	5.45	159.05	0	0	47家为0
长期投资	742.15	11.08	2571.46	0	0	62家为0
无形资产	26.66	0.40	20.42	0	0	65家为0
受托代理资产	0	0	0	0		67家为0

注：只有67家在规定时间内报送年检数据，其他9家暂未列入本报告进行统计。

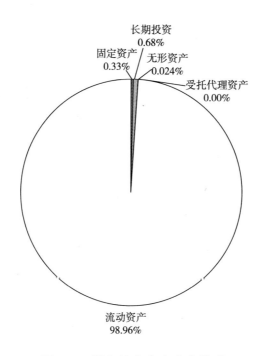

图4 深圳市基金会净资产构成

（三）净资产情况

从负债分类看，基金会的资产又分为负债合计与净资产合计。净资产是指总资产减去负债后的余额，其中受到资产提供者或者国家有关法律、行政法规所设置的时间或用途限制形成的净资产为限定性净资产，除此之外的则是非限定性净资产。截至 2013 年 11 月，深圳市基金会净资产为 107731.68 万元，负债为 1735.71 万元，净资产率 98.41%，负债率不足 2%（见图 5），表明基金会资产结构优良。61 家基金会都有非限定性净资产；19 家有限定性净资产，有限定性净资产的基金会并不多，可能是限定了捐款的项目、用途，也可能是限定了捐款的使用时间。可见，按项目进行捐款的基金会不足 1/3，很多基金会接受的社会捐款并不带有明显的倾向性，也可能是其并不通过公益项目来吸引捐款（见表 8）。

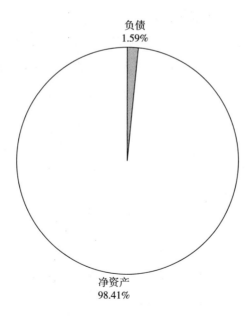

图5　深圳市基金会总资产构成

表8 深圳市基金会资产分类情况（分类2）

单位：万元

项　　目	总数	平均数	最大值	最小值	中位数	备注
非限定性净资产	45457.04	678.46	10004.38	-62.23	206.05	6家为0,1家为负
限定性净资产	62274.64	929.47	36996.51	-96.45	0	48家为0,1家为负
负债合计	1735.71	51.05	805.00	-182.00	0.03	27家为0,2家为负

注：只有67家在规定时间内报送2013年度年检数据，其他9家暂未列入本报告进行统计。

四　基金会收入、支出状况

（一）基金会收入情况

1. 九成多收入来源于捐赠

收入是影响基金会财务数据的主要因素。2013年，深圳市基金会总收入接近8.72亿元（见表9、图6），相较于2012年（46家基金会收入）1.76亿元的收入增长了395%（见表10），平均每家基金会收入约为1301.31万元。在基金会的总收入中，93.09%为捐赠收入，占收入的绝对比重，值得一提的是，深圳市人均捐赠额位列全国第一，捐赠数额占GDP的比例为0.1%。而其他种类收入总和不足7%，并且没有一家基金会通过提供服务获得收入。

2. 政府补助收入低于全国平均水平

从2012年到2013年，政府补助呈增长态势，尽管政府补助收入在2013年基金会除捐赠收入外的其他收入中占有最大的比重，但只有2家获得了补助，大部分基金会没有享受到政府补助。而且2012年全国基金会的政府补助收入占总收入的7.64%，2013年深圳基金会政府补助收入占基金会总收入的5.75%，略低于全国平均水平。

3. 作为补充的投资收益

基金会作为公益性法人主体，其性质决定了其要依靠社会捐赠维持运转，而不能像营利性法人一样专注于获取利益。但是当基金会以捐赠收入为主时，每年的收入不均衡，可能不定期地有巨额捐赠收入，但也可能很长时间没有捐赠收入，如果有其他渠道的收入，如投资收益，多开源也是合理的，毕竟基金会的资产需要保值、增值，但投资应当是少量、多元而稳健的。

表9　2013年深圳市基金会各类收入情况

单位：万元，%

项　　目	总数	占总收入比例	平均数	最大值	备注
捐款收入	81165.0	93.09	1211.42	51884.3	17 家为 0
提供服务	0	0.00	0.00	0	67 家为 0
政府补助	5015.0	5.75	74.85	5000.0	65 家为 0
投资收益	97.8	0.11	1.46	38.0	58 家为 0
其　　他	910.2	1.04	13.59	544.0	27 家为 0
合　　计	87188.0	100.00	1301.31	51884.3	10 家为 0

注：只有 67 家在规定时间内报送年检数据，其他 9 家暂未列入本报告进行统计。

表10　2012年深圳市基金会各类收入情况

单位：万元，%

项　　目	总数	占总收入比例	平均数	最大值	备注
捐款收入	16813.2	95.49	365.51	4456.25	15 家为 0
提供服务	0	0.00	0.00	0.00	46 家为 0
政府补助	31.6	0.18	0.69	30.00	44 家为 0
投资收益	3.5	0.02	0.08	3.50	45 家为 0
其　　他	758.6	4.31	16.49	528.39	27 家为 0
合　　计	17607.0	100.00	382.76	4456.25	15 家为 0

注：共 47 家基金会，存在 1 个缺失值。

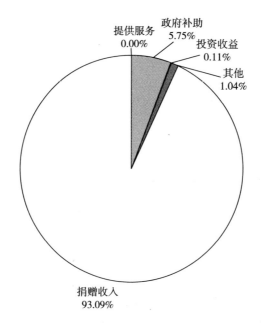

图 6　2013 年深圳市基金会收入状况比例

（二）基金会支出情况

1. 公益支出

2013 年，深圳市基金会总支出为 2.73 亿元，公益支出 2.6 亿元，占比 95.30%；行政办公费用和人员工资福利支出 1162.01 万元，占比 4.25%；其他支出 122.63 万元，占比 0.45%（见表 11、图 7）。其中，

表 11　深圳市基金会四类支出情况

单位：万元，%

项　　　目	总数	占支出比例
公益支出	26022.43	95.30
行政办公费用	287.56	1.05
人员工资福利	874.45	3.20
其　　他	122.63	0.45
合　　计	27307.07	100.00

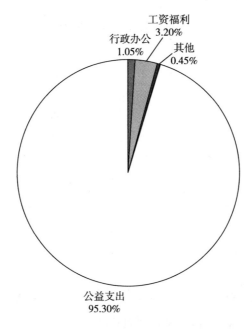

图7　基金会支出分布

基金会公益支出与行政办公费用和人员工资福利支出之和的比约为
22.4∶1，也就是基金会以1元的成本做了22.4元的公益，公益成
本效率较高。

从深圳市基金会公益支出分布中可以看出，2013年，约有1/5
的基金会（15家）暂时没有公益支出，与2013年收入为零的基金会
数量一样，但是二者并不重合。约有23.88%的基金会支出数额在50
万元（含）以内，这部分基金会活动能力较差，一年运作1~2个项
目，处于"保持活动"状态。26.87%的基金会公益支出数额在50
万~200万元，这类基金会强于新设立的基金会，但或许在于本身运
作的公益项目不需要大额的资金。公益支出在200万~500万元的基
金会占20.90%，这类基金会已经表现出较强的活动能力。公益支出
在500万元以上的占比较少，其本身可能有较多的社会资源或者社
会化运作比较成熟，如深圳壹基金公益基金会（见表12）。

表 12　基金会公益支出分布

公益支出区间(万元)	数量(家)	比例(%)	累计比例(%)
0	15	22.39	22.39
(0,50]	16	23.88	46.28
(50,100]	10	14.93	61.21
(100,200]	8	11.94	73.15
(200,500]	14	20.90	94.05
(500,1000]	1	1.49	95.54
(1000,10000]	2	2.99	98.53
>10000	1	1.49	100.00
合　计	67	100.00	—

公益支出金额不能代表基金会所做的公益项目，有些公益项目不需要巨大的资金也能起到非同凡响的社会效果，如深圳市花样盛年慈善基金会发起的"爱心鞋"公益项目，以 100 万元为首期启动资金，号召公众以定向捐款或者直接购鞋的方式为贫困山区的孩子们添置新鞋。截至 2014 年 7 月，共走访 20 个地方送鞋送爱心，使 2 万多名儿童获得新鞋。公益支出只是基金会公益项目的评价维度之一，如果花费大笔资金，效果微乎其微，反而说明资金使用效率低下，基金会运作不良。社会效果才是评价基金会项目是否优良的核心内容。

2. 成本控制

成本控制对于提高基金会的公信力、确保更多的资金用于公益事业起到积极的作用，但在基金会规范发展时期，迫切需要高学历、有经验的人士进入这个领域。而要想吸引人才、留住人才，优厚的待遇条件是必不可少的，这虽然与成本控制产生一定的矛盾——推动任何公益事业都需要一定的献身精神和巨大的热情，但是长期的事业发展不能仅靠献身精神和慈善热情去推动。公益不是理所当然的付出和献身，将公益置于道德的高台之上，实际上对基金会专业化很不利。社会组织要获得长久的规模发展，必须依靠制度化的运作机制，否则难免出现公益精神的变异或人走政息的现象。

表13为基金会工作人员工资福利支出的分布。

表13　基金会工作人员工资福利支出分布

工资福利支出区间（万元）	数量（家）	比例（%）	累计比例（%）
0	42	62.69	62.69
(0,5]	5	7.46	70.15
(5,10]	10	14.93	85.08
(10,20]	6	8.96	94.04
(20,50]	3	4.48	98.52
(50,600]	0	0	98.52
>600	1	1.49	100.00
总　　计	67	100.00	—

（三）支出占收入比例

基金会是一个资金流动十分频繁的组织，甚至可能存在着与自身资产规模相当的资金流入和流出，因为基金业与企业不同，其收入多是为了公益目的要花出去的，基金会自身不是以资产积累为目的的法人。总体上，支出占收入比例呈现"两头高、中间低"的特点。其中数量最多的是支出占收入比例小于20%的基金会，这类基金会往往是新成立的基金会或者当年获得了大额捐赠；其次是支出超过当年收入的基金会（>100%），有接近1/5的基金会是这种情况；支出占收入比例为80%~100%的基金会与支出超过收入的基金会二者比例之和为35.09%，这部分基金会属于当年支出与收入相当的基金会。以上数据说明基金会还是以散财为主，而不是为了积累财富（见表14）。

表 14　支出占收入比例分布状况

单位：家，%

支出占收入比例	公募		非公募		总数	
	数量	比例	数量	比例	数量	比例
［0，20%］	0	0.00	17	32.69	17	29.82
（20%，40%］	1	20.00	5	9.62	6	10.53
（40%，60%］	2	40.00	2	3.85	4	7.02
（60%，80%］	0	0.00	10	19.23	10	17.54
（80%，100%］	0	0.00	9	17.31	9	15.79
>100%	2	40.00	9	17.31	11	19.30
合　计	5	100.00	52	100.00	57	100.00

注：71 家基金会存在的 4 个缺失值或收入为 0 的基金会没有计算。

五　基金会从业人员队伍建设状况

（一）从业人员

2012 年，深圳市基金会从业人员为 168 人，其中专职人员 143 人，占比 85.1%。根据 2013 年年检数据，深圳市全市 67 家基金会中共有 241 名工作人员，其中专职人员 202 人，占比为 83.82%。平均每家基金会从业人员不足 4 人，每家基金会专职人员为 3 人。

基金会工作人员中 35 岁以下的有 121 人，35 岁以下充满活力的年轻人比例增多，整个队伍正朝着年轻化的方向发展，退休人员所占比例并不大，但即使是退休人员，也充满激情（见图 8）。从学历情况看，工作人员中拥有大专以上学历的有 179 人，研究生有 37 人。

专职工作人员的状况在一定程度上反映了深圳市基金会的规模情况，专职人员较少也在一定程度上制约了基金会的发展。基金会

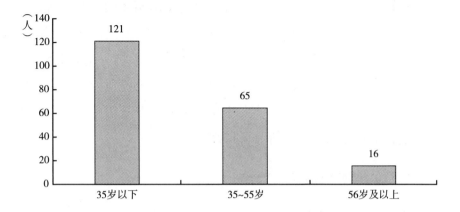

图8　基金会工作人员年龄情况

发展需要全身心投入和专业能力，而不仅仅是爱心与高尚。在人才
管理方面，深圳的基金会普遍认为，所有资源里面，最重要的是人
才，人才是公益事业最宝贵的资源。基金会并不是简单地募集、递
送社会资金，而是使这部分善款的社会效益最大化，专业化运作的
成本是必需的。要运作好一个基金会，必然需要合理的行政成本开
支，需要和受助群体、合作机构深度接触与交流，需要吸引优秀人
才进入并留住他们，需要进行研究和评估来保证项目的可持续性及
提升。

　　美国就有大量生动例子让我们了解到人才在基金会发展中的重
要作用。美国哈佛、耶鲁等大学的基金会日常工作人员就超过100
人，而且分工很细，包括宣传、大额捐赠、计划捐赠、财会、档
案、筹款、法律、计算机支持、联络、市场与发展、人力资源等。
相比之下，我国基金会的工作人员特别是专职、专业人员普遍配置
不足，严重影响了基金会工作的开展和功能的发挥。此外，由于基
金会规模以及制度限制，基金会难以吸引及留住人才。最后，不合
理的行政经费与人员工资比例，除了可能会不利于基金会专业化运
作外，也可能会对基金会的独立性产生一定的影响。如果基金会完

全依赖发起出资方来提供行政经费且没有厘清两者的关系、规范其内部治理逻辑的话，很有可能在决策上受到不应有的干扰，同时对基金会员工团队的归属感与自身定位也有一些影响。据有关统计，我国公益行业的人才困境已进入集中爆发期，公益行业从业者的整体能力与行业发展不相匹配、人才流动及流失严重等因素，严重阻碍了公益行业的壮大、创新及可持续发展。

（二）理事与监事

理事会代表各方参与基金会的决策、监管过程。理事长、理事及监事等都按章程产生，议事规则明确。深圳市基金会形成了以理事会为核心的法人治理结构和民主办会机制，有明确的组织宗旨、组织原则、议事规则和权责分配机制。约90%的基金会秘书长为专职秘书长，并且一直从事社会组织的管理工作，对于社会组织政策、募集资金、项目管理、资金使用等都有丰富的经验，使得各基金会能够规范运作，迅速反应，公开透明和监督资金。可见，虽然公益项目的好坏取决于最终的执行，但是处于最高决策层的理事会是十分重要的。深圳基金会治理结构还处于探索阶段，如何实现理事会独立决策、民主议事需要各个基金会的探索实践。理事会需要做出独立而专业的判断，最好能由专业而独立的人来担任理事。在未来的探索实践中，可以注意以下几个方面：第一，组织推荐、个人介绍而来的挂名理事可能不会全心全意参与基金会的发展战略制定，而是人云亦云、不假思索地投赞成票；第二，在参与与个人利益关联不紧密的公益议题时，中国人追求和谐的人情观倾向于避免冲突，而不能真正运用专业知识和判断影响决策；第三，兼职理事对基金会运作不甚了解，决策依赖于执行层的建议。

在理事产生方法上，具有代表性的深圳壹基金公益基金会进行民主选举，三年一届，而且必须是个人意愿。为了将这项机制确立起来，基金会把上市公司最严谨的结构放在壹基金中。希望经历磨合期后，经过两三届之后，将来形成一种机制，在这种机制下，谁担任理事都可以继续承担责任。

（三）理事会召开情况

理事会是基金会的决策机构，《基金会管理条例》规定，基金会每年至少要召开两次理事会。统计数据表明，多于37%的基金会没有达到要求，其余部分能满足要求，甚至有少数基金会一年开会次数为10次以上（见图9）。

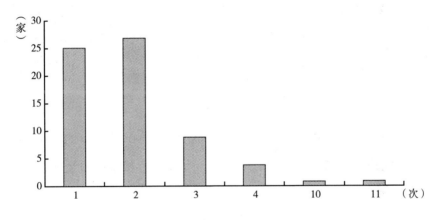

图9　基金会理事会召开次数

六　信息公开情况

基金会公信力建设是整个社会关注的焦点，其中公开透明是一个重要手段，越来越多的基金会开始成立网站、创办刊物。当然，拥有网站和刊物不代表基金会一定公开透明，公布的内容应包括公开募捐、支出及成本，以及简洁易懂的公益活动收支明细及对象、财务会计报告等，方便社会对基金会的监督，反过来也

增进社会对基金会的了解和信任。促进基金会建设，不仅仅要推动表面或者形式上的公开透明，还要使基金会意识到公信力是自身的生命线，主动探索出增强公信力的做法，以自己的信誉和品牌求得生存。

（一）公布内容与公布载体

深圳市初步建立社会组织信息披露平台，从 2011 年开始对基金会实行信息披露制度，包括基金会的基本情况、年检报告以及财务报表。2013 年继续加大信息披露的力度，对基金会的重大活动情况、资产财务状况、接受使用捐赠资助情况等实行公开，接受公众监督。深圳市大部分基金会公布公益项目和资金流向的载体是网站。

（二）信息公开的典范

拥有透明公开口碑的深圳关爱行动公益基金会是深圳首个本土生长的公募基金会，成立虽不足 4 年，却已拥有成熟的运作模式与透明公开的口碑，在国内公益界独树一帜。诚信、专业、规范、透明、高效，从关爱行动公益基金会诞生之日起就成为关键词。在公益慈善项目的研发和筛选、资金的管理和运行模式等方面，基金会制定了专项资金的具体管理办法，探索出一条规范化、规模化、国际化的高水平公益慈善组织运行之路。正因为如此，虽然诞生时间不长，关爱行动公益基金会已经获得了不少市民的高度认可和信任。截至 2013 年 8 月 31 日，关爱行动公益基金会共收到社会捐款 5477.65 万元，30 万人次参与捐款，100 万人次受惠。对于捐赠者而言，最关心的就是善款的去处。这也正是最令关爱行动公益基金会自豪的，该基金会善款捐赠过程全部透明公开。在关爱行动公益基金会捐过款的人，只要登录其网站，输入自己的名字，就可以查

询到自己的任何一笔捐赠。"公益金百万行""雅安救灾"等慈善
项目的捐款名单更是会刊登在《深圳特区报》等媒体上。此外，
关爱行动公益基金会还通过利用官方微博发布捐赠信息、为捐赠人
提供公益事业捐赠票据服务、送上感谢卡或荣誉证书等方式，建立
阳光透明的披露机制，将捐赠信息透明到底。关爱基金会每一笔善
款的使用信息也都可以及时通过网站和媒体报道得知。基金会还建
立和完善了公益账户管理监督机制，通过定期公布账户使用情况，
增强善款使用的透明度和提高基金会的公信力。

2014 年 9 月 21 日发布的由基金会中心网与清华大学廉政与治
理研究中心联合编写的《中国基金会透明度发展研究报告
(2014)》的数据表明，深圳市基金会得分较高，深圳市关爱行动
公益基金会、深圳壹基金公益基金会、深圳市综研软科学发展基金
会、深圳市郑卫宁慈善基金会获得满分①。

七　深圳市政府主要工作举措

（一）不断深化社会组织登记管理体制改革

"部市"合作协议签订之后，2010 年 1 月，深圳"社会组织登
记管理体制改革"项目荣获第五届"中国地方政府创新奖"。深圳
实行直接登记的社会组织已占新登记数的 50%。这些前瞻性的规
划及具备可操作性的方案，为加快推进社会组织发展和创新社会组
织管理提供了有力支撑。深圳宽松的慈善氛围催生了更多的公益慈
善组织，自壹基金登记后，又新成立了 65 家基金会，包括 5 家公

---

① 《深圳 4 个基金会透明度得满分》，http：//www. sznews. com/news/content/2014－09/21/
content_ 10180006. htm，最后访问日期为 2014 年 9 月 22 日。

募基金会和60家非公募基金会。

深圳市民政局在基金会直接登记的基础上，推动社区基金会发展，降低社区基金会登记门槛，将基金会的原始注册资金由原来的200万元降为100万元，这大大激发社区企业和居民成立社区基金会、参与社区治理、履行社会责任的热情。2014年1月，深圳市南坑社区圆梦慈善基金会作为深圳市首个社区级非公募基金会正式获批成立，开始社区基金会的有益探索，随后，光明新区凤凰、白花等5个社区作为全国首批社区基金会改革试点已经全面开展相关工作。《深圳市民政局社区基金会培育发展工作暂行办法》公开征求意见，深圳全市700个社区有望推广"社区基金会"。在社区基金会的平台上，居民可以参与民主议事和社区治理，从而有效提高了社区的一致性、互益性、共同性，使许多社会问题在社区层面以慈善、公益、自治、互助的方式得以解决，从而发挥了社区基金会在社区自治、弘扬慈善精神、直接化解社区发展矛盾等方面的重要作用。

（二）创造社会组织发展的良好政策环境

从2008年开始，深圳市委市政府先后两次将社会组织发展问题列为重大调研课题，科学谋划社会组织发展。2008年9月，出台了《关于进一步发展和规范我市社会组织的意见》；2010年，出台了《深圳市社会组织发展规范实施方案（2010～2012年)》《深圳市推进政府职能和工作事项转移委托工作实施方案》等文件，初步构建了社会组织建设与管理政策体系，为深圳的改革指明了方向。国家民政部、广东省民政厅也给深圳提供了政策支持。2008年，深圳市先后被列为全国、全省的社会组织"改革创新综合观察点"；2009年"部市"合作协议签订，授权深圳在社会组织建设与管理上，先行先试，破除体制机制障碍。这一系列政策的出台，明确了社会组织的总体发展战略，为深圳市社会组织的规范发展提供了制度保障。

（三）积极培育扶持基金会

为提升基金会的质量，促进基金会提高服务能力。深圳采取了多种扶持政策：一是加强社会组织税收服务，指导基金会申请公益性捐赠税前扣除资格和非营利组织免税资格，迄今共有 29 家基金会获得非营利组织免税资格及 52 家基金会获得公益性捐赠税前扣除资格。二是为基金会提供能力培训和支持。2011 年举办了首期基金会负责人培训班，2012 年组织深圳市 20 多家基金会参加民政部在广州举办的基金会培训班，2013 年 4 月举办基金会年检培训班，向基金会讲解了年检的要求和注意要点，10 月份又举办了基金会能力建设培训班，力邀国内基金会领军人物，从项目管理、财务管理、团队建设、信息披露等方面为深圳市各基金会提供系统的能力培训与辅导，提高基金会的专业化和职业化水平，提升基金会的能力建设。

（四）加强基金会监督管理

改变以往重登记轻管理的理念，向登记和管理并重转变，由重行政控制向依法监管方向转变，建立有利于基金会健康发展的监管体系，营造基金会成长的良好环境。

一是规范社会组织内部管理。积极开展社会组织法人治理，完善以章程为核心的法人治理结构，健全内部规章和自律机制。先后制定出台了《深圳市行业协会法人治理指引》《深圳市社会团体换届选举指引（试行）》《深圳市社会组织财务管理指引（试行）》，目前正在研究制定深圳市社会组织综合监管制度，通过加强社会组织综合监管，指导社会组织规范管理，提升能力。二是大力开展社

会组织综合评估。制定《深圳市社会组织评估管理办法（试行）》，评估结果作为承接政府转移职能和购买服务的主要依据，引导社会组织加强自身建设。目前已经公示第一批具备承接政府转移职能和购买服务资质的社会组织名单。现已参照部里出台的基金会评估指标体系，结合深圳市基金会发展的实际情况以及参考其他类型社会组织评估的共同点，制定深圳市基金会的评估指标体系并将开展深圳市第一次基金会评估工作，引导基金会规范内部建设、规范使用资金和积极开展公益活动。三是指导基金会依据章程规范运作，完善对外信息发布的规范和流程，统一信息发布的渠道，接受社会监督。

八　深圳市基金会发展趋势

（一）保持增长：仍处于快速发展期

深圳市基金会数量连年攀升。根据2012年年检的统计数字，深圳基金会2011年基金会总资产达3.8亿元，募集资金共1.4亿元，公益支出为8567万元，基金会工作人员工资福利和行政办公费用支出为215万元。2013年深圳市基金会总资产为10.95亿元，总收入接近8.72亿元，公益支出为2.6亿元，行政办公费用和人员工资福利支出为1162.01万元。以上数据表明，深圳市基金会整体上呈现一种蓬勃增长、快速发展的趋势。

（二）朝专业化方向发展

专业化已经成为越来越多基金会发展所面临的关键环节。一些基金会的专业性需要提升，职业团队需要构建。在发展方向上，基金会应实现功能的逐步"下沉"，立足社区，依托基层，掌握动员公众参与、获取社会资源并实施有效管理等方面的专业化能力。此外，基金的保值增值也需拓展新渠道——基金会既要致力于开创"新店"，也要有打造"百年老店"的雄心和准备。从长远来看，每一个基金会都需从自身的价值使命出发，进入一个专业化的运作轨道。

（三）透明趋势

公开、透明是慈善的天性。因为慈善关乎善，关乎爱。基金会属于社会公益类组织，其资金取之于民、用之于民，形成的资产是社会所有的公益资产，理应依法公开、透明运作。然而事实总是让人失望，虽然中国公益慈善事业整体快速发展，但是社会对于基金会行业的透明度和公信力提出了很多的质疑。"郭美美事件"给公众造成"无信任、不公益"的印象，2014年1月嫣然天使基金会被质疑7000万元善款下落不明事件、李亚鹏诈捐事件和对2014年4月壹基金雅安地震筹集款物金额及去向的质疑等事件，再次凸显了提高基金会透明度、规范基金会信息公开的必要性。

基金会受托人的角色决定了基金会应保持公开透明以接受捐赠人的问责。基金会相当于公益信托中的受托人，它负责将委托人（捐赠人）捐赠的款物用于第三人（受益人），使第三人受益。委托人将款物捐给基金会是为了不确定的第三人的利益，基金会接受捐赠同样也是为了不确定的第三人的利益。在这种情况下，需要解决的时间题是，受托人是否按照委托人的要求帮助了受益人，是否使委托人的意愿最大化地得以实现，受托人必须对委托人有所交待，或者说委托人要对受托人进行问责。基金会的捐赠可能来自众多的捐资者，作为受托人的基金会不可能一一及时当面向众多的委托人汇报，必须采取恰当的公开透明的方式，使委托人了解自己确实按照要求帮助了受益人，这是基金会应尽的义务。基金会的受托

人角色决定了基金会必须对委托人负责，对受益人负责；对受益人负责是它的义务，是由其宗旨、使命决定的，对委托人负责则是它的责任，是由其受托人的角色决定的。除此之外，基金会公开透明也是为了提高公信力。信任是建立在了解的基础之上的，公开透明能够吸引更多的人向其申请资助，能选择确定更好的项目，从而吸引更多人的捐赠或同一捐赠人持续的更多的捐赠。基金会是公益组织，头顶神圣的光环，享受税收等优惠，必须通过公开透明来接受政府和社会的监督。

在深圳改革创新、与时俱进的大环境下，深圳市部分基金会迎难而上，吸取教训，认识到了透明公开对于自身的意义，并根据自身情况主动、积极地构建符合机构自身发展特点、使公众易懂的财务公开办法，行业的自净效应已经开始发挥作用。正是社会捐赠这双"无形的手"，使基金会自发地想要证明自己的负责、可信和高效。

九　深圳市基金会发展面临的问题

深圳的基金会虽然取得了一些成绩，呈现了良好的发展态势，但依旧存在不少问题和不足，表现在：一是内部治理结构不够完善，民主议事制度未能落到实处；二是工作人员流失率高，工作人员过少，素质参差不齐；三是基金会资金筹集能力不强，导致净资产低于条例规定的最低要求；四是项目运作不够规范，缺乏品牌项目；五是信息公开力度不够，公信力不强。综合体现在整体公信力不强，与经济社会发展的需要和社会公众的合理期待之间存在距离。在日常管理中遇到以下一些困难。

（一）法律、法规滞后

2004 年颁布的《基金会管理条例》已实施 10 年，在此期间，基金会发展迅速，种类日趋多样化，运作模式更是新意百出。《基金会管理条例》关于规范管理基金会的条文原则性阐述居多，相对于登记的条文显得较为粗疏，可操作性不强。如公益活动和商业行为的界定、投资交易行为的条件、保值增值行为的规定等，登记管理机关在日常管理中难以获得法律上的支持。

公募基金会和非公募基金会的区分也已对基金会发展造成阻碍。首先，与公募基金会相比，非公募基金会不能向社会大众募捐，只能依靠发起者的持续投入，对发起人及发起人的关系网依赖较大。由于资金限制，其规模也比公募基金会要小，同时对专业人才的吸引力不如公募基金会，这些都使得在市场竞争中非公募基金会处于劣势，导致其社会认知度较低。其次，导致社会需求多元化与公益项目运作效率的矛盾。一方面，《条例》规定基金会支出中行政办公支出和人员工资不得超过总支出的10%；另一方面，社会大众对基金会存在误解，认为如果把捐赠者的捐赠用于提高人员工资福利就使得基金会失去了慈善的性质。而过低的行政成本和人员工资不利于吸引人才和项目运作，非公募基金会提供社会公益资源不能仅仅依靠社会大众的志愿精神，还要依靠大量高素质的专业化人才，因为每一项公益项目都需要进行科学合理的规划和执行，专业人士在运作上就有优势。但是对我国非公募基金会而言，由于在社会政策方面和基金会发展阶段都存在着基金会吸引人才的障碍，我国的非公募基金会的专业化程度远远滞后于现实发展的需要。再次，由于竞争劣势的原因，非公募基金会募捐渠道少，资金增值缓慢，投资方式单一。我国的非公募基金收入主要还是靠捐赠，提供服务和投资收入远远低于捐赠收入，这样不利于基金会的长久发展和保持自身的独立性，过度依赖捐赠容易被捐赠者支配，失去了独立性的基金会发展很难做到创新。最后，地域限制了非公募基金会的发展，非公募基金会数量上虽然超过公募基金会，活动

范围却比后者小得多。如何"走出去"不仅仅是政府政策的问题，更是非公募基金会自身发展急需解决的生存问题。

（二）税收优惠政策力度不大

现有的税收优惠政策并不能完全发挥对基金会等组织从事公益事业的促进作用，亟待进一步完善。首先，相关法律、法规比较陈旧，跟不上现实发展的步伐。法律规范过于分散，缺乏完整的税收立法以及配套的实施法规细则。在我国，还没有出台一部专门关于基金会或非政府组织税收的法规，对基金会及其公益活动的各项税收优惠政策散见于不同的法律、法规中，它们之间往往缺少衔接，使得许多优惠政策无法落到实处，甚至部分法规之间还存在冲突，反映出立法技术上的相对落后。其次，在具体实践中，对捐赠的税收优惠政策少，幅度过小，不能形成刺激我国基金会发展的鼓励性因素。最后，基金会享受税收优惠政策的审批环节多、难度大、成本高，如我国法律规定，企业和个人在慈善捐赠后都可获得相应的税收减免，但由于手续烦琐、宣传不到位等原因，极少有捐款个人能享受捐款抵税，这无疑会直接影响到基金会的善款收入，从而使其生存和发展举步维艰。

（三）人才流失率高

虽有培育扶持社会组织的登记管理等方面的政策，但在人才引进、人才培训、入户、配偶就业、子女入学、职称评定、职位晋升、学术研修津贴和其他福利待遇等方面都还没有相应的配套政策。受发展前景不明确、薪酬偏低等因素影响，社会组织工作人员成为人才流失率最高的十大职业之一。除深圳壹基金公益基金会有36名专职工作人员以外，其他基金会都在10人以下。尤其是非公募基金会，绝大部分工作人员都由发起单位的工作人员兼任，不领取薪酬。有个别的基金会薪酬由企业定向捐赠，还容易造成企业控制基金会。人才不足、难以留住人才以及人才专业化程度不高等问题已成为制约深圳市基金会发展的一大短板。

十 关于基金会发展建设的建议

（一）建议国家尽快修订《基金会管理条例》

除解决前述问题之外，还应研究制定以下各项制度。

1. 加快改革现有的登记管理体制

在登记制度改革方面，深圳的实践已提供了有益的借鉴模式，可在此基础上制定相关制度并予以推广。

2. 加强对基金会的监督管理

建议从以下几个方面完善管理措施。

第一，在改革登记管理体制的同时，结合近几年来基金会管理中存在的问题，强化基金会管理。首先应厘清并明确政府及相关部门在基金会管理中的职责，形成基金会管理的合力；其次是细化监督管理的重点和监督管理的方式；最后，监督检查也需要相应的执法人员，在基金会等社会组织数量快速增长的形势下，应当在登记机关执法人员的配备方面予以支持。

第二，强化基金会的信息披露监管。应当制定更细致的信息披露制度，从内容、形式、时间、频率等方面做出更具有操作性的规定。通过完善及规范基金会信息披露制度，促使基金会自觉公开信息、敢于公开信息及善于公开信息。

3. 结合时代发展特点创新监管模式和机制，对基金会运作管理做出更细致的规定

微博、微信等众多新媒体的介入，一方面促使公益募捐活动更

加普及化，有利于点燃公众对于公益慈善的热情，但是另外一方面，又模糊了公募和非公募的界限，那么怎样来规范新兴的募捐行为，引导基金会合理利用新媒体开展公益活动和商业活动、商业合作，促进基金会规范运作，就成为一个新的难题。国家在立法时应当充分考虑社会经济和科技发展的实际，制定符合管理需要的规定。

4. 对基金会组织建设提出更加细化的要求

例如，细化关于基金会理事会换届的规定；对基金会财务管理给予更明确的指引，规范会计核算，健全内部控制，规范管理投资交易行为、保值增值行为。

当然，在国家完成《基金会管理条例》修订之前，国内各地，尤其是具有经济特区立法权的深圳等经济特区，可以大胆借鉴国内外基金会管理法律制度，积极探索、创新本地基金会管理机制，先行先试，为国家开展基金会立法积累经验。

（二）完善我国基金会税收法律、政策

现行的税收法律、政策没有全面结合基金会等非营利组织的特点进行制定，并且在实施过程中各地税收主管部门对法律、政策的理解存在差异而造成其实施效果大打折扣。因此，我们提出建议。

（1）由国家财政部和税务总局会同民政部门起草规范非营利组织税收的法律法规，建立切实可行、便于操作的税收监管、减免资格认证制度，加大基金会等非营利组织税收优惠的力度，优化税收减免申请的环节，明确公益性捐赠税前扣除资格的适用范围和期限。

（2）由国家财政部和税务总局建议并联合民政部等有关部门修改《关于非营利组织免税资格认定管理有关问题的通知》。目

前该通知仅由财政部和税务总局共同签发，并未"会同国务院有关部门"，特别是没有听取负责非营利组织登记管理的民政部门的意见，建议将民政部门作为共同认定非营利组织的部门之一，切实考虑非营利组织的需要，以符合非营利组织管理工作的要求。

（3）明确基金会等公益组织的财产及其增值部分属于社会公共财产，并免征该部分收入的税。但同时规定其应当全额用于公益事业，任何单位及个人不得以任何形式对该部分资产进行分红、侵占、挪用和损毁。为禁止和惩治以上行为，除了依据《条例》规定进行处罚，还可以在相关环节设置相应的惩罚性税收，视行为的严重程度给予不同的处罚措施。基金会出现禁止的自我交易行为时，我国基金会的税务管理机关可以对该基金会征收相当于非法交易额一定比例的税。同时相应的基金会成员，包括基金会管理者、决策者、执行人都可以处以非法交易额一定比例的惩罚税。并责令自我交易行为人改正其行为，退还非法交易额，限期内仍未改正的，则将被处以非法交易额数倍的惩罚税，同时也加处上述利益关联人数倍于非法所得的罚款。如果基金会进行自我交易行为达到一定次数，屡教不改，则可以取消其免税资格，最终撤销其登记，并可以尝试开征更重的终止税处罚。依据自我交易行为严重程度的不同，给予不同比例的惩罚性税收，量化了基金会、交易管理人、决策人等交易行为各方主体需承担的法律责任①。

（4）在制定具体政策时，应当注意几个问题。

第一，应尽量避免从税种、领域等不同方向同时做出规定，如针对基金会，可从其财产税、经营性收入所得税、车船使用税等税

---

① 张波：《基金会经营行为税法规制研究》，浙江财经学院硕士学位论文，2012，第83页。

种的减免征收上做出明确规定，而对于捐赠人则可对其相关税收减免政策进行整合。

第二，应跟进基金会的最新动态，如近年来越来越流行的股权捐赠，就需尽快出台股权捐赠的相关优惠政策。国外的民间基金会发展得如火如荼很重要的原因之一就是股权方式的捐赠及每年产生的投资收益被减免所得税。对我国来说，股权方式的捐赠也是将来民间慈善基金会发展的一种新探索、新突破。

第三，在制定税收优惠政策时应当坚持合法公平的原则，无论是民间慈善基金会还是具有官方性质的大型基金会，都应享有相同的优惠并承担相同的义务，逐步放开捐款给民间基金会的税收优惠而不局限于几家官方公募基金会①。

第四，在税务管理方面，体现权责对等原则，对已经获得税务优惠的基金会，应当加强对其财务活动的监管，要求其必须接受税务部门和登记管理机关的财务审查，并依法披露财务会计报告和审计报告，接受社会公众的监督，提高资金使用的透明度。

（三）健全基金会人才政策

基金会的专业性需要成本支撑，基金会不是善款的传递机器，成本不是越低越好，尤其是专业人才的成本。基金会与企业或政府机关相比，本身并不具备吸引人才的优势，所以法律法规和政策不应在基金会工资福利方面做苛刻限制。对此，我们提出如下建议。

（1）废除非营利组织"平均工资不能高于当地人均的两倍"的不合理规定；此外，还应当对《基金管理条例》中工作人员工资福利和行政办公支出不得超过当年总支出的10%的规定进行适

---

① 罗雪蕊：《我国民间慈善基金会管理体制改革探析》，西南财经大学硕士学位论文，2013，第48页。

当调整，保障从业人员的合法权益。

（2）为提升基金会在人才引进方面的竞争力，应当在现有关于人才引进、入户、配偶就业、子女入学、职称评定、职位晋升、学术研修津贴和其他福利待遇等方面政策基础上，结合基金会的特点制定更有针对性和更加优惠的配套政策，从而吸引更多专业人才留在基金会，提高行业整体从业水平，推动基金会更加规范、健康发展。

（四）探索基金会开展公益信托和资金托管业务

在根本上，公益事业组织需要完成两项使命：实现捐赠目的、更好地实现公共利益。慈善捐赠并不总是高效或有效的。其效率的获取很大程度上依靠所采用的组织形式，但慈善捐赠与组织形式的结合并不令人满意。我国基金会现在接受资金的法律形式为捐赠，捐赠人对资金的控制力弱。而实践中，相当部分的捐赠人意图控制资金的使用与流向却无能为力。另外，我国基金会正处于高速发展期，但内部制度建设相当简陋。接受捐赠的基金会管理人员承担何种义务，成为一个标准缺失的领域。基金会法人治理的首要问题是基金会该对谁负责、基金会该如何处理好公益产权问题。

1. 探索通过公益信托维护公益产权

基金会发展面临着权责不分明、组织管理官僚化严重、人才匮乏、募捐效果欠佳、管理缺乏透明度、社会监管无力等问题。公益信托因其精巧的制度设计而具有治理结构灵活、捐赠人（委托人）有更多监督权利与救济权限、财产保值水平高、财产管理人更独立等特点，可弥补基金会运作中存在的缺陷，实现优势互补。一般而言，财团法人比较适合于直接从事经营事业类型的公益活动，如从事图书馆、美术馆、博物馆等文化设施或体育馆等运动设施的管理

经营；反之，对于提供奖学金或研究开发奖助金等以金钱给付为目的的公益事务，采用公益信托的方式较采用财团法人方式更理想。应该改变过去只发展公益法人的局面，倡导发展公益信托，使公益信托与公益法人相辅相成，共同为公益事业服务。首先，在设立公益信托时可引入公益法人参与。我国《信托法》为公益信托设计了信托监察人制度，由其代表信托受益人监督受托人的行为，但未明确信托监察人由谁担任。可以考虑由公益法人担任我国公益信托的监察人，履行相关职责，这样既有利于税收管制，又便于对公益信托财产管理处分行为的监督。其次，构建公益信托与基金会的连接机制。一方面，当事人可设立信托，并由该信托作为募捐人设立基金会。部分捐赠人意图控制资金的使用与流向，则"公益信托 + 基金会"的模式就是较好的制度选择。委托人基于信赖选择受托人，法律规定了担任公益受托人的资格。受托人被规定了非常具体、详细的义务，其中高度的谨慎、忠实义务和权责分明，较之基金会工作人员的善良管理义务要求高出许多。另一方面，也应该允许基金会作为委托人设立公益信托，即"基金会 + 公益信托"的模式，以实现小型或短期限的公益活动。

2. 探索通过资金托管规范公益性基金管理

为了有效加强对公益性基金的监管治理，可尝试在国内建立国际通行的公益基金银行第三方托管制度。公益基金会与银行签署资金托管协议，银行作为公益基金会资金现金财产托管人，对公益资金托管账户项下的资金使用进行审核，安全保管存放在公益资金托管账户中的资金，对符合约定的资金支付指令及时办理划付手续并出具公益资金托管报告。资金由独立的第三方来监管，如果银行发现资金运作中有不规范的问题会直接向基金会提出，更加公开、透明和规范。

在公益性基金实行第三方托管方面，深圳壹基金公益基金会与招商银行已进行有益的尝试，由商业银行履行对公益基金资产的安全保管职责，在资金的募集、存储和流通环节实现风险监控，办理公益基金的资金清算、会计核算，以及向有关部门和基金会理事会提交基金托管报告等，增加了一道风险控制的防火墙，在公信力、规范化和透明度上都将对基金会有所助益。

专题报告

Special Reports

B.4
中国基金会税收优惠政策研究报告

　　由于公益捐赠与非营利组织对公益事业发展和社会进步具有推动效应，因此世界各国普遍对这类行为和组织给予大量税收优惠政策以促进其发展。我国尚未出台关于慈善捐赠和非营利组织税收制度的专门法规，但早在 1999 年 6 月 28 日公布的《中华人民共和国公益事业捐赠法》（以下简称《公益事业捐赠法》）就规定：企业或个人依法捐赠财产用于公益事业的支出，分别享受企业所得税或个人所得税方面的优惠。2008 年 1 月 1 日正式实施的新《中华人民共和国企业所得税法》（以下简称《企业所得税法》）第九条规定：企业发生的公益性捐赠支出，在年度利润总额 12% 以内的部分，准予在计算应纳税所得额时扣除；第二十六条第四款规定符合条件的非营利组织的收入免税。《中华人民共和国个人所得税法》（以下简称《个人所得税法》）第六条则规定：个人将其所得对教育事业和其他公益事业捐赠的部分，按照国务院有关规定从应纳税所得中扣除。此后，为贯彻落实企业所得税法、企业所得税法实施条例和个人所得税法、个人所得税法实施条例，财政部、国家税务总局和民政部联合发布了《关于公益性捐赠税前扣除有关问题的通知》（2008 年 12 月 31 日，财税〔2008〕160 号）和《关于公益性捐赠税前扣除有关问题的补充通知》（2010 年 7 月 21 日，财税〔2010〕45 号），明确了公益性捐赠税前扣除资格的认定权限和程序等问题；财政部和国家税务总局还于 2009 年 11 月 11 日发布了《关于非营利组织企业所得税免税收入问题的通知》（财税〔2009〕122 号）和《关于非营利组织免税资格认定管理有关问题的通知》（财税〔2009〕123 号）①，对非营利组织企业所得税免税收入范围和免税资格认定管理做了规范。

本报告通过公告查询、问卷调查、机构访谈等方式研究分析了在上述政策法规实施过程中基金会获得税收减免优惠的现状及存在的问题，并与部分基金会交流探讨了扩大基金会税收减免范围和改进主管部门工作机制的建议。

本报告是调查研究、研讨交流的成果呈现。在此，我们感谢民政部民间组织管理局基金会管理处、中国社会组织促进会、北京市社会团体管理办公室、上海市社会团体管理局、江苏省社会组织管理局、浙江省民间组织管理局、广东省社会组织管理局、深圳市民间组织管理局以及有关基金会的大力支持。

一　导论

（一）研究背景和意义

综观世界，各国政府都把发展公益慈善事业和非营利组织作为

---

① 2014 年，此文件被修订，下发了财税发〔2014〕13 号文件。

弥补公共服务不足、动员社会力量参与社会事务的重要途径而给予政策扶持。其中税收优惠政策是各国政府扶持公益慈善事业发展的重要手段，各国针对本国公益慈善组织的发展建立了特殊的税收政策。例如美国1986年的《国内税收收入法典》规定了基金会等公益慈善机构享受税收优惠的范围、幅度等内容。德国法律对税收优惠运用有一整套特别的法规，包括《会计法则》《所得税法》《公司税法》等，如《会计法则》中专有一章（共十九节）对享受税收优惠的部门和条件进行了规定。两国相关税收法律明确、详尽规定了公益慈善组织享受税收优惠的具体条件，并且相关规定和制度具有可操作性和具体性。完善的税收制度对社会捐赠和公益慈善组织起到了积极的支持与监管作用，有效地促进了公益慈善事业健康发展。

与公益慈善事业相对发达的西方国家相比，中国的公益慈善事业还处于起步阶段，公益捐赠的制度环境亟待改善，公益慈善组织的专业化能力亟待提高。根据《基金会管理条例》规定，基金会是指利用自然人、法人或者其他组织捐赠的财产，以从事公益事业为目的依法成立的非营利性法人。可以说，基金会是目前我国法律制度相对健全、内部治理比较规范的一类公益性社会组织，也是我国公益慈善事业最为典型的运营主体。作为公益事业的资源提供者，基金会具有反应快速、灵活高效等特点，对于动员社会资源、促进社会事业发展、弥补政府公共财政的不足、协助政府解决各种社会问题具有独特的功能，得到了政府和社会的高度认可。特别是在当代，随着社会财富的不断积累、公民公益慈善意识的不断增强和现代公益慈善理念的不断传播，越来越多的企业和富人选择设立基金会的方式参与公益慈善事业，开展社会服务活动。公益慈善事业也因此成为支持社会力量兴办公益事业的主要途径，从而进入了公共领域。

我国尚未出台关于基金会税收制度的专门法律，但改革开放以来也在鼓励原则指导下先后颁布施行了《中华人民共和国公益事业捐赠法》《基金会管理条例》等法律法规，修订了《中华人民共和国企业所得税法》《中华人民共和国个人所得税法》关于公益性捐赠支出的税收优惠规定，为公益慈善事业发展提供了基本的法律保障。经过几年来的实践，这些税收优惠政策与法规在激励公益慈善捐赠和支持基金会发展方面发挥了积极的作用。然而，随着我国公益慈善捐赠和基金会等社会组织的蓬勃发展，新问题、新情况层出不穷，完善这些税收优惠政策的呼声也不绝于耳。

《中共中央关于全面深化改革若干重大问题的决定》从创新社会治理体制的高度提出要激发社会组织活力，同时还提出要完善慈善捐助减免税制度，支持慈善事业发挥扶贫济困的积极作用。在此背景下，研究分析基金会这一特殊主体所享受的现行税收优惠政策的执行情况和总体效果，有助于我们总结经验，发现问题，进一步完善我国支持公益慈善事业和社会组织发展的税收政策和监管体系。

（二）研究思路与方法

研究分析基金会享受的现行税收优惠政策的执行情况和总体效果，实质上是对公益慈善事业领域的公共政策进行第三方评价，这里涉及政策影响评价的基本理论问题。

政策影响也称政策效果，是指公共服务政策实施后对政策客体状态产生的改变。相应的，政策影响评价就是对公共政策在达成其目标的效果及其程度方面进行的全面评价和衡量，其目的是要通过一定的方法确定某项政策是否发挥了作用，以及在多大程度上发挥了作用，并进一步了解政策措施与政策影响之间的因果

关系，为政策控制、政策完善和政策优化提供基本的依据。在实践中，政策影响评价一般包括政策目标与实际效果之间的差距以及实施政策前后状态之间的差距两个方面内容。前者是衡量实现目标程度的指标，后者是衡量政策实际效果的指标。两者都可以通过一系列具体的量化标准来完成。然而，由于政策本身和影响对象的复杂性，政策效果的衡量往往难度很大。因此，对政策影响的评价一般建立在对政策效果结构的分析基础上，主要对公共政策是否产生了影响、在哪些领域产生了影响以及这些影响在性质、形式和程度上有什么不同等[①]。

本报告主要从分析税收政策与基金会发展绩效的相关性入手，对基金会依法享受的税收优惠政策进行影响评价，阐释税收优惠政策对基金会发展绩效影响的途径和机理，探讨税收优惠政策是否产生了影响、在哪些方面产生了影响以及这些影响在性质、形式和程度上如何改变基金会发展绩效。理论界通常用业绩、效率、效果三个维度来界定单个公益慈善组织绩效的内涵：业绩维度衡量公益慈善组织筹集了多少资源和提供了多少公益产出；效率维度衡量公益慈善组织的投入－产出比；效果维度衡量公益慈善组织宗旨的实现程度及其社会影响力[②]。本报告评价的是基金会行业发展的整体绩效，将基金会发展的数量、资产、收入、支出、人员等状况作为衡量整体"业绩"的指标，将基金会行业的资源使用效率作为衡量整体"效率"的指标，而将基金会的社会公信力和社会影响力作为衡量整体"效果"的指标。

值得一提的是，税收政策与公益慈善捐赠的相关性分析本应是公益慈善事业税收政策影响评价的重要内容。考虑到理论界对

① 贠杰、杨诚虎：《公共政策评估：理论与方法》，中国社会科学出版社，2006。
② 黄春蕾：《我国慈善组织绩效及公共政策研究》，经济科学出版社，2011。

这方面的探讨和成果已经比较多了，如比较有代表性的是中国社会科学院社会学研究所社会政策研究中心设立的"企业捐赠行为和理念研究"课题，该课题结合对30个企业个案的分析，探讨了税收减免政策对企业捐赠行为的影响①。此外，根据目前公益性捐赠税前扣除政策规定，捐赠人享受公益性捐赠税前扣除的优惠，需要取得具有公益性捐赠税前扣除资格的基金会等公益性社会团体的捐赠票据，也就是说，对捐赠人的税收优惠只能通过对公益性社会团体的捐赠才能享受，从而使对捐赠人的税收优惠转为对基金会等公益性社会团体是否具有捐赠税前扣除资格的认定。因此，本报告不去全面分析税收优惠政策对捐赠行为的影响，只是在评价税收优惠政策对基金会捐赠收入影响的环节关注捐赠人是否将基金会的公益性捐赠税前扣除资格作为选择捐赠对象的主要因素。

本报告的探索有利于政府部门了解政策实施的实际效果，反思现行政策在促进基金会发展水平方面存在的缺陷和不足。同时，将绩效评价理论用于分析基金会绩效状况，有助于基金会重视绩效管理和发展环境，把握影响基金会绩效水平的主要因素，并有针对性地提出改进政策环境、提高绩效水平的着力点和具体建议。

（三）数据来源及其缺陷

本报告研究分析的数据主要来源于以下几个方面。

第一，民政、财政和税务等主管部门发布的相关公告。按照法律法规规定，基金会享受税收优惠必须是依法登记的"符合条件的非营利组织"，并根据有关规定获得认定；相关主管部门需按照

---

① 卢汉龙、沈康荣：《税收减免政策对企业公益捐赠的影响》，http：//wenku.baidu.com/。

相应管理权限分别定期予以公布。因此，主管部门的公告是本报告数据的主要依据，研究人员通过互联网搜索各主管部门的官方网站查找了2008～2013年发布的与登记、年检、评估和获得税收优惠资格相关的所有公告。

第二，问卷调查。研究小组先后设计了"基金会获得税收优惠的现状、问题及改进建议问卷调查""企业通过基金会的公益性捐赠支出获得所得税税前扣除的现状和问题""个人通过基金会的公益性捐赠支出获得所得税税前扣除的现状和问题"3份问卷，主要向100家左右在京的全国性基金会和北京市基金会发送，还通过中国社会组织促进会主办的中国基金会网和国家民间组织管理局基金会管理处的"基金会QQ群组"等途径发送问卷。研究人员希望问卷反映基金会和捐赠人享受税收优惠的实际情况。

第三，访谈交流。研究小组先后到国家民间组织管理局基金会管理处、北京市社会团体管理办公室、江苏省民政厅社会组织管理局、上海市社会团体管理局、浙江省民间组织管理局、广东省社会组织管理局、深圳市民间组织管理局等基金会登记管理机关调研访谈，并与部分政府官员和基金会负责人座谈。

通过以上途径，研究小组收集了大量信息数据，为报告分析提供了基本依据。但令人遗憾的是，在调研过程中研究人员深感我国基金会信息公开状况仍然不尽如人意：由于没有全国统一的信息公开平台，年检、评估和免税资格公告查找非常困难，查到的公告也不完全；调查问卷的回收率也极低；从不同渠道收集的数据还相互冲突，准确性有待于进一步求证。这些缺陷使本报告的研究对象涵盖范围受到限制，对研究结论的客观性也有不利影响。

二 基金会享受税收优惠的政策规定及学理分析

（一）基金会享受税收优惠的现行政策规定

1. 现行税收优惠政策依据的法律法规

《基金会管理条例》第二十六条规定："基金会及其捐赠人、受益人依照法律、行政法规的规定享受税收优惠。"但正如前文所述，我国没有一部针对慈善事业和基金会等社会组织享受税收优惠制度的专门法律，基金会享受税收优惠的政策散见于现行的《中华人民共和国公益事业捐赠法》《中华人民共和国企业所得税法》《关于公益性捐赠税前扣除有关问题的通知》《关于非营利组织免税资格认定管理有关问题的通知》等法律法规和部门规章当中。表1列举了涉及基金会税收优惠政策规定的现行主要法律法规及部门规章。

表1 涉及基金会税收优惠政策的现行主要法律法规及部门规章

类别	法规名称	颁布部门	颁布时间
单行法律	中华人民共和国红十字会法	全国人大常委会	1993 年 10 月 31 日
	中华人民共和国公益事业捐赠法	全国人大常委会	1999 年 6 月 28 日
	中华人民共和国民办教育促进法	全国人大常委会	2002 年 12 月 28 日
	中华人民共和国税收征收管理法	全国人大常委会	2001 年 4 月 28 日
	中华人民共和国企业所得税法	全国人大常委会	2007 年 3 月 16 日
	中华人民共和国个人所得税法	全国人大常委会	2007 年 12 月 29 日
行政法规	中华人民共和国税收征收管理法实施细则	国务院	2002 年 9 月 7 日
	中华人民共和国企业所得税法实施条例	国务院	2007 年 12 月 6 日

续表

类别	法规名称	颁布部门	颁布时间
行政法规	中华人民共和国个人所得税法实施条例	国务院	2008年2月28日
	中华人民共和国营业税暂行条例	国务院	2008年11月10日
	中华人民共和国增值税暂行条例	国务院	2008年11月10日
	中华人民共和国进出口关税条例	国务院	2003年11月23日
	中华人民共和国房产税暂行条例	国务院	1986年9月15日
	中华人民共和国契税暂行条例	国务院	1997年7月7日
	中华人民共和国城镇土地使用税暂行条例	国务院	2006年12月31日
	中华人民共和国车辆购置税暂行条例	国务院	2000年10月22日
	中华人民共和国耕地占用税暂行条例	国务院	2007年12月1日
	社会团体登记管理条例	国务院	1998年12月25日
	基金会管理条例	国务院	2004年6月1日
	汶川地震灾后恢复重建条例	国务院	2008年6月8日
部门规章	关于公益性捐赠税前扣除有关问题的通知	财政部 国家税务总局 民政部	2008年12月31日
	关于公益性捐赠税前扣除有关问题的补充通知	财政部 国家税务总局 民政部	2010年7月21日
	关于非营利组织企业所得税免税收入问题的通知	财政部 国家税务总局	2009年11月11日
	关于非营利组织免税资格认定管理有关问题的通知	财政部 国家税务总局	2009年11月11日
	关于企业公益性捐赠股权有关财务问题的通知	财政部	2009年10月20日
	财政部关于加强企业对外捐赠财务管理的通知	财政部	2003年3月14日

类别	法规名称	颁布部门	颁布时间
行政法规	关于境内机构捐赠外汇管理有关问题的通知	国家外汇管理局	2009 年 12 月 25 日
	基金会公益性捐赠税前扣除资格审核工作实施方案	财政部 民政部	2009 年 3 月 10 日
	社会团体公益性捐赠税前扣除资格认定工作指引	民政部	2009 年 7 月 15 日
	救灾捐赠管理办法	民政部	2008 年 4 月 28 日

在表 1 的法律法规和部门规章中，除《基金会管理条例》以外，与基金会税收优惠政策关系较为密切的法律法规包括如下几个。

第一，《中华人民共和国公益事业捐赠法》规定，企业或个人依法捐赠财产用于公益事业，分别享受企业所得税或个人所得税方面的优惠；境外向基金会等公益性社会组织和公益性非营利的事业单位捐赠的用于公益事业的物资，依法减征或者免征进口关税和进口环节的增值税。

第二，《中华人民共和国企业所得税法》第九条规定，企业发生的公益性捐赠支出，在年度利润总额 12% 以内的部分，准予在计算应纳税所得额时扣除；第二十六条第四款规定符合条件的非营利组织的收入免税。

第三，《中华人民共和国个人所得税法》第六条规定，个人将其所得对教育事业和其他公益事业捐赠的部分，按照国务院有关规定从应纳税所得中扣除；《中华人民共和国个人所得税法实施条例》第二十四条规定，个人捐赠额未超过纳税义务人申报的应纳税所得额 30% 的部分，可以从应纳税所得额中扣除。

第四，《关于公益性捐赠税前扣除有关问题的通知》（财税

〔2008〕160 号）和《关于公益性捐赠税前扣除有关问题的补充通知》（财税〔2010〕45 号），明确了公益性社会组织捐赠税前扣除资格的认定权限和程序等问题。

第五，《关于非营利组织企业所得税免税收入问题的通知》（财税〔2009〕122 号）和《关于非营利组织免税资格认定管理有关问题的通知》（财税〔2009〕123 号），对非营利组织免税资格认定管理和企业所得税免税收入范围做了规范。

根据上述法律法规规定，针对"公益性社会团体"或"非营利组织"的税收优惠政策都是基金会依法可以享受的，这些政策规定集中体现在两个方面：一是针对基金会的捐赠人的公益性捐赠税前扣除优惠及其资格申请取得；二是针对基金会自身的非营利组织企业所得税免税。本报告将主要研究分析财税〔2008〕160 号、〔2010〕45 号、〔2009〕122 号和〔2009〕123 号四个"财税新规"的实施情况及其对我国基金会发展绩效的影响。

2. 公益性捐赠所得税税前扣除资格的规定

通过税收减免优惠鼓励公益捐赠行为已经成为各国政府支持公益慈善事业发展的重要手段之一，也是我国慈善事业税收优惠政策的重要组成部分。我国现行法律法规鼓励公益捐赠行为的税收优惠政策主要是"公益性捐赠所得税税前扣除"。概括地讲，这一政策是指企业、个人或其他组织通过符合法律法规规定条件并取得资格审核确认的公益性组织进行用于公益事业的捐赠，其支出依照法律法规规定的比例、程序和期限，准予在所得税税前扣除[①]。具体规定如下：

（1）税收优惠鼓励的是"公益性捐赠"

上文已提到《中华人民共和国企业所得税法》第九条对企业

---

① 金锦萍编著《社会组织财税制度》，中国社会出版社，2011，第 137 页。

发生的公益性捐赠支出做出了准予在年度利润总额 12% 以内的部分在计算应纳税所得额时扣除的规定,《中华人民共和国企业所得税法实施条例》第五十一条则对"公益性捐赠"做了明确界定:"是指企业通过公益性社会团体或者县级以上人民政府及其部门,用于《中华人民共和国公益事业捐赠法》规定的公益事业的捐赠。"而《中华人民共和国公益事业捐赠法》第三条规定的公益事业包括:①救助灾害、救济贫困、扶助残疾人等困难的社会群体和个人的活动;②教育、科学、文化、卫生、体育事业;③环境保护、社会公共设施建设;④促进社会发展和进步的其他社会公共和福利事业。

财税〔2008〕160 号文件和财税〔2010〕45 号文件对"公益性捐赠"范围的限定与上位法基本相符。也就是说,对捐赠人的税收优惠只能通过公益性社会团体的捐赠才能享受,"公益性捐赠"鼓励了企业向基金会、慈善组织等公益性社会团体进行捐赠,排除了对普通赠与的税收优惠,从而使对捐赠人的税收优惠转为对公益性社会团体是否具有捐赠税前扣除资格的认定。

(2) 基金会申请公益性捐赠税前扣除资格的条件

《中华人民共和国公益事业捐赠法》第十条规定,依法可以接受捐赠的"公益性社会团体"是指依法成立的、以发展公益事业为宗旨的基金会、慈善组织等社会团体。因此,申请公益性捐赠税前扣除资格的主体包括基金会,只是 1999 年出台《中华人民共和国公益事业捐赠法》时基金会还是按照社会团体法人进行登记。而《中华人民共和国企业所得税法实施条例》第五十二条对"公益性社会团体"做了进一步限定:①依法登记,具有法人资格;②以发展公益事业为宗旨,且不以赢利为目的;③全部资产及其增值为该法人所有;④收益和营运结余主要用于符合该法人设立目的的事业;⑤终止后的剩余财产不归属任何个人或者营利组织;⑥不经营与其设立

145

目的无关的业务；⑦有健全的财务会计制度；⑧捐赠者不以任何形式参与社会团体财产的分配；⑨国务院财政、税务主管部门会同国务院民政部门等登记管理部门规定的其他条件。

上述"国务院财政、税务主管部门会同国务院民政部门等登记管理部门规定的其他条件"主要是指财税〔2008〕160号文和财税〔2010〕45号文规定的条件。根据这两个文件，申请公益性捐赠税前扣除资格的"公益性社会团体"不仅是依据《基金会管理条例》和《社会团体登记管理条例》的规定经民政部门依法登记并符合上列《实施条例》第五十二条第1项到第8项规定的条件，还需要同时符合以下3个条件：①申请前3年内未受到行政处罚；②年度检查合格（两年"基本合格"视同"不合格"）；③社会组织评估等级在3A以上（含3A）。这里所称的年度检查合格是指民政部门对基金会、公益性社会团体（不含基金会）进行年度检查，做出年度检查合格的结论；社会组织评估等级在3A以上（含3A）是指社会组织在民政部门主导的社会组织评估中被评为3A、4A、5A级别，且评估结果在有效期内。

（3）申请公益性捐赠税前扣除资格的程序

根据财税〔2008〕160号文和财税〔2010〕45号文的相关规定，符合上述条件的基金会、慈善组织等公益性社会团体可按以下程序申请公益性捐赠税前扣除资格：①经民政部批准成立的公益性社会团体，可分别向财政部、国家税务总局、民政部提出申请；②经省级民政部门批准成立的基金会，可分别向省级财政、税务（国税、地税，下同）、民政部门提出申请。经地方县级以上人民政府民政部门批准成立的公益性社会团体（不含基金会），可分别向省、自治区、直辖市和计划单列市财政、税务、民政部门提出申请；③民政部门负责对公益性社会团体的资格进行初步审核，财政、税务部门会同民政部门对公益性社会团体的捐赠税前扣除资格联合进行审核确认；④对符合条件的公益性社会团体，按照上述管理权限，由财政部、国家税务总局和民政部及省、自治区、直辖市和计划单列市财政、税务和民政部门分别定期予以公布。

申请捐赠税前扣除资格的公益性社会团体，需报送以下材料：①申请报告；②民政部或地方县级以上人民政府民政部门颁发的登记证书复印件；③组织章程；④申请前相应年度的资金来源、使用情况，财务报告，公益活动的明细，注册会计师的审计报告；⑤民政部门出具的申请前相应年度的年度检查结论、社会组织评估结论。

财税〔2010〕45号文还补充规定：在财税〔2008〕160号文件下发之前已经获得公益性捐赠税前扣除资格的公益性社会团体，必须按规定的条件和程序重新提出申请，通过认定后才能获得公益性捐赠税前扣除资格；符合财税〔2008〕160号文件第4条规定的基金会、慈善组织等公益性社会团体，应同时向财政、税务、民政部门提出申请，并分别报送上述材料；各级财政、税务和民政部门每年分别联合公布的获得公益性捐赠税前扣除资格的公益性社会团体名单应当包括当年继续获得公益性捐赠税前扣除资格和新获得公益性捐赠税前扣除资格的公益性社会团体。

（4）公益性捐赠税前扣除资格的取消

财税〔2008〕160号文和财税〔2010〕45号文规定，已经获得公益性捐赠税前扣除资格的公益性社会团体，如发现其有以下情形之一的，应自发现之日起15日内向主管税务机关报告，主管税务机关可暂时明确其获得资格的次年内企业或个人向该公益性社会团体的公益性捐赠支出，不得税前扣除。同时，提请审核确认其公益性捐赠税前扣除资格的财政、税务、民政部门明确其获得资格的次年不具有公益性捐赠税前扣除资格：①不再符合《中华人民共和国企业所得税法实施条例》第五十二条第1项到第8项规定的条

件；②年度检查不合格（连续两年"基本合格"视同"不合格"）或最近一次社会组织评估等级低于3A的；③在申请公益性捐赠税前扣除资格时有弄虚作假行为的；④存在偷税行为或为他人偷税提供便利的；⑤存在违反该组织章程的活动，或者接受的捐赠款项用于组织章程规定用途之外的支出等情况的；⑥受到行政处罚的。

被取消公益性捐赠税前扣除资格的公益性社会团体，存在以上第2项情形的，1年内不得重新申请公益性捐赠税前扣除资格，存在第3项、第4项、第5项、第6项情形的，3年内不得重新申请公益性捐赠税前扣除资格。对于以上第4项、第5项情形，应对其接受捐赠收入和其他各项收入依法补征企业所得税。

（5）企业或个人办理公益性捐赠支出的所得税税前扣除程序

财税〔2008〕160号文和财税〔2010〕45号文根据企业所得税法和个人所得税法相关规定，进一步明确企业通过公益性社会团体或者县级以上人民政府及其部门，用于公益事业的捐赠支出，在年度利润总额12%以内的部分，准予在计算应纳税所得额时扣除（年度利润总额是指企业依照国家统一会计制度的规定计算的大于零的数额）；个人通过社会团体、国家机关向公益事业的捐赠支出，按照现行税收法律、行政法规及相关政策规定准予在所得税税前扣除。企业或个人只有在获得公益性捐赠税前扣除资格的公益性社会团体名单所属年度内向名单内的公益性社会团体进行的公益性捐赠支出，并提供省级以上（含省级）财政部门印制并加盖接受捐赠单位印章的公益性捐赠票据，或加盖接受捐赠单位印章的《非税收入一般缴款书》收据联，方可按规定进行税前扣除。

对于通过公益性社会团体发生的公益性捐赠支出，主管税务机关应对照财政、税务、民政部门联合公布的名单予以办理，即接受捐赠的公益性社会团体在名单内的，企业或个人在名单所属年度向名单内的公益性社会团体进行的公益性捐赠支出可按规定进行税前扣除；接受捐赠的公益性社会团体不在名单内，或虽在名单内但企业或个人发生的公益性捐赠支出不属于名单所属年度的，不得扣除。

公益性社会团体在接受捐赠时，捐赠资产的价值按以下原则进行确认：①接受捐赠的货币性资产，应当按照实际收到的金额计算；②接受捐赠的非货币性资产，应当以其公允价值计算。捐赠方在捐赠时，应当提供注明捐赠非货币性资产公允价值的证明。如果不能提供上述证明，公益性社会团体不得向其开具公益性捐赠票据。

3. 可以享受企业所得税免税的规定

基金会作为非营利组织享受的税收优惠可能涉及的税种包括所得税、营业税、增值税、关税、房产税、城市维护建设税、城镇土地使用税、耕地占用税、契税、车辆购置税、车船税、印花税等①，其中主要是所得税减免优惠。

（1）符合条件的非营利组织企业所得税免税收入范围

《中华人民共和国企业所得税法》规定，企业每一纳税年度的收入总额，减除不征税收入、免税收入、各项扣除以及允许弥补的以前年度亏损后的余额，为应纳税所得额。该法对"收入总额"、"不征税收入"、"免税收入"和"各项扣除"等一一做了法律界定。其中第二十六条规定：企业的免税收入中包括"符合条件的非营利组织的收入"。

《中华人民共和国企业所得税法实施条例》第八十五条则规定，企业所得税法所称"符合条件的非营利组织的收入"，不包括非营利组织从事营利性活动取得的收入，但国务院财政、税务主管部门另有规定的除外。财税〔2009〕122号文规定"符合条件的非

① 金锦萍编著《社会组织财税制度》，中国社会出版社，2011，第105页。

营利组织的收入"的范围包括：①接受其他单位或者个人捐赠的收入；②除《中华人民共和国企业所得税法》第七条规定的财政拨款以外的其他政府补助收入，但不包括因政府购买服务取得的收入；③按照省级以上民政、财政部门规定收取的会费；④不征税收入和免税收入孳生的银行存款利息收入；⑤财政部、国家税务总局规定的其他收入。这一规定表明，基金会作为非营利组织从事营利性活动取得的收入（主要是投资收益）和因政府购买服务取得的收入不享受税收减免。

（2）非营利组织企业所得税免税资格认定条件

《中华人民共和国企业所得税法实施条例》第八十四条规定，企业所得税法第二十六条所称"符合条件的非营利组织"是指同时符合下列条件的组织：①依法履行非营利组织登记手续；②从事公益性或者非营利性活动；③取得的收入除用于与该组织有关的、合理的支出外，全部用于登记核定或者章程规定的公益性或者非营利性事业；④财产及其孳息不用于分配；⑤按照登记核定或者章程规定，该组织注销后的剩余财产用于公益性或者非营利性目的，或者由登记管理机关转赠给与该组织性质、宗旨相同的组织，并向社会公告；⑥投入人对投入该组织的财产不保留或者享有任何财产权利；⑦工作人员工资福利开支控制在规定的比例内，不变相分配该组织的财产。

上述条文还规定，非营利组织的认定管理办法由国务院财政、税务主管部门会同国务院有关部门制定。因此，财税〔2009〕123号文对非营利组织免税资格认定条件做了规范。获得所得税免税资格认定的非营利组织必须同时满足以下条件：①依照国家有关法律法规设立或登记的事业单位、社会团体、基金会、民办非企业单位、宗教活动场所以及财政部、国家税务总局认定的其他组织；②从事公益性或者非营利性活动，且活动范围主要在中国境内；③取得的收入除用于与该组织有关的、合理的支出外，全部用于登记核定或者章程规定的公益性或者非营利性事业；④财产及其孳息不用于分配，但不包括合理的工资薪金支出；⑤按照登记核定或者章程规定，该组织注销后的剩余财产用于公益性或者非营利性目的，或者由登记管理机关转赠给与该组织性质、宗旨相同的组织，并向社会公告；⑥投入人对投入该组织的财产不保留或者享有任何财产权利，本款所称投入人是指除各级人民政府及其部门外的法人、自然人和其他组织；⑦工作人员工资福利开支控制在规定的比例内，不变相分配该组织的财产，其中：工作人员平均工资薪金水平不得超过上年度税务登记所在地人均工资水平的两倍，工作人员福利按照国家有关规定执行；⑧除当年新设立或登记的事业单位、社会团体、基金会及民办非企业单位外，事业单位、社会团体、基金会及民办非企业单位申请前年度的检查结论为"合格"；⑨对取得的应纳税收入及其有关的成本、费用、损失应与免税收入及其有关的成本、费用、损失分别核算。

（3）免税资格申请的程序

财税〔2009〕123号文规定，经省级（含省级）以上登记管理机关批准设立或登记的非营利组织，凡符合规定条件的，应向其所在地省级税务主管机关提出免税资格申请，并提供本通知规定的相关材料；经市（地）级或县级登记管理机关批准设立或登记的非营利组织，凡符合规定条件的，分别向其所在地市（地）级或县级税务主管机关提出免税资格申请，并提供本通知规定的相关材料。

财政、税务部门按照上述管理权限，对非营利组织享受免税的资格联合进行审核确认，并定期予以公布。申请享受免税资格的非营利组织，需报送以下材料：①申请报告；②事业单位、社会团

体、基金会、民办非企业单位的组织章程或宗教活动场所的管理制度；③税务登记证复印件；④非营利组织登记证复印件；⑤申请前年度的资金来源及使用情况、公益活动和非营利活动的明细情况；⑥具有资质的中介机构鉴证的申请前会计年度的财务报表和审计报告；⑦登记管理机关出具的事业单位、社会团体、基金会、民办非企业单位申请前年度的年度检查结论；⑧财政、税务部门要求提供的其他材料。

非营利组织免税优惠资格的有效期为五年。非营利组织应在期满前三个月内提出复审申请，不提出复审申请或复审不合格的，其享受免税优惠的资格到期自动失效。非营利组织免税资格复审，按照初次申请免税优惠资格的规定办理。

（4）税务登记、纳税申报与免税手续

非营利组织必须按照《中华人民共和国税收征收管理法》（以下简称《税收征管法》）及《中华人民共和国税收征收管理法实施细则》（以下简称《实施细则》）等有关规定，办理税务登记，按期进行纳税申报。取得免税资格的非营利组织应按照规定向主管税务机关办理免税手续，免税条件发生变化的，应当自发生变化之日起十五日内向主管税务机关报告；不再符合免税条件的，应当依法履行纳税义务；未依法纳税的，主管税务机关应当予以追缴。取得免税资格的非营利组织注销时，剩余财产处置违反免税资格认定条件第五项规定的，主管税务机关应追缴其应纳企业所得税款。

主管税务机关应根据非营利组织报送的纳税申报表及有关资料进行审查，当年符合《企业所得税法》及其实施条例和有关规定免税条件的收入，免予征收企业所得税；当年不符合免税条件的收入，照章征收企业所得税。主管税务机关在执行税收优惠政策过程中，发现非营利组织不再具备法规规定的免税条件的，应及时报告核准该非营利组织免税资格的财政、税务部门，由其进行复核。

（5）免税资格的取消

核准非营利组织免税资格的财政、税务部门根据规定的管理权限，对非营利组织的免税优惠资格进行复核，复核不合格的，取消其享受免税优惠的资格。财税〔2009〕123 号文规定已认定的享受免税优惠政策的非营利组织有下述情况之一的，将被取消其资格：①事业单位、社会团体、基金会及民办非企业单位逾期未参加年检或年度检查结论为"不合格"的；②在申请认定过程中提供虚假信息的；③有逃避缴纳税款或帮助他人逃避缴纳税款行为的；④通过关联交易或非关联交易和服务活动，变相转移、隐匿、分配该组织财产的；⑤因违反《税收征管法》及其《实施细则》而受到税务机关处罚的；⑥受到登记管理机关处罚的。因第①项规定的情形被取消免税优惠资格的非营利组织，财政、税务部门在一年内不再受理该组织的认定申请；因上述规定的除第①项以外的其他情形被取消免税优惠资格的非营利组织，财政、税务部门在五年内不再受理该组织的认定申请。

4. 可以享受其他税种减免的规定

根据我国现行法律法规规定，除了企业所得税之外，我国的社会组织还可以享受其他税收优惠，这些优惠散见于目前众多的法律、法规以及规章之中。我国目前适用于社会组织的各个税种的税收优惠政策主要涉及营业税、增值税、关税、房产税、城镇土地使用税、耕地占用税、契税、车船税、车辆税、车辆购置税、印花税等。这里仅对营业税、增值税和关税等税收优惠做简要介绍。

（1）营业税税收优惠

我国现行规制营业税的法律法规主要是《中华人民共和国营业税暂行条例》及其实施细则。营业税暂行条例实施细则第九条规定营业税的纳税主体为企业、行政单位、事业单位、军事单位、

社会团体及其他单位。因此，基金会等社会组织可成为营业税的纳税人。

根据《中华人民共和国营业税暂行条例》第八条的规定，下列项目免征营业税：①托儿所、幼儿园、养老院、残疾人福利机构提供的育养服务，婚姻介绍，殡葬服务；②残疾人员个人提供的劳务；③医院、诊所和其他医疗机构提供的医疗服务；④学校和其他教育机构提供的教育劳务，学生勤工俭学提供的劳务；⑤农业机耕、排灌、病虫害防治、植物保护、农牧保险以及相关技术培训业务，家禽、牲畜、水生动物的配种和疾病防治；⑥纪念馆、博物馆、文化馆、文物保护单位管理机构、美术馆、展览馆、书画院、图书馆举办文化活动的门票收入，宗教场所举办文化、宗教活动的门票收入；⑦境内保险机构为出口货物提供的保险产品。

营业税的免税、减税项目由国务院规定。任何地区、部门均不得规定免税、减税项目。营业税条例规定的特点在于只要是从事营业行为的单位和个人，包括社会组织，符合上述七项规定中的要求之一，便可以获得免税。

除了营业税暂行条例及实施细则的规定之外，财政部、国家税务总局发布的其他各类法律和文件，甚至地方性的法规规章中对教育机构、医疗卫生机构、非营利性科研机构、科技馆、博物馆、安置残疾人单位以及企业吸纳下岗失业人员的税收优惠做了更具体的规定。

（2）增值税税收优惠

我国现行规制增值税的法律法规主要是《中华人民共和国增值税暂行条例》及其实施细则。增值税暂行条例规定，在中华人民共和国境内销售货物或者提供加工、修理修配劳务以及进口货物的单位和个人，为增值税的纳税人，应当缴纳增值税。实施细则进一步明确，上述单位是指企业、行政单位、事业单位、军事单位、社会团体及其他单位。因此，社会组织可成为增值税的纳税人。

增值税暂行条例规定，下列项目免征增值税：①农业生产者销售的自产农产品；②避孕药品和用具；③古旧图书；④直接用于科学研究、科学试验和教学的进口仪器、设备；⑤外国政府、国际组织无偿援助的进口物资和设备；⑥由残疾人的组织直接进口供残疾人专用的物品；⑦销售的自己使用过的物品。

增值税的免税、减税项目亦由国务院规定。任何地区、部门均不得规定免税、减税项目。除了我国增值税暂行条例规定的增值税优惠的一般规定之外，财政部、国家税务总局还出台了《关于增值税几个税收优惠政策问题的通知》（财税字〔1994〕第060号）、《关于血站有关税收问题的通知》（财税字〔1999〕264号）、《关于医疗卫生机构有关税收政策的通知》（财税〔2000〕42号）、《关于继续免征国产抗艾滋病病毒药品增值税的通知》（财税〔2007〕49号）、《关于教育税收政策的通知》（财税〔2004〕39号）、《关于促进残疾人就业税收优惠政策的通知》（财税〔2007〕92号）等文件，专门针对一些特定的医疗、教育、残疾人辅助等非营利性机构给予免征增值税规定。

（3）关税税收优惠

如前文所述，《中华人民共和国公益事业捐赠法》第二十六条规定，境外向基金会等公益性社会组织和非营利的事业单位捐赠的用于公益事业的物资，依法减征或者免征进口关税和进口环节的增值税。我国现行规制关税的法律法规主要是《中华人民共和国进出口关税条例》及其实施细则。进出口关税条例第五条规定，进口货物的收货人、出口货物的发货人、进境物品的所有人，是关税的纳税义务人。因此，社会组织如从事了《进出口关税条例》规定的进出口行为，作为进口货物的收货人、出口货物的发货人或进境物品的所有人，就是进出口关税的纳税人。

《进出口关税条例》第四十五条规定，下列进出口货物免征关税：①关税税额在人民币 50 元以下的一票货物；②无商业价值的广告品和货样；③外国政府、国际组织无偿赠送的物资；④在海关放行前损失的货物；⑤进出境运输工具装载的途中必需的燃料、物料和饮食用品。在海关放行前遭受损坏的货物，可以根据海关认定的受损程度减征关税。法律规定的其他免征或者减征关税的货物，海关根据规定予以免征或者减征。其中与社会组织关系最为密切的是第 3 项，社会组织接受外国政府、国际组织无偿赠送的物质，可以免进口关税。当然，如果社会组织进出口其他几项中规定的货物，也可以免进口关税。

除了进出口关税条例规定的关税优惠的一般规定之外，海关总署出台的《残疾人专用品免征进口税收暂行规定》（海关总署令第 61 号）、《关于残疾人专用品免征进口税收暂行规定的实施办法》、《关于〈扶贫、慈善性捐赠物资免征进口税收暂行办法〉的实施办法》（海关总署令第 90 号）；财政部出台的《财政部关于对〈残疾人专用品免征进口税收暂行规定〉有关问题的通知》（财税〔2001〕191 号）；财政部、国务院关税税则委员会、国家税务总局、海关总署发布的《关于救灾捐赠物资免征进口税收的暂行办法》（财税字〔1998〕98 号）、《扶贫、慈善性捐赠物资免征进口税收暂行办法》（财税〔2000〕152 号）等文件，专门针对残疾人专用品和捐赠物资给予免征进口税收的优惠。

（4）房产税、车船税、城镇土地使用税及耕地占用税税收优惠

除了上述营业税、增值税和关税的税收优惠之外，财政部、国家税务总局在出台的《关于对老年服务机构有关税收政策问题的通知》《关于教育税收政策的通知》《关于非营利性科研机构税收政策的通知》《关于医疗卫生机构税收政策的通知》等文件中，专

门针对老年服务机构、教育机构、非营利性科研机构及医疗卫生机构等特定社会组织免征房产税和城镇土地使用税；在《关于医疗卫生机构税收政策的通知》和《关于对老年服务机构有关税收政策问题的通知》两份文件中，专门针对医疗卫生机构和老年服务机构两个特定的社会组织免征车船税；在《关于教育税收政策的通知》中，专门针对教育机构这一特定的社会组织免征耕地占用税。

（二）基金会现行税收优惠政策的学理分析

1. 2008 年以后基金会税收优惠政策的主要变化及进展

为促进社会公益事业的发展，调动企业、个人等社会力量参与公益性捐赠的积极性，我国一直对纳税人的公益性捐赠予以所得税政策优惠。现行《中华人民共和国企业所得税法》和《中华人民共和国个人所得税法》自 2008 年 1 月 1 日起施行（其中《中华人民共和国个人所得税法》经过 2011 年的第六次修正），此前企业所得税和个人所得税的税收优惠规定分别适用 1993 年国务院颁布的《中华人民共和国企业所得税暂行条例》和 1980 年第五届全国人大第三次会议通过并经 4 次修正的《中华人民共和国个人所得税法》。2008 年前后，基金会享受税收优惠政策的主要变化和取得的进展体现在以下几个方面。

（1）公益性捐赠获得企业所得税税前扣除的基数和比例发生了变化

过去，《中华人民共和国企业所得税暂行条例》第六条规定，"纳税人用于公益、救济性的捐赠，在年度应纳税所得额 3% 以内的部分，准予扣除。"据财政部解释，考虑到公益性捐赠支出是企业应纳税所得额的组成部分，如果允许公益性捐赠支出按照应纳税所得额一定比例在税前扣除，需要进行倒算，非常烦琐，不利于企

业所得税纳税申报管理。因此，新企业所得税法将公益性捐赠税前扣除由原企业所得税暂行条例规定的按"应纳税所得额"的一定比例扣除改为按"年度利润总额"的一定比例扣除，这样规定便于公益性捐赠扣除的计算，方便纳税人的申报。

此外，新企业所得税法实施条例取消了内外资公益性捐赠税前扣除差异，统一将企业公益性捐赠支出税前扣除比例确定为年度利润总额的12%。同时明确了年度利润总额是指企业按照国家统一会计制度的规定计算的年度会计利润。2008年新税法实施以后，内资企业税前捐赠支出扣除比例大幅度提高了，对绝大多数企业来说，这种扣除水平实际上等同于公益性捐赠金额可得到100%的税前扣除优惠，从而鼓励企业进行公益性捐赠，也符合国际通行做法。

（2）基金会获得公益性捐赠税前扣除资格有了具体配套政策

1993年颁布《中华人民共和国企业所得税暂行条例》和1980年通过《中华人民共和国个人所得税法》以后，财政部、国家税务总局没有及时出台具体配套政策，曾以《关于向中华健康快车基金会等5家单位的捐赠所得税税前扣除问题的通知》（财税〔2003〕204号）、《关于向宋庆龄基金会等6家单位捐赠所得税政策问题的通知》（财税〔2004〕172号）、《关于中国老龄事业发展基金会等8家单位捐赠所得税政策问题的通知》（财税〔2006〕66号）、《关于中国医药卫生事业发展基金会捐赠所得税政策问题的通知》（财税〔2006〕67号）、《关于中国教育发展基金会捐赠所得税政策问题的通知》（财税〔2006〕68号）等文件确定少数官方背景的基金会用于公益救济性的捐赠，准予在缴纳企业所得税和个人所得税前全额扣除。2007年出台了《关于公益救济性捐赠所得税税前扣除政策及相关管理问题的通知》（财税〔2007〕6号），执行不到一年时间就被财税〔2008〕160号文件所取代。

财税〔2008〕160号文件和财税〔2010〕45号文件的出台，使公益性捐赠税前扣除有了具体可行的配套政策，为更多符合条件的基金会获得公益性捐赠所得税税前扣除资格提供了政策依据，这在一定程度上也提高了企业支持公益性社会团体和公益事业发展的积极性。

（3）基金会自身享受企业所得税的减免有法可依

过去，《中华人民共和国企业所得税暂行条例》及其实施细则没有对基金会等非营利组织实施税收减免的规定。《中华人民共和国企业所得税法》第一次明确规定符合条件的非营利组织的收入属于免税收入，使基金会等非营利组织自身享受企业所得税的减免优惠有了法律依据和保障，这既是借鉴了各国立法经验的结果，也体现了政府对社会组织的政策支持。

（4）股权捐赠政策由禁止到允许

根据《财政部关于加强企业对外捐赠财务管理的通知》（财企〔2003〕95 号）规定，企业可以用于对外捐赠的财产包括现金、库存商品和其他物资，企业持有的股票和债券不得对外捐赠。此后，在社会各方呼吁和政府有关部门协调下，2009 年 10 月，财政部颁布了《关于企业公益性捐赠股权有关财务问题的通知》（财企〔2009〕213 号），由自然人、非国有的法人及其他经济组织投资控股的企业，依法履行内部决策程序，由投资者审议决定后，其持有的股权可以用于公益性捐赠。该文件还对企业股权捐赠的转让细节进行了规定，为将股权捐赠新形式引入慈善事业提供了政策依据。

2. 基金会现行税收优惠政策存在的问题

在理论界来看，现有的税收优惠政策存在诸多问题，未能完全发挥对捐赠人和基金会等从事公益事业的促进作用，亟待进一步完善[①]。本报告从学理角度分析，认为主要有以下几个方面的问题。

第一，相关法律、法规比较陈旧，跟不上现实发展的步伐，现

---

① 宋忠伟：《我国公益性捐赠税收优惠政策分析》，《社团管理研究》2008 年第 12 期。

行的大部分税种是1994年税制改革前设立的，不少规制还是国务院颁布的"暂行条例"，大部分内容受计划经济体制的影响较大，已经不能适应社会主义市场经济发展中的新情况、新问题。

第二，法律规范过于分散，缺乏完整的税收立法以及配套的实施法规细则。目前，还没有出台一部专门关于基金会等非营利组织税收的立法，对基金会及其开展公益活动的各项税收优惠政策散落在不同的法律、法规中，它们之间往往缺少衔接，使得许多优惠政策无法落到实处，甚至部分法规之间还存在冲突，反映出立法技术上的相对落后。

第三，不同法律法规对享受税收优惠的主体范围界定不够规范，行政法规和部门规章甚至忽略或排除了应当享受税收优惠政策的部分主体。例如在公益性捐赠的主体范围界定中，按照《中华人民共和国公益事业捐赠法》（以下简称《公益事业捐赠法》）的规定，向依法成立的公益性社会团体和公益性非营利的事业单位捐赠财产都应当视为"公益性捐赠"，并且只有在发生自然灾害时或者境外捐赠人要求县级以上人民政府及其部门作为受赠人时，县级以上人民政府及其部门才可以接受捐赠并依法对捐赠财产进行管理，这里就没有包括民办非企业单位。《中华人民共和国企业所得税法实施条例》第五十一条、第五十二条在界定《中华人民共和国企业所得税法》第九条所称"公益性捐赠"主体时，却只有"公益性社会团体或者县级以上人民政府以及部门"，其"公益性社会团体"又是指同时符合所列9项条件的基金会、慈善组织等社会团体。根据其中第9项规定授权制定的财税〔2008〕160号文件和财税〔2010〕45号文件对可以获得税前扣除资格的主体范围自然也只有"公益性社会团体和县级以上人民政府以及部门"，同时还添加了"直属机构"。因此，在现行法律法规中，可以获得公益性捐赠税前扣除资格的主体不仅没有《公益事业捐赠法》"忽略"了的民办非企业单位，也没有《公益事业捐赠法》规定了的"公益性非营利的事业单位"，却有《公益事业捐赠法》规定的在发生自然灾害时或者境外捐赠人要求的县级以上人民政府及其部门，更有上位法没有规定的"直属机构"，而且"直属机构"和县级以上人民政府及其组成部门一样，其税前扣除资格不需要认定。所幸的是，财税〔2009〕123号文件在认定"符合条件的非营利组织"时，却包括了依法设立或登记的事业单位、社会团体、基金会、民办非企业单位。

第四，行政法规和部门规章不仅忽略或排除了应当享受税收优惠政策的部分主体，而且严格的审核和认定条件实际上限制了《公益事业捐赠法》《企业所得税法》规定的"公益性社会团体"和"符合条件的非营利组织"可以享受税收优惠政策的权利。《中华人民共和国企业所得税法实施条例》第五十二条和财税〔2008〕160号文件对申请"公益性捐赠税前扣除资格"的主体规定了11项条件；《中华人民共和国企业所得税法实施条例》第八十四条和财税〔2009〕123号文件对"符合条件的非营利组织"的条件也多达9项，甚至对公益活动范围和工作人员平均工资薪金水平做了限定。"同时满足"这么多条件，对很多组织来说都是非常苛刻的。

第五，从理论上讲，对于"符合条件的非营利组织"获得的收入都应当给予税收优惠，而行政法规和部门规章将"符合条件的非营利组织的收入"分为免税收入和不免税收入，非营利组织的免税收入范围受到限制。《中华人民共和国企业所得税法实施条例》第八十五条规定的"非营利组织的收入"不包括非营利组织从事营利性活动取得的收入，"但国务院财政、税务主管部门另有规定的除外"。财税〔2009〕122号文件对"符合条件的非营利组织企业所得税免税收入范围"做了罗列，仅仅明确捐赠收入等4项收入属于免税收入，不仅没有明确非营利组织从事营利活动取得

的收入中哪些收入能够获得免税，而且将政府购买服务取得的收入、不是按照省级以上民政和财政部门规定收取的会费收入都排除在免税收入之外，因此不仅大大缩小了"符合条件的非营利组织"依法应该享受的所有非营利性收入免税的范围，也将导致基金会按照合法、安全、有效的原则进行资产增值保值所获得的收入进入企业所得税的纳税范围，不利于基金会的可持续发展。

三　基金会享受税收优惠政策的实际状况

（一）基金会享受税收优惠政策的信息公开情况

表2是研究人员收集到的民政部门公告的2012年年检结果中的基金会统计数及《中国基金会发展报告（2013）》课题组提供的基金会统计数对比；表3是研究人员收集到的省级以上民政、财政和税务主管部门公告的2008～2012年各年度获得公益性捐赠税前扣除资格的基金会数；表4是研究人员收集到的省级以上财政、税务主管部门公告的2010～2013年获得非营利组织免税资格的基金会数。表格中的空格均表示未获得相关数据。

表2　2012年年末全国基金会数量及分布

单位：家

地区/部门	《中国基金会发展报告（2013）》提供数据			根据民政部门2012年年检公告统计数		
	公募	非公募	合计	公募	非公募	合计
江　苏	177	237	414	177	237	414
浙　江	122	140	262	115	125	240
广　东	94	146	240	103	180	283
北　京	37	172	209	41	179	220

续表

地区/部门	《中国基金会发展报告(2013)》提供数据			根据民政部门2012年年检公告统计数		
	公募	非公募	合计	公募	非公募	合计
民政部	87	90	177	89	90	179
福 建	22	116	138			138
湖 南	87	51	138			149
上 海	49	79	128	49	79	128
四 川	56	31	87			92
内蒙古	35	42	77			77
山 东	33	41	74			65
辽 宁	43	25	68			80
河 南	28	39	67			
湖 北	20	43	63			
陕 西	27	36	63			
吉 林	22	38	60			60
黑龙江	32	24	56			60
天 津	20	32	52			55
安 徽	17	27	44			56
云 南	32	10	42			37
山 西	18	22	40			
重 庆	23	17	40			40
河 北	11	27	38			37
广 西	16	15	31			
宁 夏	20	11	31			
贵 州	27	1	28			28
江 西	14	14	28			31
海 南	11	16	27			
新 疆	18	9	27			
甘 肃	18	7	25			12
青 海	10	6	16			
西 藏	1	2	3			
兵 团	1	0	1			
合 计	1228	1566	2794			

表 2 中，除浙江省的"240"这个数字是从中国社会组织网查询的浙江省各基金会 2012 年年度工作报告统计的之外，右侧栏目的数据均是根据查询到的各地民政主管部门发布的 2012 年社会组织年检公告统计的。

表3　2008～2012 年各年度获得公益性捐赠税前扣除资格的基金会数

单位：批，家

地区/ 部门	2008 年		2009 年		2010 年		2011 年		2012 年		2013 年	
	批次	数量	批次	数量	批次	数量	批次	数量	批次	数量	批次	数量
江　苏					1	228	2	244	2	272	2	329
浙　江							1	13	1	121		
广　东			1	63	1	41	1	36	1	193		
北　京	1	80	1	108	1	149	1	170	1	216		
民政部	1	65	2	85	2	100	2	114	2	149		
福　建					3	24	2	39	2	43		
湖　南					2	64						
上　海							2	92	1	114		
四　川	1	14	2	21	1	34	2	37	2	45		
内蒙古					1	7	1	2	1	16		
山　东					1	41	1	44	1	48	1	39
辽　宁									1	9		
河　南					2	13	1	7	1	14		
湖　北							2	24	1	21		
陕　西			1	9	1	17						
吉　林			1	6	3	17	2	31	1	37	1	24
黑龙江							1	27	1	26	1	28
天　津					1	22	1	28	1	35		
安　徽					1	3	1	4	2	24	1	5
云　南												
山　西												
重　庆					1	21	1	29	1	33		
河　北											1	21

权威·前沿·原创

SSAP

社会科学文献出版社

皮 书 系 列

2015年

盘点年度资讯　预测时代前程

社会科学文献出版社 学术传播中心 编制

社会科学文献出版社
SOCIAL SCIENCES ACADEMIC PRESS (CHINA)

社会科学文献出版社成立于1985年，是直属于中国社会科学院的人文社会科学专业学术出版机构。

成立以来，特别是1998年实施第二次创业以来，依托于中国社会科学院丰厚的学术出版和专家学者两大资源，坚持"创social科经典，出传世文献"的出版理念和"权威、前沿、原创"的产品定位，社科文献立足内涵式发展道路，从战略层面推动学术出版五大能力建设，逐步走上了智库产品与专业学术成果系列化、规模化、数字化、国际化、市场化发展的经营道路。

先后策划出版了著名的图书品牌和学术品牌"皮书"系列、"列国志"、"社科文献精品译库"、"全球化译丛"、"全面深化改革研究书系"、"近世中国"、"甲骨文"、"中国史话"等一大批既有学术影响又有市场价值的系列图书，形成了较强的学术出版能力和资源整合能力。2014年社科文献出版社发稿5.5亿字，出版图书1500余种，承印发行中国社科院院属期刊71种，在多项指标上都实现了较大幅度的增长。

凭借着雄厚的出版资源整合能力，社科文献出版社长期以来一直致力于从内容资源和数字平台两个方面实现传统出版的再造，并先后推出了皮书数据库、列国志数据库、中国田野调查数据库等一系列数字产品。数字出版已经初步形成了产品设计、内容开发、编辑标引、产品运营、技术支持、营销推广等全流程体系。

在国内原创著作、国外名家经典著作大量出版，数字出版突飞猛进的同时，社科文献出版社从构建国际话语体系的角度推动学术出版国际化。先后与斯普林格、荷兰博睿、牛津、剑桥等十余家国际出版机构合作面向海外推出了"皮书系列""改革开放30年研究书系""中国梦与中国发展道路研究丛书""全面深化改革研究书系"等一系列在世界范围内引起强烈反响的作品；并持续致力于中国学术出版走出去，组织学者和编辑参加国际书展，筹办国际性学术研讨会，向世界展示中国学者的学术水平和研究成果。

此外，社科文献出版社充分利用网络媒体平台，积极与中央和地方各类媒体合作，并联合大型书店、学术书店、机场书店、网络书店、图书馆，逐步构建起了强大的学术图书内容传播平台。学术图书的媒体曝光率居全国之首，图书馆藏率居于全国出版机构前十位。

上述诸多成绩的取得，有赖于一支以年轻的博士、硕士为主体，一批从中国社科院刚退出科研一线的各学科专家为支撑的300多位高素质的编辑、出版和营销队伍，为我们实现学术立社，以学术品位、学术价值来实现经济效益和社会效益这样一个目标的共同努力。

作为已经开启第三次创业梦想的人文社会科学学术出版机构，2015年的社会科学文献出版社将迎来她30周岁的生日，"三十而立"再出发，我们将以改革发展为动力，以学术资源建设为中心，以构建智慧型出版社为主线，以社庆三十周年系列活动为重要载体，以"整合、专业、分类、协同、持续"为各项工作指导原则，全力推进出版社数字化转型，坚定不移地走专业化、数字化、国际化发展道路，全面提升出版社核心竞争力，为实现"社科文献梦"奠定坚实基础。

我们是图书出版者，更是人文社会科学内容资源供应商；

我们背靠中国社会科学院，面向中国与世界人文社会科学界，坚持为人文社会科学的繁荣与发展服务；

我们精心打造权威信息资源整合平台，坚持为中国经济与社会的繁荣与发展提供决策咨询服务；

我们以读者定位自身，立志让爱书人读到好书，让求知者获得知识；

我们精心编辑、设计每一本好书以形成品牌张力，以优秀的品牌形象服务读者，开拓市场；

我们始终坚持"创社科经典，出传世文献"的经营理念，坚持"权威、前沿、原创"的产品特色；

我们"以人为本"，提倡阳光下创业，员工与企业共享发展之成果；

我们立足于现实，认真对待我们的优势、劣势，我们更着眼于未来，以不断的学习与创新适应不断变化的世界，以不断的努力提升自己的实力；

我们愿与社会各界友好合作，共享人文社会科学发展之成果，共同推动中国学术出版乃至内容产业的繁荣与发展。

社会科学文献出版社社长
中国社会学会秘书长

2015 年 1 月

❖ 皮书起源 ❖

"皮书"起源于十七、十八世纪的英国，主要指官方或社会组织正式发表的重要文件或报告，多以"白皮书"命名。在中国，"皮书"这一概念被社会广泛接受，并被成功运作、发展成为一种全新的出版形态，则源于中国社会科学院社会科学文献出版社。

❖ 皮书定义 ❖

皮书是对中国与世界发展状况和热点问题进行年度监测，以专业的角度、专家的视野和实证研究方法，针对某一领域或区域现状与发展态势展开分析和预测，具备权威性、前沿性、原创性、实证性、时效性等特点的连续性公开出版物，由一系列权威研究报告组成。皮书系列是社会科学文献出版社编辑出版的蓝皮书、绿皮书、黄皮书等的统称。

❖ 皮书作者 ❖

皮书系列的作者以中国社会科学院、著名高校、地方社会科学院的研究人员为主，多为国内一流研究机构的权威专家学者，他们的看法和观点代表了学界对中国与世界的现实和未来最高水平的解读与分析。

❖ 皮书荣誉 ❖

皮书系列已成为社会科学文献出版社的著名图书品牌和中国社会科学院的知名学术品牌。2011年，皮书系列正式列入"十二五"国家重点出版规划项目；2012~2014年，重点皮书列入中国社会科学院承担的国家哲学社会科学创新工程项目；2015年，41种院外皮书使用"中国社会科学院创新工程学术出版项目"标识。

经 济 类

经济类皮书涵盖宏观经济、城市经济、大区域经济，
提供权威、前沿的分析与预测

经济蓝皮书

2015年中国经济形势分析与预测

李 扬 / 主编　　2014 年 12 月出版　　定价 : 69.00 元

◆　　本书课题为"总理基金项目"，由著名经济学家李扬领衔，
联合数十家科研机构、国家部委和高等院校的专家共同撰写，
对 2014 年中国宏观及微观经济形势进行了深入分析，并且提
出了 2015 年经济走势的预测。

城市竞争力蓝皮书

中国城市竞争力报告 No.13

倪鹏飞 / 主编　　2015 年 5 月出版　　估价 : 89.00 元

◆　　本书由中国社会科学院城市与竞争力研究中心主任倪鹏飞
主持编写，汇集了众多研究城市经济问题的专家学者关于城市
竞争力研究的最新成果。本报告构建了一套科学的城市竞争力
评价指标体系，采用第一手数据材料，对国内重点城市年度竞
争力格局变化进行客观分析和综合比较、排名，对研究城市经
济及城市竞争力极具参考价值。

西部蓝皮书

中国西部发展报告（2015）

姚慧琴　徐璋勇 / 主编　　2015 年 7 月出版　　估价 : 89.00 元

◆　　本书由西北大学中国西部经济发展研究中心主编，汇集
了源自西部本土以及国内研究西部问题的权威专家的第一手
资料，对国家实施西部大开发战略进行年度动态跟踪，并对
2015 年西部经济、社会发展态势进行预测和展望。

中部蓝皮书

中国中部地区发展报告（2015）

喻新安 / 主编　　2015 年 5 月出版　　估价 :69.00 元

◆　本书敏锐地抓住当前中部地区经济发展中的热点、难点问题，紧密地结合国家和中部经济社会发展的重大战略转变，对中部地区经济发展的各个领域进行了深入、全面的分析研究，并提出了具有理论研究价值和可操作性强的政策建议。

世界经济黄皮书

2015 年世界经济形势分析与预测

王洛林　张宇燕 / 主编　　2015 年 1 月出版　　定价 :69.00 元

◆　本书为"十二五"国家重点图书出版规划项目，中国社会科学院创新工程学术出版资助项目，作者来自中国社会科学院世界经济与政治研究所。该书总结了 2014 年世界经济发展的热点问题，对 2015 年世界经济形势进行了分析与预测。

中国省域竞争力蓝皮书

中国省域经济综合竞争力发展报告（2013~2014）

李建平　李闽榕　高燕京 / 主编　　2015 年 2 月出版　　定价 :198.00 元

◆　本书充分运用数理分析、空间分析、规范分析与实证分析相结合、定性分析与定量分析相结合的方法，建立起比较科学完善、符合中国国情的省域经济综合竞争力指标评价体系及数学模型，对 2012~2013 年中国内地 31 个省、市、区的经济综合竞争力进行全面、深入、科学的总体评价与比较分析。

城市蓝皮书

中国城市发展报告 No.8

潘家华　魏后凯 / 主编　2015 年 9 月出版　　估价 :69.00 元

◆　本书由中国社会科学院城市发展与环境研究中心编著，从中国城市的科学发展、城市环境可持续发展、城市经济集约发展、城市社会协调发展、城市基础设施与用地管理、城市管理体制改革以及中国城市科学发展实践等多角度、全方位地立体展示了中国城市的发展状况，并对中国城市的未来发展提出了建议。

金融蓝皮书

中国金融发展报告（2015）

李 扬　王国刚／主编　2014 年 12 月出版　定价 :75.00 元

◆　由中国社会科学院金融研究所组织编写的《中国金融发展报告（2015）》，概括和分析了 2014 年中国金融发展和运行中的各方面情况,研讨和评论了 2014 年发生的主要金融事件。本书由业内专家和青年精英联合编著，有利于读者了解掌握 2014 年中国的金融状况，把握 2015 年中国金融的走势。

低碳发展蓝皮书

中国低碳发展报告（2015）

齐 晔／主编　2015 年 4 月出版　估价 :89.00 元

◆　本书对中国低碳发展的政策、行动和绩效进行科学、系统、全面的分析。重点是通过归纳中国低碳发展的绩效，评估与低碳发展相关的政策和措施，分析政策效应的制度背景和作用机制，为进一步的政策制定、优化和实施提供支持。

经济信息绿皮书

中国与世界经济发展报告（2015）

杜 平／主编　2014 年 12 月出版　定价 :79.00 元

◆　本书由国家信息中心继续组织有关专家编撰。由国家信息中心组织专家队伍编撰，对 2014 年国内外经济发展环境、宏观经济发展趋势、经济运行中的主要矛盾、产业经济和区域经济热点、宏观调控政策的取向进行了系统的分析预测。

低碳经济蓝皮书

中国低碳经济发展报告（2015）

薛进军　赵忠秀／主编　2015 年 5 月出版　估价 :69.00 元

◆　本书是以低碳经济为主题的系列研究报告，汇集了一批罗马俱乐部核心成员、IPCC 工作组成员、碳排放理论的先驱者、政府气候变化问题顾问、低碳社会和低碳城市计划设计人等世界顶尖学者、对气候变化政策制定、特别是中国的低碳经济经济发展有特别参考意义。

社会政法类

社会政法类皮书聚焦社会发展领域的热点、难点问题，
提供权威、原创的资讯与视点

社会蓝皮书

2015年中国社会形势分析与预测

李培林　陈光金　张　翼/主编　2014年12月出版　定价：69.00元

◆　本报告是中国社会科学院"社会形势分析与预测"课题组2014年度分析报告，由中国社会科学院社会学研究所组织研究机构专家、高校学者和政府研究人员撰写。对2014年中国社会发展的各个方面内容进行了权威解读，同时对2015年社会形势发展趋势进行了预测。

法治蓝皮书

中国法治发展报告No.13（2015）

李　林　田　禾/主编　2015年3月出版　定价：105.00元

◆　本年度法治蓝皮书一如既往秉承关注中国法治发展进程中的焦点问题的特点，回顾总结了2014年度中国法治发展取得的成就和存在的不足，并对2015年中国法治发展形势进行了预测和展望。

环境绿皮书

中国环境发展报告（2015）

刘鉴强/主编　2015年5月出版　估价：79.00元

◆　本书由民间环保组织"自然之友"组织编写，由特别关注、生态保护、宜居城市、可持续消费以及政策与治理等版块构成，以公共利益的视角记录、审视和思考中国环境状况，呈现2014年中国环境与可持续发展领域的全局态势，用深刻的思考、科学的数据分析2014年的环境热点事件。

反腐倡廉蓝皮书

中国反腐倡廉建设报告 No.4

李秋芳　张英伟／主编　2014年12月出版　　定价：79.00元

◆　本书抓住了若干社会热点和焦点问题，全面反映了新时期新阶段中国反腐倡廉面对的严峻局面，以及中国共产党反腐倡廉建设的新实践新成果。根据实地调研、问卷调查和舆情分析，梳理了当下社会普遍关注的与反腐败密切相关的热点问题。

女性生活蓝皮书

中国女性生活状况报告 No.9（2015）

韩湘景／主编　2015年4月出版　估价：79.00元

◆　本书由中国妇女杂志社、华坤女性生活调查中心和华坤女性消费指导中心组织编写，通过调查获得的大量调查数据，真实展现当年中国城市女性的生活状况、消费状况及对今后的预期。

华侨华人蓝皮书

华侨华人研究报告 (2015)

贾益民／主编　2015年12月出版　估价：118.00元

◆　本书为中国社会科学院创新工程学术出版资助项目，是华侨大学向世界提供最新涉侨动态、理论研究和政策建议的平台。主要介绍了相关国家华侨华人的规模、分布、结构、发展趋势，以及全球涉侨生存安全环境和华文教育情况等。

政治参与蓝皮书

中国政治参与报告（2015）

房　宁／主编　2015年7月出版　估价：105.00元

◆　本书作者均来自中国社会科学院政治学研究所，聚焦中国基层群众自治的参与情况介绍了城镇居民的社区建设与居民自治参与和农村居民的村民自治与农村社区建设参与情况。其优势是其指标评估体系的建构和问卷调查的设计专业，数据量丰富，统计结论科学严谨。

行 业 报 告 类

行业报告类皮书立足重点行业、新兴行业领域，
提供及时、前瞻的数据与信息

房地产蓝皮书

中国房地产发展报告 No.12（2015）

魏后凯　李景国／主编　　2015 年 5 月出版　　估价：79.00 元

◆　本书汇集了众多研究城市房地产经济问题的专家、学者关于城市房地产方面的最新研究成果。对 2014 年我国房地产经济发展状况进行了回顾，并做出了分析，全面翔实而又客观公正，同时，也对未来我国房地产业的发展形势做出了科学的预测。

保险蓝皮书

中国保险业竞争力报告（2015）

姚庆海　　王　力／主编　2015 年 12 出版　　估价：98.00 元

◆　本皮书主要为监管机构、保险行业和保险学界提供保险市场一年来发展的总体评价，外在因素对保险业竞争力发展的影响研究；国家监管政策、市场主体经营创新及职能发挥、理论界最新研究成果等综述和评论。

企业社会责任蓝皮书

中国企业社会责任研究报告（2015）

黄群慧　彭华岗　钟宏武　张　蒽／编著
2015 年 11 月山版　　估价 .09.00 元

◆　本书系中国社会科学院经济学部企业社会责任研究中心组织编写的《企业社会责任蓝皮书》2015 年分册。该书在对企业社会责任进行宏观总体研究的基础上，根据 2014 年企业社会责任及相关背景进行了创新研究，在全国企业中观层面对企业健全社会责任管理体系提供了弥足珍贵的丰富信息。

投资蓝皮书

中国投资发展报告（2015）

杨庆蔚 / 主编　　2015 年 4 月出版　　估价 :128.00 元

◆　本书是中国建银投资有限责任公司在投资实践中对中国投资发展的各方面问题进行深入研究和思考后的成果。投资包括固定资产投资、实业投资、金融产品投资、房地产投资等诸多领域，尝试将投资作为一个整体进行研究，能够较为清晰地展现社会资金流动的特点，为投资者、研究者、甚至政策制定者提供参考。

住房绿皮书

中国住房发展报告（2014~2015）

倪鹏飞 / 主编　　2014 年 12 月出版　　定价 :79.00 元

◆　本报告从宏观背景、市场主体、市场体系和公共政策四个方面，对中国住宅市场体系做了全面系统的分析、预测与评价，并给出了相关政策建议，并在评述 2013~2014 年住房及相关市场走势的基础上，预测了 2014~2015 年住房及相关市场的发展变化。

人力资源蓝皮书

中国人力资源发展报告（2015）

余兴安 / 主编　　2015 年 9 月出版　　估价 :79.00 元

◆　本书是在人力资源和社会保障部部领导的支持下，由中国人事科学研究院汇集我国人力资源开发权威研究机构的诸多专家学者的研究成果编写而成。作为关于人力资源的蓝皮书，本书通过充分利用有关研究成果，更广泛、更深入地展示近年来我国人力资源开发重点领域的研究成果。

汽车蓝皮书

中国汽车产业发展报告（2015）

国务院发展研究中心产业经济研究部 中国汽车工程学会

大众汽车集团（中国）/ 主编　2015 年 7 月出版　　估价 :128.00 元

◆　本书由国务院发展研究中心产业经济研究部、中国汽车工程学会、大众汽车集团（中国）联合主编，是关于中国汽车产业发展的研究性年度报告，介绍并分析了本年度中国汽车产业发展的形势。

国别与地区类

国别与地区类皮书关注全球重点国家与地区，提供全面、独特的解读与研究

亚太蓝皮书

亚太地区发展报告（2015）

李向阳 / 主编　　2015 年 1 月出版　　定价 :59.00 元

◆　本书是由中国社会科学院亚太与全球战略研究院精心打造的品牌皮书，关注时下亚太地区局势发展动向里隐藏的中长趋势，剖析亚太地区政治与安全格局下的区域形势最新动向以及地区关系发展的热点问题，并对 2015 年亚太地区重大动态做出前瞻性的分析与预测。

日本蓝皮书

日本研究报告（2015）

李　薇 / 主编　　2015 年 4 月出版　　估价 :69.00 元

◆　本书由中华日本学会、中国社会科学院日本研究所合作推出，是以中国社会科学院日本研究所的研究人员为主完成的研究成果。对 2014 年日本的政治、外交、经济、社会文化作了回顾、分析与展望，并收录了该年度日本大事记。

德国蓝皮书

德国发展报告（2015）

郑春荣　伍慧萍 / 主编　　2015 年 6 月出版　　估价 :69.00 元

◆　本报告由同济大学德国研究所组织编撰，由该领域的专家学者对德国的政治、经济、社会文化、外交等方面的形势发展情况，进行全面的阐述与分析。德国作为欧洲大陆第一强国，与中国各方面日渐紧密的合作关系，值得国内各界深切关注。

国际形势黄皮书

全球政治与安全报告（2015）

李慎明　张宇燕／主编　2015年1月出版　定价：69.00元

◆　本书为"十二五"国家重点图书出版规划项目、中国社会科学院创新工程学术出版资助项目，为"国际形势黄皮书"系列年度报告之一。报告旨在对本年度国际政治及安全形势的总体情况和变化进行回顾与分析，并提出一定的预测。

拉美黄皮书

拉丁美洲和加勒比发展报告（2014~2015）

吴白乙／主编　2015年4月出版　估价：89.00元

◆　本书是中国社会科学院拉丁美洲研究所的第14份关于拉丁美洲和加勒比地区发展形势状况的年度报告。本书对2014年拉丁美洲和加勒比地区诸国的政治、经济、社会、外交等方面的发展情况做了系统介绍，对该地区相关国家的热点及焦点问题进行了总结和分析，并在此基础上对该地区各国2015年的发展前景做出预测。

美国蓝皮书

美国研究报告（2015）

黄　平　郑秉文／主编　2015年7月出版　估价：89.00元

◆　本书是由中国社会科学院美国所主持完成的研究成果，它回顾了美国2014年的经济、政治形势与外交战略，对2014年以来美国内政外交发生的重大事件以及重要政策进行了较为全面的回顾和梳理。

大湄公河次区域蓝皮书

大湄公河次区域合作发展报告（2015）

刘　稚／主编　2015年9月出版　估价：79.00元

◆　云南大学大湄公河次区域研究中心深入追踪分析该区域发展动向，以把握全面，突出重点为宗旨，系统介绍和研究大湄公河次区域合作的年度热点和重点问题，展望次区域合作的发展趋势，并对新形势下我国推进次区域合作深入发展提出相关对策建议。

地方发展类

 地方发展类皮书关注大陆各省份、经济区域，
提供科学、多元的预判与咨政信息

北京蓝皮书

北京公共服务发展报告（2014~2015）

施昌奎 / 主编　　2015 年 1 月出版　定价：69.00 元

◆　本书是由北京市政府职能部门的领导、首都著名高校的教授、知名研究机构的专家共同完成的关于北京市公共服务发展与创新的研究成果。内容涉及了北京市公共服务发展的方方面面，既有综述性的总报告，也有细分的情况介绍，既有对北京各个城区的综合性描述，也有对局部、细部、具体问题的分析，对年度热点问题也都有涉及。

上海蓝皮书

上海经济发展报告（2015）

沈开艳 / 主编　　2015 年 1 月出版　定价：69.00 元

◆　本书系上海社会科学院系列之一，报告对 2015 年上海经济增长与发展趋势的进行了预测，把握了上海经济发展的脉搏和学术研究的前沿。

广州蓝皮书

广州经济发展报告（2015）

李江涛　朱名宏 / 主编　　2015 年 5 月出版　估价：69.00 元

◆　本书是由广州市社会科学院主持编写的"广州蓝皮书"系列之一，本报告对广州 2014 年宏观经济运行情况作了深入分析，对 2015 年宏观经济走势进行了合理预测，并在此基础上提出了相应的政策建议。

文化传媒类

文化传媒类皮书透视文化领域、文化产业，
探索文化大繁荣、大发展的路径

新媒体蓝皮书

中国新媒体发展报告 No.5（2015）

唐绪军 / 主编　　2015 年 6 月出版　　估价：79.00 元

◆　本书由中国社会科学院新闻与传播研究所和上海大学合作编写，在构建新媒体发展研究基本框架的基础上，全面梳理 2014 年中国新媒体发展现状，发表最前沿的网络媒体深度调查数据和研究成果，并对新媒体发展的未来趋势做出预测。

舆情蓝皮书

中国社会舆情与危机管理报告（2015）

谢耘耕 / 主编　　2015 年 8 月出版　　估价：98.00 元

◆　本书由上海交通大学舆情研究实验室和危机管理研究中心主编，已被列入教育部人文社会科学研究报告培育项目。本书以新媒体环境下的中国社会为立足点，对 2014 年中国社会舆情、分类舆情等进行了深入系统的研究，并预测了 2015 年社会舆情走势。

文化蓝皮书

中国文化产业发展报告（2015）

张晓明 王家新 章建刚 / 主编　　2015 年 4 月出版　　估价：79.00 元

◆　本书由中国社会科学院文化研究中心编写。 从 2012 年开始，中国社会科学院文化研究中心设立了国内首个文化产业的研究类专项资金——"文化产业重大课题研究计划"，开始在全国范围内组织多学科专家学者对我国文化产业发展重大战略问题进行联合攻关研究。本书集中反映了该计划的研究成果。

经济类

G20国家创新竞争力黄皮书
二十集团（G20）国家创新竞争力发展报告（2015）
著(编)者：黄茂兴　李闽榕　李建平　赵新力
2015年9月出版 / 估价：128.00元

产业蓝皮书
中国产业竞争力报告（2015）
著(编)者：张其仔　2015年5月出版 / 估价：79.00元

长三角蓝皮书
2015年全面深化改革中的长三角
著(编)者：张伟斌　2015年10月出版 / 估价：69.00元

城乡一体化蓝皮书
中国城乡一体化发展报告（2015）
著(编)者：付崇兰　汝信　　2015年12月出版 / 估价：79.00元

城市创新蓝皮书
中国城市创新报告（2015）
著(编)者：周天勇　旷建伟　2015年8月出版 / 估价：69.00元

城市竞争力蓝皮书
中国城市竞争力报告（2015）
著(编)者：倪鹏飞　2015年5月出版 / 估价：89.00元

城市蓝皮书
中国城市发展报告NO.8
著(编)者：潘家华　魏后凯　2015年9月出版 / 估价：69.00元

城市群蓝皮书
中国城市群发展指数报告（2015）
著(编)者：刘新静　刘士林　2015年10月出版 / 估价：59.00元

城乡统筹蓝皮书
中国城乡统筹发展报告（2015）
著(编)者：潘晨光　程志强　2015年4月出版 / 估价：59.00元

城镇化蓝皮书
中国新型城镇化健康发展报告（2015）
著(编)者：张占斌　2015年5月出版 / 估价：79.00元

低碳发展蓝皮书
中国低碳发展报告（2015）
著(编)者：齐晔　2015年4月出版 / 估价：89.00元

低碳经济蓝皮书
中国低碳经济发展报告（2015）
著(编)者：薛进军　赵忠秀　2015年5月出版 / 估价：69.00元

东北蓝皮书
中国东北地区发展报告（2015）
著(编)者：马克　黄文艺　2015年8月出版 / 估价：79.00元

发展和改革蓝皮书
中国经济发展和体制改革报告（2015）
著(编)者：邹东涛　2015年11月出版 / 估价：98.00元

工业化蓝皮书
中国工业化进程报告（2015）
著(编)者：黄群慧　吕铁　李晓华　2015年11月出版 / 估价：89.00元

国际城市蓝皮书
国际城市发展报告（2015）
著(编)者：屠启宇　2015年1月出版 / 定价：79.00元

国家创新蓝皮书
中国创新发展报告（2015）
著(编)者：陈劲　2015年6月出版 / 估价：59.00元

环境竞争力绿皮书
中国省域环境竞争力发展报告（2015）
著(编)者：李建平　李闽榕　王金南
2015年12月出版 / 估价：198.00元

金融蓝皮书
中国金融发展报告（2015）
著(编)者：李扬　王国刚　2014年12月出版 / 定价：75.00元

金融信息服务蓝皮书
金融信息服务发展报告（2015）
著(编)者：鲁广锦　殷剑峰　林义相　2015年6月出版 / 估价：89.00元

经济蓝皮书
2015年中国经济形势分析与预测
著(编)者：李扬　2014年12月出版 / 定价：69.00元

经济蓝皮书·春季号
2015年中国经济前景分析
著(编)者：李扬　2015年5月出版 / 估价：79.00元

经济蓝皮书·夏季号
中国经济增长报告（2015）
著(编)者：李扬　2015年7月出版 / 估价：69.00元

经济信息绿皮书
中国与世界经济发展报告（2015）
著(编)者：杜平　2014年12月出版 / 定价：79.00元

就业蓝皮书
2015年中国大学生就业报告
著(编)者：麦可思研究院　2015年6月出版 / 估价：98.00元

临空经济蓝皮书
中国临空经济发展报告（2015）
著(编)者：连玉明　2015年9月出版 / 估价：79.00元

民营经济蓝皮书
中国民营经济发展报告（2015）
著(编)者：王钦敏　2015年12月出版 / 估价：79.00元

农村绿皮书
中国农村经济形势分析与预测（2014~2015）
著(编)者：中国社会科学院农村发展研究所
国家统计局农村社会经济调查司
2015年4月出版 / 估价：69.00元

农业应对气候变化蓝皮书
气候变化对中国农业影响评估报告（2015）
著(编)者：矫梅燕　2015年8月出版 / 估价：98.00元

企业公民蓝皮书
中国企业公民报告（2015）
著(编)者:邹东涛　2015年12月出版 / 估价:79.00元

气候变化绿皮书
应对气候变化报告（2015）
著(编)者:王伟光 郑国光　2015年10月出版 / 估价:79.00元

区域蓝皮书
中国区域经济发展报告（2015）
著(编)者:梁昊光　2015年4月出版 / 估价:79.00元

全球环境竞争力绿皮书
全球环境竞争力报告（2015）
著(编)者:李建建 李闽榕 李建平 王金南
2015年12月出版 / 估价:198.00元

人口与劳动绿皮书
中国人口与劳动问题报告No.15
著(编)者:蔡昉　2015年1月出版 / 定价:59.00元

世界经济黄皮书
2015年世界经济形势分析与预测
著(编)者:王洛林 张宇燕　2015年1月出版 / 定价:69.00元

世界旅游城市绿皮书
世界旅游城市发展报告（2015）
著(编)者:鲁勇 周正宇 宋宇　2015年6月出版 / 估价:88.00元

商务中心区蓝皮书
中国商务中心区发展报告No.1（2014）
著(编)者:魏后凯 李国红　2015年1月出版 / 定价:89.00元

西北蓝皮书
中国西北发展报告（2015）
著(编)者:赵宗福 孙发平 苏海红 鲁顺元 段庆林
2014年12月出版 / 定价:79.00元

西部蓝皮书
中国西部发展报告（2015）
著(编)者:姚慧琴 徐璋勇　2015年7月出版 / 估价:89.00元

新型城镇化蓝皮书
新型城镇化发展报告（2015）
著(编)者:李伟　2015年10月出版 / 估价:89.00元

新兴经济体蓝皮书
金砖国家发展报告（2015）
著(编)者:林跃勤 周文　2015年7月出版 / 估价:79.00元

中部竞争力蓝皮书
中国中部经济社会竞争力报告（2015）
著(编)者:教育部人文社会科学重点研究基地
　　　　南昌大学中国中部经济社会发展研究中心
2015年9月出版 / 估价:79.00元

中部蓝皮书
中国中部地区发展报告（2015）
著(编)者:喻新安　2015年5月出版 / 估价:69.00元

中国省域竞争力蓝皮书
中国省域经济综合竞争力发展报告（2013~2014）
著(编)者:李建平 李闽榕 高燕京
2015年2月出版 / 定价:198.00元

中三角蓝皮书
长江中游城市群发展报告（2015）
著(编)者:秦尊文　2015年10月出版 / 估价:69.00元

中小城市绿皮书
中国中小城市发展报告（2015）
著(编)者:中国城市经济学会中小城市经济发展委员会
　　　　《中国中小城市发展报告》编纂委员会
　　　　中小城市发展战略研究院
2015年10月出版 / 估价:98.00元

中央商务区蓝皮书
中国中央商务区发展报告（2015）
著(编)者:中国商务区联盟
　　　　中国社会科学院城市发展与环境研究所
2015年10月出版 / 估价:69.00元

中原蓝皮书
中原经济区发展报告（2015）
著(编)者:李英杰　2015年6月出版 / 估价:88.00元

社会政法类

北京蓝皮书
中国社区发展报告（2015）
著(编)者:于燕燕　2015年6月出版 / 估价:69.00元

殡葬绿皮书
中国殡葬事业发展报告（2015）
著(编)者:李伯森　2015年4月出版 / 估价:59.00元

城市管理蓝皮书
中国城市管理报告（2015）
著(编)者:谭维克 刘林　2015年12月出版 / 估价:158.00元

城市生活质量蓝皮书
中国城市生活质量报告（2015）
著(编)者:中国经济实验研究院　2015年6月出版 / 估价:59.00元

城市政府能力蓝皮书
中国城市政府公共服务能力评估报告（2015）
著(编)者:何艳玲　2015年7月出版 / 估价:59.00元

创新蓝皮书
创新型国家建设报告（2015）
著(编)者:詹正茂　2015年4月出版 / 估价:69.00元

慈善蓝皮书
中国慈善发展报告（2015）
著(编)者:杨团　2015年5月出版 / 估价:79.00元

大学生蓝皮书
中国大学生生活形态研究报告（2015）
著(编)者:张新洲　2015年12月出版 / 估价:69.00元

地方法治蓝皮书
中国地方法治发展报告No.1（2014）
著(编)者:李林 田禾　2015年1月出版 / 定价:98.00元

法治蓝皮书
中国法治发展报告No.13（2015）
著(编)者:李林 田禾　2015年3月出版 / 定价:105.00元

反腐倡廉蓝皮书
中国反腐倡廉建设报告No.4
著(编)者:李秋芳 张英伟　2014年12月出版 / 定价:79.00元

非传统安全蓝皮书
中国非传统安全研究报告（2015）
著(编)者:余潇枫 魏志江　2015年6月出版 / 估价:79.00元

妇女发展蓝皮书
中国妇女发展报告（2015）
著(编)者:王金玲　2015年9月出版 / 估价:148.00元

妇女教育蓝皮书
中国妇女教育发展报告（2015）
著(编)者:张李玺　2015年1月出版 / 估价:78.00元

妇女绿皮书
中国性别平等与妇女发展报告（2015）
著(编)者:谭琳　2015年12月出版 / 估价:99.00元

公共服务蓝皮书
中国城市基本公共服务力评价（2015）
著(编)者:钟君 吴正杲　2015年12月出版 / 估价:79.00元

公共服务满意度蓝皮书
中国城市公共服务评价报告（2015）
著(编)者:胡伟　2015年12月出版 / 估价:69.00元

公民科学素质蓝皮书
中国公民科学素质报告（2015）
著(编)者:李群 许佳军　2015年6月出版 / 估价:79.00元

公益蓝皮书
中国公益发展报告（2015）
著(编)者:朱健刚　2015年5月出版 / 估价:78.00元

管理蓝皮书
中国管理发展报告（2015）
著(编)者:张晓东　2015年9月出版 / 估价:98.00元

国际人才蓝皮书
中国国际移民报告（2015）
著(编)者:王辉耀　2015年2月出版 / 定价:79.00元

国际人才蓝皮书
中国海归发展报告（2015）
著(编)者:王辉耀 苗绿　2015年4月出版 / 估价:69.00元

国际人才蓝皮书
中国留学发展报告（2015）
著(编)者:王辉耀 苗绿　2015年9月出版 / 估价:69.00元

国家安全蓝皮书
中国国家安全研究报告（2015）
著(编)者:刘慧　2015年5月出版 / 估价:98.00元

行政改革蓝皮书
中国行政体制改革报告（2014~2015）
著(编)者:魏礼群　2015年4月出版 / 估价:89.00元

华侨华人蓝皮书
华侨华人研究报告（2015）
著(编)者:贾益民　2015年12月出版 / 估价:118.00元

环境绿皮书
中国环境发展报告（2015）
著(编)者:刘鉴强　2015年5月出版 / 估价:79.00元

基金会蓝皮书
中国基金会发展报告（2015）
著(编)者:刘忠祥　2015年6月出版 / 估价:69.00元

基金会绿皮书
中国基金会发展独立研究报告（2015）
著(编)者:基金会中心网　2015年8月出版 / 估价:88.00元

基金会透明度蓝皮书
中国基金会透明度发展研究报告（2015）
著(编)者:基金会中心网 清华大学廉政与治理研究中心
2015年9月出版 / 估价:78.00元

教师蓝皮书
中国中小学教师发展报告（2015）
著(编)者:曾晓东　2015年7月出版 / 估价:59.00元

教育蓝皮书
中国教育发展报告（2015）
著(编)者:杨东平　2015年5月出版 / 估价:79.00元

科普蓝皮书
中国科普基础设施发展报告（2015）
著(编)者:任福君　2015年6月出版 / 估价:59.00元

劳动保障蓝皮书
中国劳动保障发展报告（2015）
著(编)者:刘燕斌　2015年6月出版 / 估价:89.00元

老龄蓝皮书
中国老年宜居环境发展报告(2015)
著(编)者:吴玉韶　2015年9月出版 / 估价:79.00元

连片特困区蓝皮书
中国连片特困区发展报告（2015）
著(编)者:冷志明 游俊　2015年4月出版 / 估价:79.00元

民间组织蓝皮书
中国民间组织报告(2015)
著(编)者:潘晨光 黄晓勇　2015年8月出版 / 估价:69.00元

民调蓝皮书
中国民生调查报告（2015）
著(编)者:谢耘耕　2015年5月出版 / 估价:128.00元

民族发展蓝皮书
中国民族区域自治发展报告（2015）
著(编)者:王希恩 郝时远　2015年6月出版 / 估价:98.00元

女性生活蓝皮书
中国女性生活状况报告No.9（2015）
著(编)者:《中国妇女》杂志社 华坤女性生活调查中心
华坤女性消费指导中心
2015年4月出版 / 估价:79.00元

企业公众透明度蓝皮书
中国企业公众透明度报告(2014~2015)No.1
著(编)者:黄速建　王晓光　肖红军
2015年1月出版 / 定价:98.00元

企业国际化蓝皮书
中国企业国际化报告(2015)
著(编)者:王辉　2015年10月出版 / 估价:79.00元

汽车社会蓝皮书
中国汽车社会发展报告（2015）
著(编)者:王俊秀　2015年4月出版 / 估价:59.00元

青年蓝皮书
中国青年发展报告No.3
著(编)者:廉思　2015年4月出版 / 估价:59.00元

区域人才蓝皮书
中国区域人才竞争力报告（2015）
著(编)者:桂昭明　王辉耀　2015年6月出版 / 估价:69.00元

群众体育蓝皮书
中国群众体育发展报告（2015）
著(编)者:刘国永　杨桦　2015年8月出版 / 估价:69.00元

人才蓝皮书
中国人才发展报告（2015）
著(编)者:潘晨光　2015年8月出版 / 估价:85.00元

人权蓝皮书
中国人权事业发展报告（2015）
著(编)者:中国人权研究会2015年8月出版 / 估价:99.00元

森林碳汇绿皮书
中国森林碳汇评估发展报告（2015）
著(编)者:闫文德　胡文臻　2015年9月出版 / 估价:79.00元

社会保障绿皮书
中国社会保障发展报告（2015）
著(编)者:王延中　2015年6月出版 / 估价:79.00元

社会工作蓝皮书
中国社会工作发展报告（2015）
著(编)者:民政部社会工作研究中心
2015年8月出版 / 估价:79.00元

社会管理蓝皮书
中国社会管理创新报告（2015）
著(编)者:连玉明　2015年9月出版 / 估价:89.00元

社会蓝皮书
2015年中国社会形势分析与预测
著(编)者:李培林　陈光金　张翼
2014年12月出版 / 定价:69.00元

社会体制蓝皮书
中国社会体制改革报告（2015）
著(编)者:龚维斌　2015年5月出版 / 估价:79.00元

社会心态蓝皮书
中国社会心态研究报告（2015）
著(编)者:王俊秀　杨宜音　2015年10月出版 / 估价:69.00元

社会组织蓝皮书
中国社会组织评估发展报告（2015）
著(编)者:徐家良　廖鸿　2015年12月出版 / 估价:69.00元

生态城市绿皮书
中国生态城市建设发展报告（2015）
著(编)者:刘举科　孙伟平　胡文臻
2015年6月出版 / 估价:98.00元

生态文明绿皮书
中国省域生态文明建设评价报告（ECI 2015）
著(编)者:严耕　2015年9月出版 / 估价:85.00元

世界社会主义黄皮书
世界社会主义跟踪研究报告（2015）
著(编)者:李慎明　2015年4月出版 / 估价:198.00元

水与发展蓝皮书
中国水风险评估报告（2015）
著(编)者:王浩　2015年9月出版 / 估价:69.00元

土地整治蓝皮书
中国土地整治发展研究报告No.2
著(编)者:国土资源部土地整治中心　2015年5月出版 / 估价:89.00元

危机管理蓝皮书
中国危机管理报告（2015）
著(编)者:文学国　2015年8月出版 / 估价:89.00元

形象危机应对蓝皮书
形象危机应对研究报告（2015）
著(编)者:唐钧　2015年6月出版 / 估价:149.00元

医改蓝皮书
中国医药卫生体制改革报告（2015~2016）
著(编)者:文学国　房志武　2015年12月出版 / 估价:79.00元

医疗卫生绿皮书
中国医疗卫生发展报告（2015）
著(编)者:申宝忠　韩玉珍　2015年4月出版 / 估价:75.00元

应急管理蓝皮书
中国应急管理报告（2015）
著(编)者:宋英华　2015年10月出版 / 估价:69.00元

政治参与蓝皮书
中国政治参与报告（2015）
著(编)者:房宁　2015年7月出版 / 估价:105.00元

政治发展蓝皮书
中国政治发展报告（2015）
著(编)者:房宁　杨海蛟　2015年5月出版 / 估价:88.00元

中国农村妇女发展蓝皮书
流动女性城市融入发展报告（2015）
著(编)者:谢丽华　2015年11月出版 / 估价:69.00元

宗教蓝皮书
中国宗教报告（2015）
著(编)者:金泽　邱永辉　2015年9月出版 / 估价:59.00元

行业报告类

保险蓝皮书
中国保险业竞争力报告（2015）
著(编)者:王力　2015年12月出版 / 估价:98.00元

彩票蓝皮书
中国彩票发展报告（2015）
著(编)者:益彩基金　2015年10月出版 / 估价:69.00元

餐饮产业蓝皮书
中国餐饮产业发展报告（2015）
著(编)者:邢颖　2015年6月出版 / 估价:69.00元

测绘地理信息蓝皮书
智慧中国地理空间智能体系研究报告（2015）
著(编)者:库热西·买合苏提　2015年12月出版 / 估价:98.00元

茶业蓝皮书
中国茶产业发展报告（2015）
著(编)者:杨江帆 李闽榕　2015年10月出版 / 估价:78.00元

产权市场蓝皮书
中国产权市场发展报告（2015）
著(编)者:曹和平　2015年12月出版 / 估价:79.00元

电子政务蓝皮书
中国电子政务发展报告（2015）
著(编)者:洪毅 杜平　2015年11月出版 / 估价:79.00元

杜仲产业绿皮书
中国杜仲橡胶资源与产业发展报告（2014~2015）
著(编)者:杜红岩 胡文臻 俞锐
2015年1月出版 / 定价:85.00元

房地产蓝皮书
中国房地产发展报告No.12（2015）
著(编)者:魏后凯 李景国　2015年5月出版 / 估价:79.00元

服务外包蓝皮书
中国服务外包产业发展报告（2015）
著(编)者:王晓红 刘德军　2015年6月出版 / 估价:89.00元

工业设计蓝皮书
中国工业设计发展报告（2015）
著(编)者:王晓红 于炜 张立群　2015年9月出版 / 估价:138.00元

互联网金融蓝皮书
中国互联网金融发展报告（2015）
著(编)者:芮晓武 刘烈宏　2015年8月出版 / 估价:79.00元

会展蓝皮书
中外会展业动态评估年度报告（2015）
著(编)者:张敏　2015年1月出版 / 估价:70.00元

金融监管蓝皮书
中国金融监管报告（2015）
著(编)者:胡滨　2015年5月出版 / 估价:69.00元

金融蓝皮书
中国商业银行竞争力报告（2015）
著(编)者:王松奇　2015年12月出版 / 估价:69.00元

客车蓝皮书
中国客车产业发展报告（2014~2015）
著(编)者:姚蔚　2015年2月出版 / 定价:85.00元

老龄蓝皮书
中国老年宜居环境发展报告（2015）
著(编)者:吴玉韶 党俊武　2015年9月出版 / 估价:79.00元

流通蓝皮书
中国商业发展报告（2015）
著(编)者:荆林波　2015年5月出版 / 估价:89.00元

旅游安全蓝皮书
中国旅游安全报告（2015）
著(编)者:郑向敏 谢朝武　2015年5月出版 / 估价:98.00元

旅游景区蓝皮书
中国旅游景区发展报告（2015）
著(编)者:黄安民　2015年7月出版 / 估价:79.00元

旅游绿皮书
2014~2015年中国旅游发展分析与预测
著(编)者:宋瑞　2015年1月出版 / 定价:98.00元

煤炭蓝皮书
中国煤炭工业发展报告（2015）
著(编)者:岳福斌　2015年12月出版 / 估价:79.00元

民营医院蓝皮书
中国民营医院发展报告（2015）
著(编)者:庄一强　2015年10月出版 / 估价:75.00元

闽商蓝皮书
闽商发展报告（2015）
著(编)者:王日根 李闽榕　2015年12月出版 / 估价:69.00元

能源蓝皮书
中国能源发展报告（2015）
著(编)者:崔民选 王军生　2015年8月出版 / 估价:79.00元

农产品流通蓝皮书
中国农产品流通产业发展报告（2015）
著(编)者:贾敬敦 张东科 张玉玺 孔令羽 张鹏毅
2015年9月出版 / 估价:89.00元

企业蓝皮书
中国企业竞争力报告（2015）
著(编)者:金碚　2015年11月出版 / 估价:89.00元

企业社会责任蓝皮书
中国企业社会责任研究报告（2015）
著(编)者:黄群慧 彭华岗 钟宏武 张蒽
2015年11月出版 / 估价:69.00元

汽车安全蓝皮书
中国汽车安全发展报告（2015）
著(编)者:中国汽车技术研究中心　　2015年4月出版 / 估价:79.00元

汽车蓝皮书
中国汽车产业发展报告（2015）
著(编)者:国务院发展研究中心产业经济研究部
　　　　中国汽车工程学会 大众汽车集团（中国）
2015年7月出版 / 估价:128.00元

清洁能源蓝皮书
国际清洁能源发展报告（2015）
著(编)者:国际清洁能源论坛（澳门）
2015年9月出版 / 估价:89.00元

人力资源蓝皮书
中国人力资源发展报告（2015）
著(编)者:余兴安　　2015年9月出版 / 估价:79.00元

融资租赁蓝皮书
中国融资租赁业发展报告（2014~2015）
著(编)者:李光荣　王力　2015年1月出版 / 定价:89.00元

软件和信息服务业蓝皮书
中国软件和信息服务业发展报告（2015）
著(编)者:陈新河　洪京一　2015年12月出版 / 估价:198.00元

上市公司蓝皮书
上市公司质量评价报告（2015）
著(编)者:张跃文　王力　2015年10月出版 / 估价:118.00元

食品药品蓝皮书
食品药品安全与监管政策研究报告（2015）
著(编)者:唐民皓　　2015年7月出版 / 估价:69.00元

世界能源蓝皮书
世界能源发展报告（2015）
著(编)者:黄晓勇　　2015年6月出版 / 估价:99.00元

碳市场蓝皮书
中国碳市场报告（2015）
著(编)者:低碳发展国际合作联盟
2015年11月出版 / 估价:69.00元

体育蓝皮书
中国体育产业发展报告（2015）
著(编)者:阮伟　钟秉枢　2015年4月出版 / 估价:69.00元

投资蓝皮书
中国投资发展报告（2015）
著(编)者:杨庆蔚　　2015年4月出版 / 估价:128.00元

物联网蓝皮书
中国物联网发展报告（2015）
著(编)者:黄桂田　　2015年4月出版 / 估价:59.00元

西部工业蓝皮书
中国西部工业发展报告（2015）
著(编)者:方行明 甘犁 刘方健 姜凌 等
2015年9月出版 / 估价:79.00元

西部金融蓝皮书
中国西部金融发展报告（2015）
著(编)者:李忠民　2015年8月出版 / 估价:75.00元

新能源汽车蓝皮书
中国新能源汽车产业发展报告（2015）
著(编)者:中国汽车技术研究中心
　　　　日产（中国）投资有限公司 东风汽车有限公司
2015年8月出版 / 估价:69.00元

信托市场蓝皮书
中国信托业市场报告（2014~2015）
著(编)者:用益信托工作室　2015年2月出版 / 定价:198.00元

信息产业蓝皮书
世界软件和信息技术产业发展报告（2015）
著(编)者:洪京一　2015年8月出版 / 估价:79.00元

信息化蓝皮书
中国信息化形势分析与预测（2015）
著(编)者:周宏仁　2015年8月出版 / 估价:98.00元

信用蓝皮书
中国信用发展报告（2015）
著(编)者:田侃　2015年4月出版 / 估价:69.00元

休闲绿皮书
2015年中国休闲发展报告
著(编)者:刘德谦　2015年6月出版 / 估价:59.00元

医药蓝皮书
中国中医药产业园战略发展报告（2015）
著(编)者:裴长洪 房书亭 吴篠心　2015年5月出版 / 估价:89.00元

邮轮绿皮书
中国邮轮产业发展报告（2015）
著(编)者:汪泓　2015年9月出版 / 估价:79.00元

支付清算蓝皮书
中国支付清算发展报告（2015）
著(编)者:杨涛　2015年5月出版 / 估价:45.00元

中国上市公司蓝皮书
中国上市公司发展报告（2015）
著(编)者:许雄斌 张平 2015年9月出版 / 估价:98.00元

中国总部经济蓝皮书
中国总部经济发展报告（2015）
著(编)者:赵弘　2015年5月出版 / 估价:79.00元

住房绿皮书
中国住房发展报告（2014~2015）
著(编)者:倪鹏飞　2014年12月出版 / 定价:79.00元

资本市场蓝皮书
中国场外交易市场发展报告（2015）
著(编)者:高峦　2015年8月出版 / 估价:79.00元

资产管理蓝皮书
中国资产管理行业发展报告（2015）
著(编)者:智信资产管理研究院　2015年7月出版 / 估价:79.00元

文化传媒类

传媒竞争力蓝皮书
中国传媒国际竞争力研究报告（2015）
著（编）者:李本乾　2015年9月出版 / 估价:88.00元

传媒蓝皮书
中国传媒产业发展报告（2015）
著（编）者:崔保国　2015年4月出版 / 估价:98.00元

传媒投资蓝皮书
中国传媒投资发展报告（2015）
著（编）者:张向东　2015年7月出版 / 估价:89.00元

动漫蓝皮书
中国动漫产业发展报告（2015）
著（编）者:卢斌 郑玉明 牛兴侦　2015年7月出版 / 估价:79.00元

非物质文化遗产蓝皮书
中国非物质文化遗产发展报告（2015）
著（编）者:陈平　2015年4月出版 / 估价:79.00元

非物质文化遗产蓝皮书
中国少数民族非物质文化遗产发展报告（2015）
著（编）者:肖远平 柴立　2015年4月出版 / 估价:79.00元

广电蓝皮书
中国广播电影电视发展报告（2015）
著（编）者:杨明品　2015年7月出版 / 估价:98.00元

广告主蓝皮书
中国广告主营销传播趋势报告（2015）
著（编）者:黄升民　2015年5月出版 / 估价:148.00元

国际传播蓝皮书
中国国际传播发展报告（2015）
著（编）者:胡正荣 李继东 姬德强
2015年7月出版 / 估价:89.00元

国家形象蓝皮书
2015年国家形象研究报告
著（编）者:张昆　2015年5月出版 / 估价:79.00元

纪录片蓝皮书
中国纪录片发展报告（2015）
著（编）者:何苏六　2015年9月出版 / 估价:79.00元

科学传播蓝皮书
中国科学传播报告（2015）
著（编）者:詹正茂　2015年4月出版 / 估价:69.00元

两岸文化蓝皮书
两岸文化产业合作发展报告（2015）
著（编）者:胡惠林 学保宗　2015年/月出版 / 估价:79.00元

媒介与女性蓝皮书
中国媒介与女性发展报告（2015）
著（编）者:刘利群　2015年8月出版 / 估价:69.00元

全球传媒蓝皮书
全球传媒发展报告（2015）
著（编）者:胡正荣　2015年12月出版 / 估价:79.00元

世界文化发展蓝皮书
世界文化发展报告（2015）
著（编）者:张庆宗 高乐田 郭熙煌
2015年5月出版 / 估价:89.00元

视听新媒体蓝皮书
中国视听新媒体发展报告（2015）
著（编）者:庞井君　2015年6月出版 / 估价:148.00元

文化创新蓝皮书
中国文化创新报告（2015）
著（编）者:于平 傅才武　2015年4月出版 / 估价:79.00元

文化建设蓝皮书
中国文化发展报告（2015）
著（编）者:江畅 孙伟平 戴茂堂
2015年4月出版 / 估价:138.00元

文化科技蓝皮书
文化科技创新发展报告（2015）
著（编）者:于平 李凤亮　2015年10月出版 / 估价:89.00元

文化蓝皮书
中国文化产业供需协调检测报告（2015）
著（编）者:王亚南　2015年2月出版 / 定价:79.00元

文化蓝皮书
中国文化消费需求景气评价报告（2015）
著（编）者:王亚南　2015年2月出版 / 定价:79.00元

文化蓝皮书
中国文化产业发展报告（2015）
著（编）者:张晓明 王家新 章建刚
2015年4月出版 / 估价:79.00元

文化蓝皮书
中国公共文化投入增长测评报告（2015）
著（编）者:王亚南　2014年12月出版 / 定价:79.00元

文化蓝皮书
中国文化政策发展报告（2015）
著（编）者:傅才武 宋文玉 燕东升　2015年9月出版 / 估价:98.0

文化品牌蓝皮书
中国文化品牌发展报告（2015）
著（编）者:欧阳友权　2015年4月出版 / 估价:79.00元

文化遗产蓝皮书
中国文化遗产事业发展报告（2015）
著（编）者:刘世锦　2015年12月出版 / 估价:89.00元

文学蓝皮书
中国文情报告（2015）
著（编）者:白烨　2015年5月出版 / 估价:49.00元

新媒体蓝皮书
中国新媒体发展报告（2015）
著（编）者:唐绪军　2015年6月出版 / 估价:79.00元

新媒体社会责任蓝皮书
中国新媒体社会责任研究报告（2015）
著(编)者:钟瑛　2015年10月出版 / 估价:79.00元

移动互联网蓝皮书
中国移动互联网发展报告（2015）
著(编)者:官建文　2015年6月出版 / 估价:79.00元

舆情蓝皮书
中国社会舆情与危机管理报告（2015）
著(编)者:谢耘耕　2015年8月出版 / 估价:98.00元

地方发展类

安徽经济蓝皮书
芜湖创新型城市发展报告（2015）
著(编)者:杨少华 王开玉　2015年4月出版 / 估价:69.00元

安徽蓝皮书
安徽社会发展报告（2015）
著(编)者:程桦　2015年4月出版 / 估价:79.00元

安徽社会建设蓝皮书
安徽社会建设分析报告（2015）
著(编)者:黄家海 王开玉 蔡宪　2015年4月出版 / 估价:69.00元

澳门蓝皮书
澳门经济社会发展报告（2015）
著(编)者:吴志良 郝雨凡　2015年4月出版 / 估价:79.00元

北京蓝皮书
北京公共服务发展报告（2014~2015）
著(编)者:施昌奎　2015年1月出版 / 定价:69.00元

北京蓝皮书
北京经济发展报告（2015）
著(编)者:杨松　2015年4月出版 / 估价:79.00元

北京蓝皮书
北京社会治理发展报告（2015）
著(编)者:殷星辰　2015年4月出版 / 估价:79.00元

北京蓝皮书
北京文化发展报告（2015）
著(编)者:李建盛　2015年4月出版 / 估价:79.00元

北京蓝皮书
北京社会发展报告（2015）
著(编)者:缪青　2015年5月出版 / 估价:79.00元

北京蓝皮书
北京社区发展报告（2015）
著(编)者:于燕燕　2015年1月出版 / 定价:79.00元

北京旅游绿皮书
北京旅游发展报告（2015）
著(编)者:北京旅游学会　2015年7月出版 / 估价:88.00元

北京律师蓝皮书
北京律师发展报告（2015）
著(编)者:王隽　2015年12月出版 / 估价:75.00元

北京人才蓝皮书
北京人才发展报告（2015）
著(编)者:于淼　2015年4月出版 / 估价:89.00元

北京社会心态蓝皮书
北京社会心态分析报告（2015）
著(编)者:北京社会心理研究所　2015年4月出版 / 估价:69.00元

北京社会组织蓝皮书
北京社会组织发展研究报告(2015)
著(编)者:李东松 唐军　2015年4月出版 / 估价:79.00元

北京社会组织蓝皮书
北京社会组织发展报告（2015）
著(编)者:温her云　2015年9月出版 / 估价:69.00元

滨海金融蓝皮书
滨海新区金融发展报告（2015）
著(编)者:王爱俭 张锐钢　2015年9月出版 / 估价:79.00元

城乡一体化蓝皮书
中国城乡一体化发展报告（北京卷）（2015）
著(编)者:张宝秀 黄序　2015年4月出版 / 估价:69.00元

创意城市蓝皮书
北京文化创意产业发展报告（2015）
著(编)者:张京成　2015年11月出版 / 估价:65.00元

创意城市蓝皮书
无锡文化创意产业发展报告（2015）
著(编)者:谭军 张鸣华　2015年10月出版 / 估价:75.00元

创意城市蓝皮书
武汉市文化创意产业发展报告（2015）
著(编)者:袁堃 黄永林　2015年11月出版 / 估价:85.00元

创意城市蓝皮书
重庆创意产业发展报告（2015）
著(编)者:程宇宁　2015年4月出版 / 估价:89.00元

创意城市蓝皮书
青岛文化创意产业发展报告（2015）
著(编)者:马达 张丹妮　2015年6月出版 / 估价:79.00元

福建妇女发展蓝皮书
福建省妇女发展报告（2015）
著(编)者:刘群英　2015年10月出版 / 估价:58.00元

甘肃蓝皮书
甘肃舆情分析与预测（2015）
著(编)者:陈双梅 郝树声 2015年1月出版 / 定价:79.00元

甘肃蓝皮书
甘肃文化发展分析与预测（2015）
著(编)者:安文华 周小华 2015年1月出版 / 定价:79.00元

甘肃蓝皮书
甘肃社会发展分析与预测（2015）
著(编)者:安文华 包晓霞 2015年1月出版 / 定价:79.00元

甘肃蓝皮书
甘肃经济发展分析与预测（2015）
著(编)者:朱智文 罗哲 2015年1月出版 / 定价:79.00元

甘肃蓝皮书
甘肃县域经济综合竞争力评价（2015）
著(编)者:刘进军 2015年4月出版 / 估价:69.00元

甘肃蓝皮书
甘肃县域社会发展评价报告（2015）
著(编)者:刘进军 柳民 王建兵 2015年1月出版 / 定价:79.00元

广东蓝皮书
广东省电子商务发展报告（2015）
著(编)者:程晓 2015年12月出版 / 估价:69.00元

广东蓝皮书
广东社会工作发展报告（2015）
著(编)者:罗观翠 2015年6月出版 / 估价:89.00元

广东社会建设蓝皮书
广东省社会建设发展报告（2015）
著(编)者:广东省社会工作委员会 2015年10月出版 / 估价:89.00元

广东外经贸蓝皮书
广东对外经济贸易发展研究报告（2015）
著(编)者:陈万灵 2015年5月出版 / 估价:79.00元

广西北部湾经济区蓝皮书
广西北部湾经济区开放开发报告（2015）
著(编)者:广西北部湾经济区规划建设管理委员会办公室
　　广西社会科学院广西北部湾发展研究院
2015年8月出版 / 估价:79.00元

广州蓝皮书
广州社会保障发展报告（2015）
著(编)者:蔡国萱 2015年4月出版 / 估价:65.00元

广州蓝皮书
2015年中国广州社会形势分析与预测
著(编)者:张强 陈怡霓 杨秦 2015年5月出版 / 估价:69.00元

广州蓝皮书
广州经济发展报告（2015）
著(编)者:李江涛 朱名宏 2015年5月出版 / 估价:69.00元

广州蓝皮书
广州商贸业发展报告（2015）
著(编)者:李江涛 王旭东 荀振英 2015年6月出版 / 估价:69.00元

广州蓝皮书
2015年中国广州经济形势分析与预测
著(编)者:庾建设 沈奎 郭志勇 2015年6月出版 / 估价:79.00元

广州蓝皮书
中国广州文化发展报告（2015）
著(编)者:徐俊忠 陆志强 顾涧清 2015年6月出版 / 估价:69.00元

广州蓝皮书
广州农村发展报告（2015）
著(编)者:李江涛 汤锦华 2015年8月出版 / 估价:69.00元

广州蓝皮书
中国广州城市建设与管理发展报告（2015）
著(编)者:董皞 冼伟雄 2015年7月出版 / 估价:69.00元

广州蓝皮书
中国广州科技和信息化发展报告（2015）
著(编)者:邹采荣 马正勇 冯元 2015年7月出版 / 估价:79.00元

广州蓝皮书
广州创新型城市发展报告（2015）
著(编)者:李江涛 2015年7月出版 / 估价:69.00元

广州蓝皮书
广州文化创意产业发展报告（2015）
著(编)者:甘新 2015年8月出版 / 估价:79.00元

广州蓝皮书
广州志愿服务发展报告（2015）
著(编)者:魏国华 张强 2015年9月出版 / 估价:69.00元

广州蓝皮书
广州城市国际化发展报告（2015）
著(编)者:朱名宏 2015年9月出版 / 估价:59.00元

广州蓝皮书
广州汽车产业发展报告（2015）
著(编)者:李江涛 杨再高 2015年9月出版 / 估价:69.00元

贵州房地产蓝皮书
贵州房地产发展报告（2015）
著(编)者:武廷方 2015年10月出版 / 估价:89.00元

贵州蓝皮书
贵州人才发展报告（2015）
著(编)者:于杰 吴大华 2015年4月出版 / 估价:69.00元

贵州蓝皮书
贵州社会发展报告（2015）
著(编)者:王兴骥 2015年4月出版 / 估价:69.00元

贵州蓝皮书
贵州法治发展报告（2015）
著(编)者:吴大华 2015年4月出版 / 估价:69.00元

贵州蓝皮书
贵州国有企业社会责任发展报告（2015）
著(编)者:郭丽 2015年10月出版 / 估价:79.00元

海淀蓝皮书
海淀区文化和科技融合发展报告（2015）
著(编)者:孟景伟 陈名杰 2015年5月出版 / 估价:75.00元

海峡西岸蓝皮书
海峡西岸经济区发展报告（2015）
著(编)者:黄端　2015年9月出版 / 估价:65.00元

杭州都市圈蓝皮书
杭州都市圈发展报告（2015）
著(编)者:董祖德 沈翔　2015年5月出版 / 估价:89.00元

杭州蓝皮书
杭州妇女发展报告（2015）
著(编)者:魏颖　2015年6月出版 / 估价:75.00元

河北经济蓝皮书
河北省经济发展报告（2015）
著(编)者:马树强 金浩 张贵　2015年4月出版 / 估价:79.00元

河北蓝皮书
河北经济社会发展报告（2015）
著(编)者:周文夫　2015年1月出版 / 定价:79.00元

河南经济蓝皮书
2015年河南经济形势分析与预测
著(编)者:胡五岳　2015年2月出版 / 定价:69.00元

河南蓝皮书
河南城市发展报告（2015）
著(编)者:谷建全 王建国　2015年3月出版 / 定价:79.00元

河南蓝皮书
2015年河南社会形势分析与预测
著(编)者:刘道兴 牛苏林　2015年4月出版 / 估价:69.00元

河南蓝皮书
河南工业发展报告（2015）
著(编)者:龚绍东 赵西三　2015年1月出版 / 定价:79.00元

河南蓝皮书
河南文化发展报告（2015）
著(编)者:卫绍生　2015年3月出版 / 定价:79.00元

河南蓝皮书
河南经济发展报告（2015）
著(编)者:喻新安　2014年12月出版 / 定价:79.00元

河南蓝皮书
河南法治发展报告（2015）
著(编)者:丁同民 闫德民　2015年4月出版 / 估价:69.00元

河南蓝皮书
河南金融发展报告（2015）
著(编)者:喻新安 谷建全　2015年4月出版 / 估价:69.00元

河南商务蓝皮书
河南商务发展报告（2015）
著(编)者:焦锦淼 穆荣国　2015年5月出版 / 估价:88.00元

黑龙江产业蓝皮书
黑龙江产业发展报告（2015）
著(编)者:于渤　2015年9月出版 / 估价:79.00元

黑龙江蓝皮书
黑龙江经济发展报告（2015）
著(编)者:曲伟　2015年1月出版 / 定价:79.00元

黑龙江蓝皮书
黑龙江社会发展报告（2015）
著(编)者:张新颖　2015年1月出版 / 定价:79.00元

湖北文化蓝皮书
湖北文化发展报告（2015）
著(编)者:江畅 吴成国　2015年5月出版 / 估价:89.00元

湖南城市蓝皮书
区域城市群整合
著(编)者:童中贤 韩未名　2015年12月出版 / 估价:79.00元

湖南蓝皮书
2015年湖南电子政务发展报告
著(编)者:梁志峰　2015年4月出版 / 估价:128.00元

湖南蓝皮书
2015年湖南社会发展报告
著(编)者:梁志峰　2015年4月出版 / 估价:128.00元

湖南蓝皮书
2015年湖南产业发展报告
著(编)者:梁志峰　2015年4月出版 / 估价:128.00元

湖南蓝皮书
2015年湖南经济展望
著(编)者:梁志峰　2015年4月出版 / 估价:128.00元

湖南蓝皮书
2015年湖南县域经济社会发展报告
著(编)者:梁志峰　2015年4月出版 / 估价:128.00元

湖南蓝皮书
2015年湖南两型社会发展报告
著(编)者:梁志峰　2015年4月出版 / 估价:128.00元

湖南县域绿皮书
湖南县域发展报告No.2
著(编)者:朱有志　2015年4月出版 / 估价:69.00元

沪港蓝皮书
沪港发展报告（2015）
著(编)者:尤安山　2015年9月出版 / 估价:89.00元

吉林蓝皮书
2015年吉林经济社会形势分析与预测
著(编)者:马克　2015年2月出版 / 定价:89.00元

济源蓝皮书
济源经济社会发展报告（2015）
著(编)者:喻新安　2015年4月出版 / 估价:69.00元

健康城市蓝皮书
北京健康城市建设研究报告（2015）
著(编)者:王鸿春　2015年4月出版 / 估价:79.00元

江苏法治蓝皮书
江苏法治发展报告（2015）
著(编)者:李力 龚廷泰　2015年9月出版 / 估价:98.00元

京津冀蓝皮书
京津冀发展报告（2015）
著(编)者:文魁 祝尔娟　2015年4月出版 / 估价:79.00元

经济特区蓝皮书
中国经济特区发展报告（2015）
著(编)者:陶一桃　　2015年4月出版 / 估价:89.00元

辽宁蓝皮书
2015年辽宁经济社会形势分析与预测
著(编)者:曹晓峰　张晶　梁启东　2014年12月出版 / 定价:79.00元

南京蓝皮书
南京文化发展报告（2015）
著(编)者:南京文化产业研究中心
2015年12月出版 / 估价:79.00元

内蒙古蓝皮书
内蒙古反腐倡廉建设报告（2015）
著(编)者:张志华 无极　2015年12月出版 / 估价:69.00元

浦东新区蓝皮书
上海浦东经济发展报告（2015）
著(编)者:沈开艳 陆沪根　2015年1月出版 / 定价:69.00元

青海蓝皮书
2015年青海经济社会形势分析与预测
著(编)者:赵宗福　2014年12月出版 / 定价:69.00元

人口与健康蓝皮书
深圳人口与健康发展报告（2015）
著(编)者:曾序春　2015年12月出版 / 估价:89.00元

山东蓝皮书
山东社会形势分析与预测（2015）
著(编)者:张华 唐洲雁　2015年6月出版 / 估价:89.00元

山东蓝皮书
山东经济形势分析与预测（2015）
著(编)者:张华 唐洲雁　2015年6月出版 / 估价:89.00元

山东蓝皮书
山东文化发展报告（2015）
著(编)者:张华 唐洲雁　2015年6月出版 / 估价:98.00元

山西蓝皮书
山西资源型经济转型发展报告（2015）
著(编)者:李志强　2015年5月出版 / 估价:98.00元

陕西蓝皮书
陕西经济发展报告（2015）
著(编)者:任宗哲 白宽犁 裴成荣　2015年1月出版 / 定价:69.00元

陕西蓝皮书
陕西社会发展报告（2015）
著(编)者:任宗哲 白宽犁 牛昉　2015年1月出版 / 定价:69.00元

陕西蓝皮书
陕西文化发展报告（2015）
著(编)者:任宗哲 白宽犁 王长寿　2015年1月出版 / 定价:65.00元

陕西蓝皮书
丝绸之路经济带发展报告（2015）
著(编)者:任宗哲 石英 白宽犁
2015年8月出版 / 估价:79.00元

上海蓝皮书
上海文学发展报告（2015）
著(编)者:陈圣来　2015年1月出版 / 定价:69.00元

上海蓝皮书
上海文化发展报告（2015）
著(编)者:荣跃明　2015年1月出版 / 定价:74.00元

上海蓝皮书
上海资源环境发展报告（2015）
著(编)者:周冯琦 汤庆合 任文伟
2015年1月出版 / 定价:69.00元

上海蓝皮书
上海社会发展报告（2015）
著(编)者:杨雄　周海旺　2015年1月出版 / 定价:69.00元

上海蓝皮书
上海经济发展报告（2015）
著(编)者:沈开艳　2015年1月出版 / 定价:69.00元

上海蓝皮书
上海传媒发展报告（2015）
著(编)者:强荧 焦雨虹　2015年1月出版 / 定价:69.00元

上海蓝皮书
上海法治发展报告（2015）
著(编)者:叶青　2015年4月出版 / 估价:69.00元

上饶蓝皮书
上饶发展报告（2015）
著(编)者:朱寅健　2015年4月出版 / 估价:128.00元

社会建设蓝皮书
2015年北京社会建设分析报告
著(编)者:宋贵伦 冯虹　2015年7月出版 / 估价:79.00元

深圳蓝皮书
深圳劳动关系发展报告（2015）
著(编)者:汤庭芬　2015年6月出版 / 估价:75.00元

深圳蓝皮书
深圳经济发展报告（2015）
著(编)者:张骁儒　2015年7月出版 / 估价:79.00元

深圳蓝皮书
深圳社会发展报告（2015）
著(编)者:叶民辉 张骁儒　2015年7月出版 / 估价:89.00元

深圳蓝皮书
深圳法治发展报告（2015）
著(编)者:张骁儒　2015年4月出版 / 估价:79.00元

四川蓝皮书
四川文化产业发展报告（2015）
著(编)者:侯水平　2015年4月出版 / 估价:69.00元

四川蓝皮书
四川企业社会责任研究报告（2015）
著(编)者:侯水平 盛毅　2015年3月出版 / 定价:79.00元

四川蓝皮书
四川法治发展报告（2015）
著(编)者:郑泰安　2015年1月出版 / 定价:69.00元

四川蓝皮书
2015年四川生态建设报告
著(编)者:四川省社会科学院
2015年4月出版 / 估价:69.00元

四川蓝皮书
四川城镇化发展报告（2015）
著(编)者:四川省城镇发展研究中心
2015年4月出版 / 估价:69.00元

四川蓝皮书
2015年四川社会发展形势分析与预测
著(编)者:郭晓鸣　李羚　2015年5月出版 / 估价:69.00元

四川蓝皮书
2015年四川经济发展形势分析与预测
著(编)者:杨钢　2015年1月出版 / 定价:89.00元

四川法治蓝皮书
四川依法治省年度报告No.1（2015）
著(编)者:李林　杨天宗　田禾　2015年3月出版 / 定价:108.00元

天津金融蓝皮书
天津金融发展报告（2015）
著(编)者:王爱俭　杜强　2015年9月出版 / 估价:89.00元

图们江区域合作蓝皮书
中国图们江区域合作开发发展报告（2015）
著(编)者:李铁　朱显平　吴成章　2015年4月出版 / 估价:79.00元

温州蓝皮书
2015年温州经济社会形势分析与预测
著(编)者:潘忠强　王春光　金浩　2015年4月出版 / 估价:69.00元

扬州蓝皮书
扬州经济社会发展报告（2015）
著(编)者:丁纯　2015年12月出版 / 估价:89.00元

云南蓝皮书
中国面向西南开放重要桥头堡建设发展报告（2015）
著(编)者:刘绍怀　2015年12月出版 / 估价:69.00元

长株潭城市群蓝皮书
长株潭城市群发展报告（2015）
著(编)者:张萍　2015年4月出版 / 估价:69.00元

郑州蓝皮书
2015年郑州文化发展报告
著(编)者:王哲　2015年9月出版 / 估价:65.00元

中医文化蓝皮书
北京中医文化发展报告（2015）
著(编)者:毛嘉陵　2015年4月出版 / 估价:69.00元

珠三角流通蓝皮书
珠三角商圈发展研究报告（2015）
著(编)者:林至颖　王先庆　2015年7月出版 / 估价:98.00元

国别与地区类

阿拉伯黄皮书
阿拉伯发展报告（2015）
著(编)者:马晓霖　2015年4月出版 / 估价:79.00元

北部湾蓝皮书
泛北部湾合作发展报告（2015）
著(编)者:吕余生　2015年8月出版 / 估价:69.00元

大湄公河次区域蓝皮书
大湄公河次区域合作发展报告（2015）
著(编)者:刘稚　2015年9月出版 / 估价:79.00元

大洋洲蓝皮书
大洋洲发展报告（2015）
著(编)者:喻常森　2015年8月出版 / 估价:89.00元

德国蓝皮书
德国发展报告（2015）
著(编)者:郑春荣　伍慧萍　2015年6月出版 / 估价:69.00元

东北亚黄皮书
东北亚地区政治与安全（2015）
著(编)者:黄凤志　刘清才　张慧智
2015年5月出版 / 估价:69.00元

东盟黄皮书
东盟发展报告（2015）
著(编)者:崔晓麟　2015年5月出版 / 估价:75.00元

东南亚蓝皮书
东南亚地区发展报告（2015）
著(编)者:王勤　2015年4月出版 / 估价:79.00元

俄罗斯黄皮书
俄罗斯发展报告（2015）
著(编)者:李永全　2015年7月出版 / 估价:79.00元

非洲黄皮书
非洲发展报告（2015）
著(编)者:张宏明　2015年7月出版 / 估价:79.00元

国际形势黄皮书
全球政治与安全报告（2015）
著(编)者:李慎明　张宇燕　2015年1月出版 / 定价:69.00元

韩国蓝皮书
韩国发展报告（2015）
著(编)者:刘宝全　牛林杰　2015年8月出版 / 估价:79.00元

加拿大蓝皮书
加拿大发展报告（2015）
著(编)者:仲伟合　2015年4月出版 / 估价:89.00元

拉美黄皮书
拉丁美洲和加勒比发展报告（2014~2015）
著(编)者:吴白乙　2015年4月出版 / 估价:89.00元

美国蓝皮书
美国研究报告（2015）
著(编)者:黄平　郑秉文　2015年7月出版 / 估价:89.00元

缅甸蓝皮书
缅甸国情报告（2015）
著(编)者:李晨阳　2015年8月出版 / 估价:79.00元

欧洲蓝皮书
欧洲发展报告（2015）
著(编)者:周弘　2015年6月出版 / 估价:89.00元

葡语国家蓝皮书
葡语国家发展报告（2015）
著(编)者:对外经济贸易大学区域国别研究所　葡语国家研究中心
2015年4月出版 / 估价:89.00元

葡语国家蓝皮书
中国与葡语国家关系发展报告·巴西（2014）
著(编)者:澳门科技大学　2015年4月出版 / 估价:89.00元

日本经济蓝皮书
日本经济与中日经贸关系研究报告（2015）
著(编)者:王洛林　张季风　2015年5月出版 / 估价:79.00元

日本蓝皮书
日本研究报告（2015）
著(编)者:李薇　2015年4月出版 / 估价:69.00元

上海合作组织黄皮书
上海合作组织发展报告（2015）
著(编)者:李进峰　吴宏伟　李伟
2015年9月出版 / 估价:89.00元

世界创新竞争力黄皮书
世界创新竞争力发展报告（2015）
著(编)者:李闽榕　李建平　赵新力
2015年12月出版 / 估价:148.00元

土耳其蓝皮书
土耳其发展报告（2015）
著(编)者:郭长刚　刘义　2015年7月出版 / 估价:89.00元

亚太蓝皮书
亚太地区发展报告（2015）
著(编)者:李向阳　2015年1月出版 / 定价:59.00元

印度蓝皮书
印度国情报告（2015）
著(编)者:吕昭义　2015年5月出版 / 估价:89.00元

印度洋地区蓝皮书
印度洋地区发展报告（2015）
著(编)者:汪戎　2015年4月出版 / 估价:79.00元

中东黄皮书
中东发展报告（2015）
著(编)者:杨光　2015年11月出版 / 估价:89.00元

中欧关系蓝皮书
中欧关系研究报告（2015）
著(编)者:周弘　2015年12月出版 / 估价:98.00元

中亚黄皮书
中亚国家发展报告（2015）
著(编)者:孙力　吴宏伟　2015年9月出版 / 估价:89.00元

中国皮书网

www.pishu.cn

发布皮书研创资讯，传播皮书精彩内容
引领皮书出版潮流，打造皮书服务平台

栏目设置：

☐ 资讯：皮书动态、皮书观点、皮书数据、
　　　　皮书报道、皮书发布、电子期刊

☐ 标准：皮书评价、皮书研究、皮书规范

☐ 服务：最新皮书、皮书书目、重点推荐、在线购书

☐ 链接：皮书数据库、皮书博客、皮书微博、在线书城

☐ 搜索：资讯、图书、研究动态、皮书专家、研创团队

中国皮书网依托皮书系列"权威、前沿、原创"的优质内容资源，通过文字、图片、音频、视频等多种元素，在皮书研创者、使用者之间搭建了一个成果展示、资源共享的互动平台。

自 2005 年 12 月正式上线以来，中国皮书网的 IP 访问量、PV 浏览量与日俱增，受到海内外研究者、公务人员、商务人士以及专业读者的广泛关注。

2008 年、2011 年，中国皮书网均在全国新闻出版业网站荣誉评选中获得"最具商业价值网站"称号；2012 年，获得"出版业网站百强"称号。

2014 年，中国皮书网与皮书数据库实现资源共享，端口合一，将提供更丰富的内容，更全面的服务。

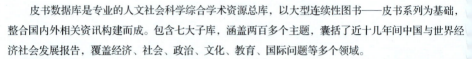

权威报告　热点资讯　海量资源

当代中国与世界发展的高端智库平台

皮书数据库 www.pishu.com.cn

　　皮书数据库是专业的人文社会科学综合学术资源总库，以大型连续性图书——皮书系列为基础，整合国内外相关资讯构建而成。包含七大子库，涵盖两百多个主题，囊括了近十几年间中国与世界经济社会发展报告，覆盖经济、社会、政治、文化、教育、国际问题等多个领域。

　　皮书数据库以篇章为基本单位，方便用户对皮书内容的阅读需求。用户可进行全文检索，也可对文献题目、内容提要、作者名称、作者单位、关键字等基本信息进行检索，还可对检索到的篇章再做二次筛选，进行在线阅读或下载阅读。智能多维度导航，可使用户根据自己熟知的分类标准进行分类导航筛选，使查找和检索更高效、便捷。

　　权威的研究报告，独特的调研数据，前沿的热点资讯，皮书数据库已发展成为国内最具影响力的关于中国与世界现实问题研究的成果库和资讯库。

皮书俱乐部会员服务指南

1. 谁能成为皮书俱乐部成员？
- 皮书作者自动成为俱乐部会员
- 购买了皮书产品（纸质书/电子书）的个人用户

2. 会员可以享受的增值服务
- 免费获赠皮书数据库100元充值卡
- 加入皮书俱乐部，免费获赠该纸质图书的电子书
- 免费定期获赠皮书电子期刊
- 优先参与各类皮书学术活动
- 优先享受皮书产品的最新优惠

3. 如何享受增值服务？
（1）免费获赠100元皮书数据库体验卡
　　第1步 刮开皮书附赠充值的涂层（右下）；
　　第2步 登录皮书数据库网站
　　（www.pishu.com.cn），注册账号；

　　第3步 登录并进入"会员中心"—"在线充值"—"充值卡充值"，充值成功后即可使用。
（2）加入皮书俱乐部，凭数据库体验卡获赠该书的电子书
　　第1步 登录社会科学文献出版社官网（www.ssap.com.cn），注册账号；
　　第2步 登录并进入"会员中心"—"皮书俱乐部"，提交加入皮书俱乐部申请；
　　第3步 审核通过后，再次进入皮书俱乐部，填写页面所需图书、体验卡信息即可自动兑换相应电子书。

4. 声明
　　解释权归社会科学文献出版社所有

皮书俱乐部会员可享受社会科学文献出版社其他相关免费增值服务，有任何疑问，均可与我们联系。
图书销售热线：010-59367070/7028 图书服务QQ：800045692 图书服务邮箱：duzhe@ssap.cn
数据库服务热线：400-008-6695 数据库服务QQ：2475522410 数据库服务邮箱：database@ssap.cn
欢迎登录社会科学文献出版社官网（www.ssap.com.cn）和中国皮书网（www.pishu.cn）了解更多信息

皮书大事记
（2014）

☆　2014年10月，中国社会科学院2014年度皮书纳入创新工程学术出版资助名单正式公布，相关资助措施进一步落实。

☆　2014年8月，由中国社会科学院主办，贵州省社会科学院、社会科学文献出版社承办的"第十五次全国皮书年会（2014）"在贵州贵阳隆重召开。

☆　2014年8月，第二批淘汰的27种皮书名单公布。

☆　2014年7月，第五届优秀皮书奖评审会在京召开。本届优秀皮书奖首次同时评选优秀皮书和优秀皮书报告。

☆　2014年7月，第三届皮书学术评审委员会于北京成立。

☆　2014年6月，社会科学文献出版社与北京报刊发行局签订合同，将部分重点皮书纳入邮政发行系统。

☆　2014年6月，《中国社会科学院皮书管理办法》正式颁布实施。

☆　2014年4月，出台《社会科学文献出版社关于加强皮书编审工作的有关规定》《社会科学文献出版社皮书责任编辑管理规定》《社会科学文献出版社关于皮书准入与退出的若干规定》。

☆　2014年1月，首批淘汰的44种皮书名单公布。

☆　2014年1月，"2013(第七届)全国新闻出版业网站年会"在北京举办，中国皮书网被评为"最具商业价值网站"。

☆　2014年1月,社会科学文献出版社在原皮书评价研究中心的基础上成立了皮书研究院。

皮书数据库
www.pishu.com.cn

皮书数据库三期

• 皮书数据库（SSDB）是社会科学文献出版社整合现有皮书资源开发的在线数字产品，全面收录"皮书系列"的内容资源，并以此为基础整合大量相关资讯构建而成。

• 皮书数据库现有中国经济发展数据库、中国社会发展数据库、世界经济与国际政治数据库等子库，覆盖经济、社会、文化等多个行业、领域，现有报告30000多篇，总字数超过5亿字，并以每年4000多篇的速度不断更新累积。

• 新版皮书数据库主要围绕存量+增量资源整合、资源编辑标引体系建设、产品架构设置优化、技术平台功能研发等方面开展工作，并将中国皮书网与皮书数据库合二为一联体建设，旨在以"皮书研创出版、信息发布与知识服务平台"为基本功能定位，打造一个全新的皮书品牌综合门户平台，为您提供更优质更到位的服务。

更多信息请登录

中国皮书网
http://www.pishu.cn

中国皮书网
http://www.pishu.cn

皮书微博
http://weibo.com/pishu

中国皮书网的BLOG [编辑]
http://blog.sina.com.cn/pishu

皮书博客
http://blog.sina.com.cn/pishu

皮书微信
皮书说

请到各地书店皮书专架／专柜购买，也可办理邮购

咨询／邮购电话：010-59367028　59367070　　　邮　　箱：duzhe@ssap.cn

邮购地址：北京市西城区北三环中路甲29号院3号楼华龙大厦13层读者服务中心

邮　　编：100029

银行户名：社会科学文献出版社

开户银行：中国工商银行北京北太平庄支行

账　　号：0200010019200365434

网上书店：010-59367070　　qq：1265056568

网　　址：www.ssap.com.cn　　www.pishu.cn

续表

地区/部门	2008年		2009年		2010年		2011年		2012年		2013年	
	批次	数量	批次	数量	批次	数量	批次	数量	批次	数量	批次	数量
广　西							1	9	2	28	1	2
宁　夏												
贵　州					1	7	1	9	1	16	1	8
江　西					1	12	1	17	1	19		
海　南	1	8									1	9
新　疆												
甘　肃												
青　海												
兵　团												
西　藏												

表3中，广东省获得资格的名单是分批公告，2012年的统计数据包括2009年、2010年、2011年各年的数据，即上一年度获得资格的下一年度继续获得，下一年公布新获得资格的名单。而其他省份大部分是每年公告一次上一年度获得资格的名单。

表4　2010～2013年各年度发布的基金会获得免税资格的批次和数量

单位：批，家

地区/部门	2010年		2011年		2012年		2013年	
	批次	数量	批次	数量	批次	数量	批次	数量
江　苏			1	36	1	11	1	17
浙　江			1	11			1	9
广　东	2	52	1	22	1	54	1	56
北　京	6	55	8	34	9	17	17	50
民政部								
福　建	2	8			2	18		
湖　南					1	2	1	0
上　海			3	32	3	39	3	19
四　川								

续表

地区/部门	2010 年		2011 年		2012 年		2013 年	
	批次	数量	批次	数量	批次	数量	批次	数量
内蒙古								
山　东			1	4			2	14
辽　宁								
河　南	1	2	1	2				
湖　北								
陕　西								
吉　林								
黑龙江			2	6				
天　津			2	2			4	4
安　徽								
云　南								
山　西								
重　庆								
河　北	1	2	2	3				
广　西								
宁　夏								
贵　州								
江　西							1	7
海　南							1	9
新　疆			1	1			3	2
甘　肃								
青　海								
兵　团								
西　藏								

　　按照现行税收征管体制，民政部登记的基金会均在所在地省级税务主管机关提出免税资格申请，因此获得免税资格的名单均在省级财政、税务部门发布的公告内。根据各省份发布的有关非营利组织免税资格认定的通知公告统计，截至 2012 年末，在民政部登记取得免税资格的基金会共有 141 家。

　　通过对表 2 至表 4 的数据汇总，研究人员发现只有民政部和北京市、上海市、江苏省、浙江省、广东省 6 个民政部门公告的数据比较完整，其基金会数量合计是 1464 家。如果以《中国基金会发展报告（2013）》课题组提供的基金会总数 2794 家计算，在这 6 个民政主管部门登记的基金会数量占全国基金会总数的 52% 以上。因此，本报告主要依据这 6 个民政主管部门公告的信息数据，研究和分析了我国基金会享受现行税收优惠政策的情况。为进一步分析现行税收优惠政策对基金会发展绩效的影响，本报告还从这 6 个民政主管部门登记的评估等级在 4A 以上且成立于 2008 年之前的基金会进行了问卷调查，通过邮件填答和电话采访，共回收问卷 58 份，回收率为 96.67%。经过有效性筛查，最终的有效问卷为 57 份。

（二）公益性捐赠所得税税前扣除政策的实施情况

1. 基金会获得公益性捐赠税前扣除资格情况

2008 年，财政部、国家税务总局和民政部联合印发财税〔2008〕160 号文件以来，全国各地均积极开展了税前扣除资格的审核工作。截至 2012 年末，在民政部以及江苏省、浙江省、北京市、广东省和上海市 6 家登记管理机关设立登记的基金会，取得税前扣除资格的有 1034 家，占比为 70.63%，如表 5 所示。

表 5　2012 年末取得税前扣除资格的基金会

单位：家，%

登记机关	基金会总数	取得资格数	占比	公募基金会总数	取得资格数	占比	非公募基金会总数	取得资格数	占比
民政部	179	149	83.24	89	72	80.90	90	77	85.56
江苏省	414	272	65.70	177	105	59.32	237	167	70.46
浙江省	240	108	45.00	115	67	58.26	125	41	32.80
广东省	283	193	68.20	103	67	65.05	180	126	70.00
北京市	220	198	90.00	41	33	80.49	179	165	92.18
上海市	128	114	89.06	49	44	89.80	79	70	88.61
合　计	1464	1034	70.63	574	388	67.60	890	646	72.58

由表5可知，在北京市、上海市和民政部设立登记的基金会，取得税前扣除资格的比例均高于80%，最高为北京市，基金会取得资格的比例达到90%；而在浙江省、江苏省和广东省设立登记的基金会，取得税前扣除资格的比例低于平均水平70%，最低为浙江省，基金会取得资格的比例为45%。

此外，在总数1464家基金会中，有574家公募基金会，其中取得税前扣除资格的基金会数为388家，占比为67.60%；有890家非公募基金会，取得税前扣除资格的基金会数为646家，占比为72.58%。总体而言，非公募基金会取得税前扣除资格的比例高于公募基金会约5个百分点。

若从登记管理机关来看，只有浙江省和上海市公募基金会取得税前扣除资格的比例比非公募基金会取得的比例高，其中以浙江省最为明显。浙江省公募基金会取得资格的比例为58.26%，比非公募基金会取得比例（32.80%）高出约25个百分点，而上海市两者之间的差距并不大，相对持平。

（1）不同成立年限的基金会取得税前扣除资格的情况

下文以2004年为分界点，对2004年之前和之后成立的基金会取得税前扣除资格的比例分地域做了一个简单比较，如表6所示。

表6 不同成立年限的基金会取得税前扣除资格情况

单位：家，%

登记机关	2004年及以前成立基金会总数	取得资格数	占比	2005～2012年成立基金会总数	取得资格数	占比
民政部	80	59	73.75	99	90	90.91
江苏省	28	24	85.71	386	248	64.25
浙江省	75	45	60.00	165	63	38.18
广东省	97	54	55.67	186	139	74.73
北京市	47	34	72.34	173	164	94.80
上海市	52	44	84.62	76	70	92.11
合　计	379	260	68.60	1085	774	71.34

由表6可知，2004年及之前成立的基金会总数为379家，其中取得税前捐赠资格的基金会数量为260家，占比为68.60%；2005～2012年8年间成立的基金会总数为1085家，其中取得资格的基金会数为774家，占比为71.34%。可见，在2005～2012年间成立的基金会总数超过2004年及之前成立的基金会总数的情况下，前者取得税前扣除资格的基金会比例也略高于后者，这意味着自2005年基金会登记改革以来，新成立的基金会大部分取得了税前扣除资格。

此外，从各登记管理机关来看，民政部、北京市和上海市2005～2012年成立的基金会，取得税前扣除资格的比例均高于90%，而且比2004年及之前成立的基金会取得资格的比例高出约10个百分点。江苏省和浙江省，2005～2012年成立的基金会取得资格的比例分别为64.25%和38.18%，低于2004年及之前成立的基金会取得比例，同时，也远低于其他省市在此8年间成立的基金会取得税前扣除资格的比例。

（2）不同业务主管单位的基金会取得税前扣除资格的情况

由表7可知，民政部门主管的基金会总数为456家，其中取得税前扣除资格的基金会数量为335家，占比为73.46%；由其他业务主管单位主管的基金会总数为1008家，其中取得税前扣除资格的基金会数量为699家，占比为69.35%。这意味着，由民政部门直接登记并主管的基金会取得税前扣除资格的比例略高于其他业务主管单位主管的基金会取得资格的比例。

从各登记管理机关来看，只有浙江省民政厅主管的基金会，取得税前扣除资格的比例（36.11%）低于其他业务主管单位主管的基金会取得比例（48.81%）；而民政部、江苏省民政厅、广东省民政厅、北京市民政局、上海市民政局主管的基金会，取得税前扣除资格的比例均比所在省市的其他业务主管单位主管的基金会取得资格比例高。

表7 不同业务主管单位的基金会取得税前扣除资格情况

单位：家，%

登记机关	民政部门主管	取得资格数	占比	其他业务主管单位主管	取得资格数	占比
民政部	45	42	93.33	134	107	79.85
江苏省	129	85	65.89	285	187	65.61
浙江省	72	26	36.11	168	82	48.81
广东省	102	82	80.39	181	111	61.33
北京市	74	69	93.24	146	129	88.36
上海市	34	31	91.18	94	83	88.30
合　计	456	335	73.46	1008	699	69.35

综上所述，基金会取得税前扣除资格的情况总体较好，大部分基金会均获得了税前扣除资格，其中，非公募基金会的取得比例略高于公募基金会的取得比例。就成立年份而言，新成立的基金会大部分取得了税前扣除资格，其取得资格的比例略高于2004年及之前成立的基金会的取得比例。就业务主管单位而言，由民政部门直接登记并主管的基金会取得税前扣除资格的比例略高于其他业务主管单位主管的基金会。

（3）原始基金的捐赠人获得税前扣除的情况

我们在问卷中对基金会首次获得公益性捐赠税前扣除资格后，原始基金的捐赠人在基金会首次获得公益性捐赠税前扣除资格的当年进行所得税汇算清缴时，是否按规定进行税前扣除进行了统计，79%的受访者表示按规定进行了税前扣除，21%的受访者则表示未按规定进行税前扣除，如图1所示。

（4）通过具备税前扣除资格的基金会进行公益性捐赠未能获得税前扣除的情况

对于基金会取得税前扣除资格后，是否有捐赠人反映通过基金

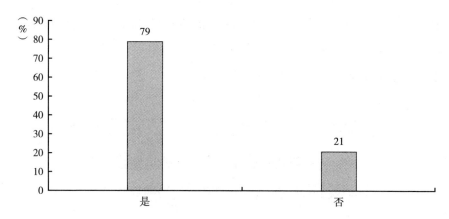

**图1　原始基金捐赠人进行所得税汇算清缴时
是否按规定进行税前扣除**

会发生的公益性捐赠支出未能按规定进行税前扣除，89%的受访者表示未发生过此种情况，但仍有11%的受访者表示发生过此种情况，如图2所示。

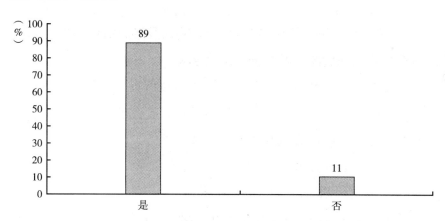

**图2　是否有捐赠人反映通过基金会发生的公益性捐赠
支出未能按规定进行税前扣除**

（5）基金会申请公益性捐赠税前扣除资格未获得资格认定的原因

基金会按规定程序申请捐赠税前扣除资格，对于未获得资格认

定的原因，受访者表示，主要是在民政部门主导的社会组织评估中被评等级在 3A 以下，其次为年度检查未合格，最后则为申请前 3 年内受到过行政处罚，如图 3 所示。

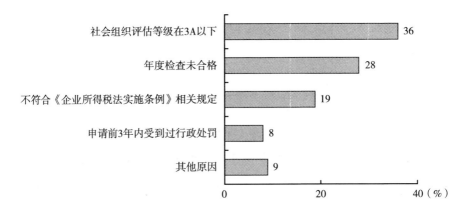

**图3　基金会按程序申请捐赠税前扣除资格而未获得
资格认定的原因**

2. 基金会在获得公益性捐赠税前扣除资格及协助捐赠人获得所得税税前扣除优惠过程中遇到的问题

研究人员在各地调研过程中听到基金会负责人反映最多的问题是获得资格认定程序复杂，审批时间过长；企业或个人发生公益性捐赠支出后去办理税收减免的很少，都感觉程序麻烦，激励不足。而在公益性捐赠税前扣除政策执行中，还有以下几个问题广受关注。

（1）非货币捐赠的税前扣除问题

随着捐赠资产的形式日益多样化，基金会接受非货币捐赠的情况比较多。财税〔2008〕160 号文件规定接受捐赠的非货币性资产确定价值的原则为以公允价值计算，并要求捐赠者提供捐赠非货币性资产公允价值的证明。但是存在以下几种特殊情况：①以劳务形式为人们提供某种服务，原则上不适宜作为捐赠的标的。这主要是因为价值难以货币化，且已提供的劳务若允许扣除，可能损害义工或志愿者制度；另外，劳务具有一定人身依附性，不能满足公益捐赠要求捐赠标的转让的要求。②股权捐赠。以股权为标的的公益捐赠，在享受税前扣除优惠时，不能依据股票的票面价值乘以股票数确定其扣除额。对于在市场上交易的公司股权，应当采取市场价格确定捐赠价值；未在市场上交易的，应委托具备资产评估资格的专业机构确定捐赠股权的价值。③期权捐赠。期权捐赠的价值以市场的交易价格为基准。此外，知识产权作为非货币的无形财产，其价值也以市场上的公允价值确定。

案例1 河仁慈善基金会接受股票捐赠有关企业所得税问题

《财政部关于加强企业对外捐赠财务管理的通知》（财企〔2003〕95号）规定，企业持有的股票和债券不得对外捐赠；《基金会管理条例》规定，基金会的原始基金必须为到账货币资金。牛根生、陈发树、曹德旺等企业家都曾表示要捐赠股票用于慈善事业，但因种种政策的限制，他们或选择了境外捐赠，或者干脆将捐赠事宜搁置。曹德旺先生的不懈坚持和执着努力促成了政策的改变，在各方呼吁和协调下，2009年10月，财政部颁布《关于企业公益性捐赠股权有关财务问题的通知》（财企〔2009〕213号）规定，由自然人、非国有的法人及其他经济组织投资控股的企业，依法履行内部决策程序，由投资者审议决定后，其持有的股权可以用于公益性捐赠。

曹德旺先生捐赠2000万元现金成立了河仁慈善基金会，2011年曹德旺先生向河仁慈善基金会捐赠了3亿股福耀玻璃的股票，市值35.49亿元人民币。按照现行的税收优惠政策，河仁慈善基金会面临巨额税收。2011年财务报告中的流动负债期末数分表显示，当期应交税金约为7.557亿元。国家税务总局、财政部等部门联合下发的《关于曹德旺夫妇控股企业向河仁慈善基金会捐赠股票有

关企业所得税问题的通知》规定，在计算应缴纳的企业所得税时可以按照税法规定扣除不超过企业年度利润总额 12% 的捐赠支出，准予在不超过 5 年的期限内延期缴纳、可委托河仁慈善基金会代为缴纳。尽管如此，这笔高额的税费已经实实在在发生了。这就形成了一个奇怪的现象：股票在所有人手中并不需要缴纳所得税，然而当股票所有人将股票捐赠给基金会用于公益事业后，反而需要缴纳高额税费。

（2）公益捐赠"视同销售"问题

主要涉及企业捐赠。虽然捐赠没有给捐赠企业带来直接经济利益的流入，但是从税收角度认为这种行为具有销售实现的某些特征，因此认定公益捐赠为一种特殊的销售行为，必须缴纳等同于销售的各项税收。

企业无偿捐赠货物在《增值税暂行条例》中被视同为销售行为，企业自产、委托加工或购买的货物无偿赠送他人应视同销售，依法计缴增值税。涉及消费税的应税货物，同时还应缴纳消费税。开发商捐赠开发产品也视为捐赠货物，应依法计缴营业税，同时视同销售政策还涉及企业所得税计税收入的计算。公益性捐赠作为企业无偿捐赠的一部分，相关流转税法律规范并没有将其与一般捐赠相区别，因此，企业以货物进行公益性捐赠应视同销售，企业在进行捐赠决策时必须考虑因此而增加的增值税等流转税和企业所得税负担。

此外，企业对外捐赠货物的所得税处理还必须考虑到视同销售的因素。按照相关规定，企业将自产、委托加工和外购的原材料、固定资产、无形资产和有价证券（商业企业包括外购商品）用于捐赠，应分解为按公允价值视同销售和捐赠两项业务进行所得税处理。《企业所得税实施条例》规定，将货物用于捐赠用途的应当视同销售货物，但国务院财政、税务主管部门另有规定的除外。目前相关部门对企业将货物用于公益事业的捐赠是否视同销售还没有具体规定。也就是说，应将捐赠货物分解为按公允价值视同对外销售和捐赠两项业务进行所得税处理。因此将货物用于公益性捐赠的税务处理将有三个方面：一是视同销售增加的流转税，二是视同销售增加的应纳税所得额，三是捐赠支出的所得税税前扣除标准认定。公益捐赠视同销售削弱了政府对公益捐赠税前扣除的优惠力度。

（3）捐赠票据问题

财税〔2008〕160 号文件和财税〔2010〕45 号文件规定，公益性社会团体在接受捐赠时，应按照行政管理级次分别使用由财政部或省、自治区、直辖市财政部门印制的公益性捐赠票据，并加盖本单位的印章；企业或个人通过公益性社会团体发生的公益性捐赠支出，应提供省级以上（含省级）财政部门印制并加盖接受捐赠单位印章的公益性捐赠票据，或加盖接受捐赠单位印章的"非税收入一般缴款书"收据联，方可按规定进行税前扣除。现阶段我国的基金会所能独立使用的票据只有一种，即由财政部和省、直辖市和自治区两级财政部门印制的公益性捐赠票据。而对于基金会自身资金的往来，则需使用行政事业单位统一的非经营性收据，其他的业务和经营性活动，就只能向工商系统购买工商发票。这样财政发票、自用发票、工商发票三票混用，给税收监管执法带来很大的难度。

并且，由于财政部出台的《公益事业捐赠票据使用管理暂行办法》规定，省级政府财政部门印制的捐赠票据一般应当在本行政区域内核发使用，不得跨行政区域核发使用，由此会有异地捐赠人持有捐赠票据不能在当地税务部门扣税的情形出现。深圳市壹基金公益基金会对此情形的感触就非常深刻。

**案例 2　深圳市壹基金公益基金会关于公益性捐赠
税前扣除资格问题的报告**

自 2013 年 4 月 20 日四川雅安发生地震以后，全国各地民众及
社会各界爱心人士、企事业单位、社会团体积极向深圳市壹基金公
益基金会（以下简称壹基金）捐赠款物。截至 2013 年 6 月 30 日，
壹基金接受的捐赠资金已达 3 亿元人民币，并按照有关法规规定给
捐赠人开具了公益事业捐赠专用收据。但是很多企业反映，他们凭
壹基金开具的捐赠收据和可以证明壹基金具备公益性捐赠税前扣除
资格的深财法〔2011〕5 号文件去本地税务所办理所得税扣除时，
被告知壹基金不在财政部、国家税务总局和民政部公布的《获得
2012 年度公益性捐赠税前扣除资格的公益性社会团体名单》（财税
〔2013〕10 号）内，因此壹基金开具的公益事业专用收据不能进行
所得税的税前扣除。对企业反映的情况，壹基金感到很是不解，致
电各地税务局咨询，得到的答复是因为不在名单中，所以不能给予
扣除。

此事已严重困扰了壹基金对捐赠资金的接受工作，已有企业要
求退回捐赠的款项，部分有捐款意向的企业也提出将捐款给其他基
金会。壹基金为此多方呼吁，并在官方网站上声明其开具的捐赠收
据可以在全国范围内依法进行所得税的税前扣除，但仍然无法得到
地方税务局的认可，壹基金的捐赠人无法进行所得税的税前扣除。

答复不能扣税的税务机关包括北京市朝阳区税务局、广州市天
河区税务局、北京市地方税务局朝阳五所、上海市浦东新区第一税
务所、江苏省启东地方税务局、杭州市开发区税务分局、广州市经
济开发区税务局、佛山市顺德区地方税务局等。

（4）结转扣除问题

当前税法为涵养税源，避免过度捐赠，规定一个会计年度超

标不能结转以后年度抵扣，超过标准部分作为永久性差异纳税调增。实际上，从税源的衔接上，虽然捐赠收入免税导致税源的流失，但受赠事业原本就应是财政支出的范围，通过控制捐赠途径和对象保证捐赠资金的财政支出本源，所以不存在所谓的税收链条中断。既然税源没有中断，为鼓励公益捐赠，捐赠支出应全额扣除。

并且，据年末会计利润（或以税法利润、应税所得）计算，存在捐赠行动在先、预算在后的现象。考虑到可能调增，企业先前的捐赠行为就会更加谨慎与保守，而减少实际捐赠数额，经纳税人权衡后的实际捐赠并不是市场捐赠主体自发调整的结果。捐赠者选择保守的捐赠额度本身就是一种资源配置效率的损失。因此，适度开展结转扣除，有利于鼓励企业的公益性捐赠行为。

（三）基金会享受企业所得税免税政策的执行情况

1. 基金会获得非营利组织免税资格认定情况

2009年，财政部和国家税务总局联合印发财税〔2009〕123号文件以来，全国各地陆续开展了非营利组织免税资格认定的相关工作。截至2012年末，民政部以及江苏省、浙江省、北京市、广东省和上海市6家登记管理机关设立登记的基金会，取得免税资格的基金会总数为528家，占比为36.07%，如表8所示。

表8　2012年末取得免税资格的基金会

单位：家，%

登记机关	基金会总数	取得资格数	占比	公募基金会总数	取得资格数	占比	非公募基金会总数	取得资格数	占比
民政部	179	108	60.34	89	58	65.17	90	50	55.56
江苏省	414	47	11.35	177	8	4.52	237	39	16.46
浙江省	240	22	9.17	115	5	4.35	125	17	13.60

续表

登记机关	基金会总数	取得资格数	占比	公募基金会总数	取得资格数	占比	非公募基金会总数	取得资格数	占比
广东省	283	124	43.82	103	45	43.69	180	79	43.89
北京市	220	156	70.91	41	30	73.17	179	126	70.39
上海市	128	71	55.47	49	21	42.86	79	50	63.29
合　计	1464	528	36.07	574	167	29.09	890	361	40.56

由表8可见，北京市设立登记的基金会，取得免税资格的比例最高，达到70.91%；其次为民政部和上海市登记的基金会，取得免税资格的比例超过50%；最低为江苏省和浙江省登记的基金会，其取得免税资格的比例分别仅为11.35%和9.17%。

此外，在总数1464家基金会中，有574家公募基金会，取得免税资格的基金会数为167家，占比为29.09%；有890家非公募基金会，取得免税资格的基金会数为361家，占比为40.56%。总体而言，非公募基金会取得免税资格的比例高于公募基金会约10个百分点。

若从登记管理机关来看，只有民政部和北京市登记的公募基金会取得免税资格的比例比非公募基金会取得免税资格的比例高，其中以民政部较为明显。民政部登记的公募基金会取得免税资格的比例为65.17%，比非公募基金会取得比例（55.56%）高出近10个百分点，而北京市两者之间的差距并不大，相差约3个百分点。

（1）不同成立年限的基金会取得免税资格的情况

表9是2004年及以前成立的基金会和2005～2012年间成立的基金会取得免税资格的数量对比。

表 9　不同成立年限的基金会取得免税资格的数量统计

单位：家，%

登记机关	2004 年及以前成立基金会总数	取得资格数	占比	2005～2012 年成立基金会总数	取得资格数	占比
民政部	80	48	60.00	99	60	60.61
江苏省	28	2	7.14	386	45	11.66
浙江省	75	6	8.00	165	16	9.70
广东省	97	37	38.14	186	87	46.77
北京市	47	27	57.45	173	129	74.57
上海市	52	19	36.54	76	52	68.42
合　计	379	139	36.68	1085	389	35.85

由表 9 可知，总体而言，2004 年及之前成立的基金会总数为 379 家，其中取得免税资格的数量为 139 家，占比为 36.68%；2005～2012 年 8 年间成立的基金会总数为 1085 家，其中取得资格的基金会数为 389 家，占比为 35.85%。

（2）不同业务主管单位的基金会取得免税资格的情况

由表 10 可知，民政部门直接主管的基金会总数为 456 家，其中取得免税资格的数量为 174 家，占比 38.16%；由其他业务主管单位主管的基金会总数为 1008 家，其中取得免税资格的数量为 354 家，占比为 35.12%。这意味着，由民政部门直接登记并主管的基金会取得免税资格的比例略高于其他业务主管单位主管的基金会取得资格的比例。

表 10　不同业务主管单位的基金会取得免税资格的数量统计

单位：家，%

登记机关	民政主管	取得资格数	占比	其他业务主管单位	取得资格数	占比
民政部	45	25	55.56	134	83	61.94
江苏省	129	12	9.30	285	35	12.28
浙江省	72	10	13.89	168	12	7.14

登记机关	民政主管	取得资格数	占比	其他业务主管单位	取得资格数	占比
广东省	102	54	52.94	181	70	38.67
北京市	74	51	68.92	146	105	71.92
上海市	34	22	64.71	94	49	52.13
合　计	456	174	38.16	1008	354	35.12

综上所述，与税前扣除资格相比，基金会取得免税资格的情况总体偏低，只有不到40%的基金会获得了免税资格。其中，非公募基金会的取得比例略高于公募基金会的取得比例。就成立年份而言，新成立的基金会大部分取得了免税资格，其取得资格的比例略高于2004年及之前成立的基金会的取得比例。就业务主管单位而言，与税前扣除资格相同，民政部门直接登记并主管的基金会取得免税资格的比例略高于其他业务主管单位主管的基金会取得资格的比例。

（3）基金会在取得免税资格认定过程中遇到的困难情况

基金会在取得非营利组织免税资格的认定过程中遇到的具体问题和实际困难方面，96%的受访者表示，其困难主要在于政策理解和适用方面的问题（突出表现在办税人员对公益慈善事业和非营利组织认识不够，将基金会视为企业纳税人），85%的受访者表示其困难为免税办理的困难，也有部分受访者表示自身达不到免税资格申请所要求的条件（见图4）。

2. 获得企业所得税免税情况

在本次调查中，大部分基金会（95%）接受其他单位或者个人捐赠的收入，都获得过企业所得税减免优惠，而提供服务的收入、商品销售的收入、基金保值增值的投资收益等，大部分基金会都未享受过企业所得税减免，如图5所示。

基金会取得免税资格的当年，符合《企业所得税法》及其实施条

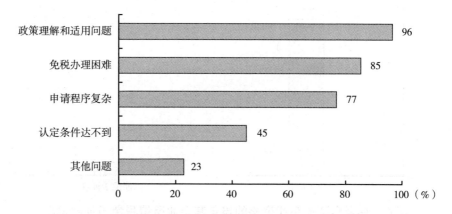

图 4 基金会在取得免税资格的认定过程中遇到的问题分布

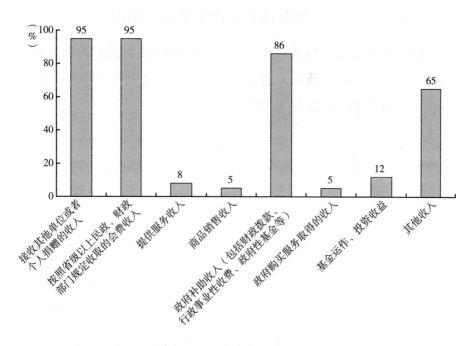

图 5 基金会自成立以来获得的企业所得税减免优惠的情况

例和有关规定免税条件的收入，92% 的受访者表示其企业所得税被免予征收，但仍有8% 的基金会仍然被征收企业所得税，如图6 所示。

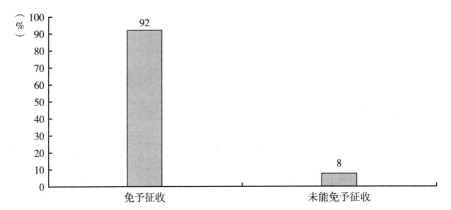

图6　基金会取得免税资格的当年其企业所得税免予征收情况

（四）基金会获得其他税种减免优惠的情况

问卷调查显示，目前基金会享受减免的税种主要还集中在企业所得税方面。如图7所示，营业税、印花税、城市维护建设税等税种获得减免优惠的情况并不理想。

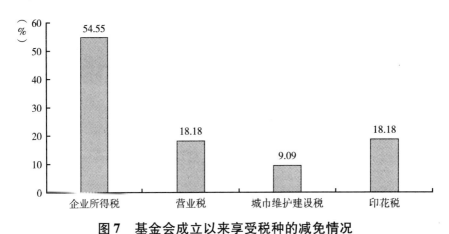

图7　基金会成立以来享受税种的减免情况

（五）基金会税务负担情况

研究人员希望通过问卷和访谈了解目前基金会的税务负担情

况，但很难获得相关数据。只有上海市社会团体管理局基金会管理处提供了一组数据：2010 年上海市基金会的总收入为 233730.7 万元，缴税金额共计 322.52 万元，其中营业税 83.02 万元，所得税 71.32 万元，其他税费 168.18 万元。缴税最多的上海应昌期围棋教育基金会缴税 178.27 万元，其中营业税 50.94 万元，其他税收（房租）127.33 万元。

根据 57 家基金会的问卷调查，基金会应税收入主要来自接受捐赠、投资收益、政府购买服务等收入，如图 8 所示。基金会在这些应税收入上，获得减免优惠的情况并不理想，这些应税收入仍然构成其税务负担中的一部分。

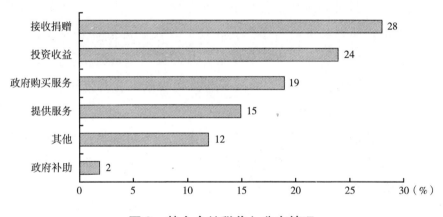

图 8　基金会纳税收入分布情况

特别需要指出的是，由于财税〔2008〕160 号文件和财税〔2010〕45 号文件对《中华人民共和国企业所得税法实施条例》第五十二条"公益性社会团体"范围进行了缩小规定，民办非企业单位就被排除在公益性捐赠税前扣除资格申请主体之外，不可能出现在各地公告的"获得公益性捐赠税前扣除资格的公益性社会团体名单"内，所以无法购买公益性捐赠票据，即便获得非营利组织所得税免税资格，接受基金会资助的款项也只

能开具其他税务发票列入一般应纳税收入。因此，很多基金会反映，它们接受的捐赠收入到了资金资助和使用环节被变相缴税了。

案例3 深圳市桃源居公益事业发展中心接受基金会捐赠收入被列入一般应税收入

深圳市桃源居公益事业发展中心是深圳市民政局登记的民办非企业单位，主要业务为社区公益服务，并且已经当地财税部门审核取得了非营利组织所得税免税资格。近期该中心接受某基金会捐赠开展公益项目，捐赠协议要求开具捐赠发票，但深圳市财政局以该中心不在"获得公益性捐赠税前扣除资格的公益性社会团体名单"之列为由，拒绝其申领捐赠票据。该中心只能向捐赠方开具税票，而其所接受捐赠资金在所得税申报时只能被列入一般应税收入，无法按财税〔2009〕122号文件规定作为免税收入在总应税收入中扣减。

地方登记管理部门反映，常有地方财税部门将捐赠票据领取资格与公益性捐赠税前扣除资格等同，这一情况影响了非营利组织所得税免税政策效果的实现。

（六）基金会在办理税务登记、纳税申报和申请免税过程中遇到的主要问题

如前文所述，财税〔2009〕123号文件规定，基金会等非营利组织必须按照《税收征收管理法》及《税收征收管理法实施细则》等有关规定办理税务登记，按期进行纳税申报；取得免税资格的非营利组织应按照规定向主管税务机关办理免税手续。在实地调研中，研究人员发现以上规定在实际执行过程中存在不少困难和问

题，基金会的财务主管人员一致反映：现行税收征管制度不完善，资格一年一审，间隔短，手续烦琐；资格申报、认定和办理免税的程序复杂，时间过长，发票管理制度也不严格，很多基金会并不知道需要单独进行税务登记。

1. 基金会税务登记中的问题

我国2004年6月1日起实行的《基金会管理条例》第十四条中明确规定：基金会、境外基金会代表机构依照本条例登记后，应当依法办理税务登记。这就是说，基金会在主管机关进行登记后，应该尽快去税务机关办理相关税务登记，但是具体的办理期限仍未确定。依照《税收征收管理法实施细则》第十二条第二款规定，非营利组织发生纳税义务后的30日内到税务机关办理税务登记。基金会"发生纳税义务"的情形需要基金会自己来判定，因为在此之前没有纳税登记，税务机关无权过问，但是基金会自己确认自己发生纳税义务，并自觉上报税务机关进行纳税登记，不免使得税收出现了"自愿性"的特点，而与税收的"强制性"本质特征相矛盾。

2. 基金会纳税申报中的问题

我国现阶段的基金会在纳税申报中形同于企业，被视为与企业一样的纳税人。基金会在报税时没有专门非营利组织的税务申报表格，只能使用与企业纳税申报一样的表格。但实际上基金会的会计科目与企业的会计科目之间存在比较大的差异，企业申报表格无法反映这类非营利组织的特点。于是很多基金会为了尽快完成申报，配合税务机关的工作，不得不耗时耗力制备两种报表，这样就给基金会增加了额外的经费开支，而且这样制作出的报表也不够科学。

3. 基金会缴税和免税资格申请中的问题

目前税收管理的基本方式是省直属征收分局管辖省政府所在地

市区省级企业；市直属分局的管辖范围有负责全市中央、省、市三级企业的税收管理工作的，有负责市级企业的税收管理工作的，有负责该市机构所在地市级企业的税收管理工作的，还有负责该市机构所在地市级以上企业的税收管理工作的，市级以下企业按属地原则由各县（区）税务机关负责征收管理；等等。

这种属地管理原则以"条块分割"为主要特征，使得同一省市不同区域的基金会在缴税方面存在不同，影响基金会之间的公平竞争；由于税务机关面对的是区域内的所有需要缴税的单位，对基金会等非营利组织的缴税业务可能并不熟练，基金会和税务机关之间的协调沟通成本较大。这种现象也突出地体现在基金会免税资格的申报过程中。

4. 基金会税收监管中的问题

由于确定非营利组织企业所得税免税收入的财税〔2009〕122号文件和认定非营利组织免税资格的财税〔2009〕123号文件的制定部门只有财政部和国家税务总局两个部门，各级民政主管部门都没有资格参与非营利组织免税资格的认定工作，因此无法协调解决基金会在获得免税资格过程中出现的困难。

而税务主管部门在认定符合条件的非营利组织的免税资格过程中，虽然规定了很多苛刻的条件，并要求基金会送交很多材料，但很多税务部门官员对基金会行业的了解很少，甚至不理解，根本没有介入非营利组织的业务审查与监管。

5. 登记管理权限下放地区的基金会税收政策落实问题

部分省份的非公募基金会登记管理权限已下放到地级或县级民政局，但是当地财税主管部门还未就公益性捐赠税前扣除资格和非营利组织免税资格出台相关文件，基金会未能享受税收优惠政策。

四　现行税收优惠政策对基金会发展
绩效影响的实证分析

（一）公益性捐赠税前扣除资格对基金会绩效的影响

1. 税前扣除资格的取得与取消对基金会捐赠收入的影响情况

在问卷调查过程中，我们发现，45％的基金会反映取得该资格后，接受企业或个人的公益性捐赠收入明显增加，20％的基金会反映有所增加，而反映没有变化的基金会比例为31％，反映捐赠收入明显减少的基金会的比例为4％，如图9所示。

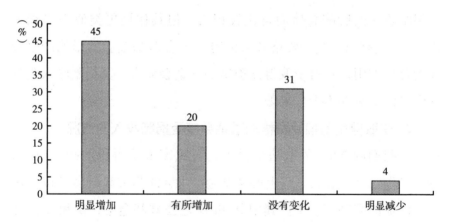

**图9　取得税前扣除资格后基金会接受企业或个人
捐赠收入的变化情况**

当基金会公益性捐赠税前扣除资格被取消之后，接受企业或个人公益性捐赠的收入也会发生变化，87％的受访者表示，基金会的捐赠收入将会明显减少或有所减少，而表示捐赠收入没有变化的占比为12％，表示有所增加的仅为1％，如图10所示。

由图9、图10可知，税前扣除资格对于基金会接受企业或个

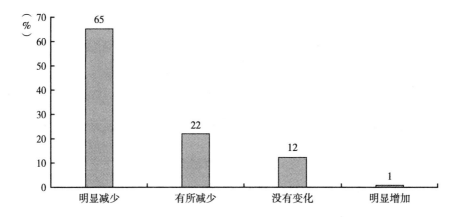

图10 税前扣除资格被取消后后基金会接受企业或个人捐赠收入的变化情况

人捐赠收入的影响总体而言比较积极，但其作用更类似于"锦上添花"。只有当基金会资格被取消时，才会对基金会的影响产生较大的负面作用，而对于取得该资格的基金会而言，其捐赠收入受到该资格的影响并不十分显著。

2. 未取得税前扣除资格的基金会接受捐赠收入的情况

在我们调查的57家基金会中，有4家未获得税前扣除资格，分别是浙江某基金会A、上海某基金会B、江苏某基金会C以及民政部注册的某基金会D。其中A和D是公募基金会，B和C是非公募基金会。另外，4家基金会的业务主管单位均是民政部门之外的其他单位。其捐赠收入具体情况如表11、表12所示。

（1）基金会接受企业捐赠的收入情况

2010～2012年，A和D两家公募基金会企业捐赠收入相对较多，总计达到845.24万元，而B和C两家非公募基金会则只有32万元。其中，B基金会3年的企业捐赠收入均为零，其投资收益是基金会的唯一资金来源。

表 11　未取得税前扣除资格的基金会接受企业捐赠收入

单位：万元

基金会名称	2010 年	2011 年	2012 年	合计
A	0	110.00	50.00	160.00
B	0	0	0	0
C	0	0	32.00	32.00
D	80.60	539.04	65.60	685.24
合计	80.60	649.04	147.60	877.24

（2）基金会接受个人捐赠的收入情况

2010～2012 年，B 和 C 两家非公募基金会个人捐赠收入均为零，A 和 D 两家公募基金会 3 年共计达到 133.19 万元，其中 2010 年 120 万元，2011 年 3.19 万元，2012 年 10 万元。

表 12　未取得税前扣除资格的基金会接受个人捐赠收入

单位：万元

基金会名称	2010 年	2011 年	2012 年	合计
A	120.00	0	0	120.00
B	0	0	0	0.00
C	0	0	0	0.00
D	0	3.19	10	13.19
合计	120.00	3.19	10.00	133.19

由上可知，未取得税前扣除资格的此 4 家基金会，无论是企业捐赠收入，还是个人捐赠收入，都不是其年度收入主要来源。也即，是否取得税前扣除资格并不是此 4 家基金会关心的核心问题，其发展并不受制于税前扣除资格的取得与否，因而，可以合理推测，目前没有取得税前扣除资格的少部分基金会，在很大程度上有可能是它们并未主动提出申请。

3. 取得税前扣除资格的基金会接受捐赠收入的变化情况

（1）取得税前扣除资格的基金会接受捐赠收入的年度变化情况

在另外53家取得税前扣除资格的基金会中，获得的年均捐赠收入情况如图11所示。2010～2012年，取得税前扣除资格的基金会接受企业捐赠收入逐年增加，2010年为5548.18万元，2012年则达到6262.9万元，年平均增长率为6.24%；取得税前扣除资格的基金会接受个人捐赠收入，2010年为921.77万元，2011年下降为849.44万元，2012年则急剧增加到1463.81万元，是2011年的1.72倍。总体而言，取得税前扣除资格的基金会接受捐赠收入的数额逐年增加。

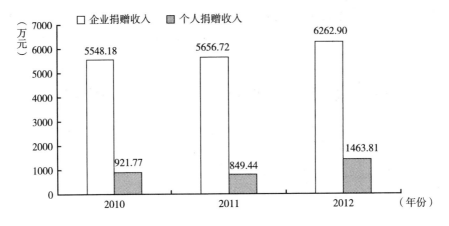

图11 取得税前扣除资格的基金会接受捐赠收入的年均变化情况

（2）公募基金会与非公募基金会接受捐赠收入的情况比较

在53家基金会中，36家为公募基金会，17家为非公募基金会。其中，公募基金会与非公募基金会接受的企业捐赠收入变化情况如图12所示。公募基金会接受的企业捐赠收入由2010年的57331.86万元减少到2011年的44943.98万元，2012年则有所增加，达到51692.28万元。而非公募基金会接受的企业捐赠收入在

2010～2012 年则逐年增加，2010 年为 5156.41 万元，2012 年达到 8578.9 万元。

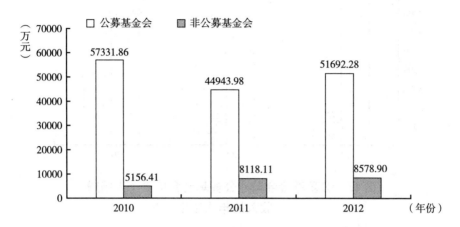

图 12　公募基金会与非公募基金会接受企业捐赠
收入的年均变化情况

公募基金会与非公募基金会接受个人捐赠收入的年均变化情况如图 13 所示。2011 年，公募基金会接受个人捐赠收入的年均数额由 2010 年的 7645.21 万元减少到 2011 年的 4428.73 万元，2012 年则急剧增加，达到 6489.62 万元。而非公募基金会接受个人捐赠收入的年均数额则逐年增加，2010 年为 1254.76 万元，2012 年达到 3189.38 万元。

由上可知，取得税前扣除资格的基金会，年均捐赠收入均呈上升趋势，其中虽然公募基金会接受捐赠收入的年均数额远多于非公募基金会，但非公募基金会接受捐赠收入的年均数额呈稳定的增长态势，不像公募基金会那样处于波动之中。

（二）非营利组织免税资格及减免税对基金会绩效的影响

1. 基金会应纳税金与公益事业支出年度总量对比

如表 13 所示，从整体上来看，2010～2012 年，基金会应纳税

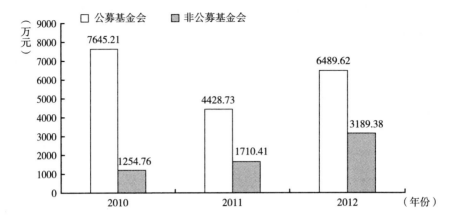

图13　公募基金会与非公募基金会接受个人捐赠收入的年均变化情况

金占公益事业支出的比例较小：2010年为8%，2011年为6.03%，2012年为7.05%。因此，相对于基金会对社会的贡献（公益事业支出），其缴纳的税金并不算很多，如果全部免掉，在提高基金会的积极性同时，国家也并没有损失很多税金。

表13　基金会应纳税金与公益事业支出年度总量对比

单位：万元，%

年份	公益事业支出	应纳税金	占比
2010	465249.57	37197.62	8.00
2011	522022.04	31469.93	6.03
2012	665361.61	46909.92	7.05

2. 获得免税资格和未获得免税资格的基金会应纳税金、公益事业支出和人员工资支出比较

（1）应纳税金占比情况

如图14所示，从总体上来看，获得免税资格的基金会年平均应纳税金在总应纳税金中所占的比例较小，平均为31.59%。2010年占比为30.80%，2011年占比为24.82%，2012年占比为39.16%。

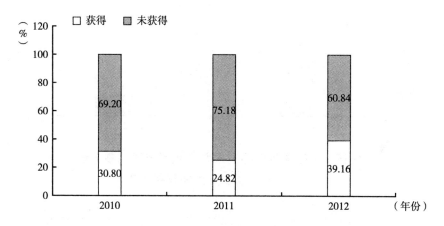

图14 获得免税资格与未获得免税资格的基金会应纳税金占比情况比较

（2）公益事业支出增长率比较

如图15所示，2011年，获得免税资格的基金会公益事业支出增长率为4.59%，2012年则达到32.05%。而未获得免税资格的基金会刚好与之相反，2011年的公益事业支出增长率为62.13%，2012年则迅速降低到8.04%。

（3）人员工资福利支出增长率比较

如图16所示，2011年，未获得免税资格的基金会人员工资福利支出增长率为17.47%，2012年有所增加，达到25.99%，一年间增长率的增幅为8.52个百分点。2011年，获得免税资格的基金会人员工资福利支出增长率为26.24%，同未获得免税资格的基金会一样，其增长率在2012年有所增加，达到30.35%，增幅为4.11个百分点，远远低于未获得免税资格的基金会的增幅。

综上可知，目前基金会获得的企业所得税减免的范围还比较

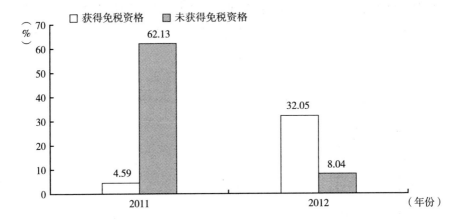

图15　获得免税资格与未获得免税资格的基金会
公益事业支出增长率比较

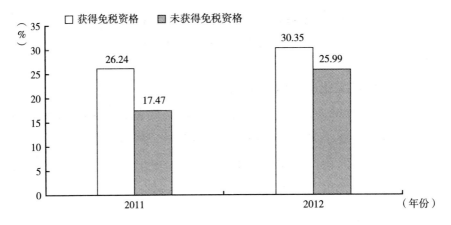

图16　获得免税资格与未获得免税资格的基金会
人员工资福利支出增长率比较

有限，涉及盈利的收入基本都纳入了征税范围。并且，在我们调查的这些基金会中，其年度应纳税金其实很少，相较于其对社会的贡献而言，即使这些税金全部免掉，对国家税源的影响也非常小。

（三）现行税收政策和基金会管理制度对基金会可持续发展的影响

1. 公益支出比例规定过高而保值增值的投资收益缴税限制了基金会做强做大

《基金会管理条例》第二十九条规定，公募基金会每年用于从事章程规定的公益事业支出，不得低于上一年总收入的70%；非公募基金会每年用于从事章程规定的公益事业支出，不得低于上一年基金余额的8%。对非公募基金会来说，不能向公众募捐同时又要花掉上一年基金余额8%以上的支出，为了避免基金会越做越小，防止基金不断萎缩，除了发起人继续捐赠之外，将资金用来做投资以保值增值就成了众多基金会的头等大事。然而企业和个人捐赠后税收减免办理过程烦琐，获得税收优惠度的幅度也不大，这一政策对捐赠人的吸引力不足，因此对促进公益性捐赠的效果不明显，加上股票捐赠需要征税，挫伤了公众的捐赠积极性。而基金会从事包括投资在内的营利活动所取得的收入不能获得免税待遇，使很多想通过股票捐赠和保值增值做大做强基金会的努力受挫。

案例4　华民慈善基金会减少注册的原始基金

2013年11月，第五届中国非公募基金会发展论坛在北京召开，华民慈善基金会是本次论坛的轮值主席单位。在开幕式上，华民慈善基金会特邀研究员、中国社会科学院唐钧研究员代表本届论坛的研究团队发布了《中国非公募基金会税收政策研究报告》。报告认为，税收优惠政策是做大做强非公募基金会的关键所在，是推动非公募基金会发挥社会建设作用的有效手段。报告首次对中国具有免税资格的基金会与无免税资格的基金会的收益进行了比较，发现10年后有资格的基金会的财产将是无资格基金会财产的1.622

倍。研究报告勾勒了中国非公募基金会未来发展的蓝图，并就税收政策改革提出了两点具体建议：第一，将基金会的免税资格和公益性捐赠的税前扣除资格合并；第二，国家应该加快非营利组织，主要是非公募基金会营利性收益的税收优惠政策研究，尽快出台可供参考的政策。

也就是在这次论坛上，华民慈善基金会创始人卢德之理事长透露，2007年，他和湖南几位同乡企业家出资2亿元在民政部注册成立华民慈善基金会，这也是内地原始出资额最高的非公募基金会。这笔原始基金出资是北京公司从深圳子公司获得的分红，当初他们没想到的是，捐赠后按深圳18%的税率补缴了3600万元的税金，而且由于这笔税款拖了一年，还需交2000万元滞纳金。他认为，在法律上，基金会是独立法人，发起人和基金会是相互独立的纳税主体，2亿元一旦捐出来就已经不是发起人的财产了。目前的税法在一定程度上挫伤了大多数中小慈善机构和公众的捐助热情。因不堪税负，卢德之透露，华民慈善基金会已将2亿元注册资金降低为5000万元。因为按照现行基金会管理制度，如不投资增值，注册资金的规模会越来越小，影响到基金会的年检结果；如投资有收益，又将面临缴纳25%的企业所得税。因此，变更注册资金"更划算"。

中国社会组织网资料显示，10月8日，主管部门批复华民慈善基金会已将原来的2亿元注册原始资金降至5000万元。对于注册资金的变更，华民慈善基金会秘书长郭军奇解释，"这跟税收没关系，是理事会的决定，这样操作更灵活，与未变更前没太多区别"。

而专家帮华民基金会算了一笔账：在变更注册资金前，每年的公益项目支出占注册资金的8%，即1600万元。如不投资增值，注册资金的规模只会越来越小，还会影响到每年基金会的年检结果。而注册资金变更为 5000 万元后，基金会每年 8% 的支出则降为 400 万元。剩下的 1.5 亿元可用作投资，获得的收益足以弥补当年的开支，还可作为捐赠收入在税前扣除。

卢德之称，变更注册资金后，基金会每年仍会支出约 5000 万元。再不成的话，他打算在香港设立基金会，把钱捐给香港基金会，再转赠至华民慈善基金会。

"从香港拨给国内的基金会不用缴税，但在设立过程中如果资金来自内地，反而不能享受税收优惠。"专家表示不解。

"已经退到这一步，再也不能退了。"不过，卢德之仍期望能在内地坚守下去，在香港注册并不是他想看到的。

2. 工作人员工资福利和行政办公支出比例规定过严影响了基金会的专业发展

《基金会管理条例》第二十九条还规定，基金会工作人员工资福利和行政办公支出不得超过当年总支出的 10%。如果一家基金会要维持一年 20 万元的工作人员工资福利和行政办公支出，则其每年公益支出要达到 200 万元，那么公募基金会的上一年度总收入要达到 286 万元，非公募基金会的上一年基金余额要达到 2500 万元。现实情况是：以上海市基金会发展状况为例，目前公募基金会有 22 家的年度总收入在 286 万元以下，占比 46%；非公募基金会有 57 家的基金余额在 2500 万元以下，占比 65%。不考虑基金会规模，超越基金会发展阶段情况，"一刀切"地进行 10% 的行政管理费用控制，并将"工作人员平均工资薪金水平不得超过上年度税务登记所在地人均工资水平的两倍"作为非营利组织免税资格认定条件，在很大程度上影响了基金会的专业发展。一是容易导致基金会对捐赠企业的依附，人员工资和办公场地都由企业另行解决，使基金会与捐赠企业的财产关系不明，缺乏独

立性。二是容易导致一些规模小、实力弱的基金会在不能将人员工资和办公支出控制在 10% 的情况下，出现一些违规操作（如将部分捐赠收入记入应付账款以提高公益支出比例，或者违规调整账目将人员工资列入项目经费）。三是容易导致基金会因此聘请不到具有非营利组织、项目管理、金融等工作经验的专业人才，很多工作主要依靠一些工资支出较低的退休人员、实习生或志愿者去做。

五　完善基金会税收优惠政策的若干建议

近年来，社会各界高度关注如何完善公益慈善捐赠和基金会等公益慈善组织的税收优惠政策。2011 年 6 月 23 日，全国政协委员、民政部原部长李学举在代表全国政协社会和法制委员会的发言中提出建议：出台具体可操作的税收优惠政策，科学界定不同类型社会组织减免的税种、幅度；扩大税收优惠的种类和范围，实行"公益慈善组织捐赠税收优惠"普惠制；建立社会组织票据制度。此外，针对目前基金会获得税收优惠困难的状况，全国政协委员、清华大学 NGO 研究所所长王名教授也曾在 2013 年的"两会"期间呼吁降低对基金会税收优惠资格的要求和门槛，他建议将基金会的免税资格和公益性税前捐赠扣税资格合并，采用统一的申请标准和管理体例。参照国际惯例，基金会等公益慈善组织只需向税务部门提交一次申请，获得批准后就可以同时享受免税资格和扣税资格，实现"一次申请，终生受益"。

本报告综合了研究人员在各地调研过程中听取的各种意见，就完善基金会税收优惠政策提出以下建议。

（一）尽快解决公益性捐赠税前扣除政策执行中的问题

1. 事业单位和民办非企业单位登记的非营利组织应当成为公益性捐赠税前扣除资格的申请主体

由于现行法规关于公益性捐赠主体的规定"忽略"或排除了公益性非营利的事业单位和民办非企业单位，事业单位和民办非企业单位登记的非营利组织不能申请取得公益性捐赠税前扣除资格，其接受基金会的资助同样须缴纳营业税。建议修改现行法规，或制定一部非营利组织登记管理条例，将公益性事业单位、公益性社会团体及其他公益性组织进行统一登记、统一管理、统一税制。

2. 非货币性资产捐赠的税收优惠

目前，捐赠形式日益多样化，捐赠房产、股票、期权、版权等形式都进入公益慈善领域，基金会等非营利组织接受实物捐赠、房产捐赠仍须缴纳增值税，处置实物捐赠以变现也须缴纳所得税，影响了基金会获得物资、股票捐赠的机会和效果。针对基金会接受非货币性资产捐赠日益增多的情况，建议财税部门出台非货币性资产捐赠的相关税收优惠细则，给予捐赠人、基金会税收减免优惠并优化减免程序。

3. 允许结转扣除

2013 年 2 月，国务院批转国家发展改革委等部门《关于深化收入分配制度改革若干意见的通知》（国发〔2013〕6 号），提出"落实并完善慈善捐赠税收优惠政策，对企业公益性捐赠支出超过年度利润总额 12% 的部分，允许结转以后年度扣除"。建议财税部门制定捐赠税收递延抵扣政策，允许纳税人超过当年税前扣除比例的部分捐款，递延至下一年度抵扣，以鼓励捐赠者的积极性。如企业当年利润总额为 100 万元，按照现行税法最高免税捐赠额为 12 万元，如果企业捐赠 20 万元，则超出的 8 万元仍然需要缴纳 25%

的企业所得税。采取递延抵扣政策后，则超出的 8 万元可以递延至下一年度进行全额抵扣。

4. 完善捐赠票据使用管理办法

财税〔2010〕45 号文件规定，对于通过公益性社会团体发生的公益性捐赠支出，主管税务机关对照财政、税务、民政部门联合公布的"获得公益性捐赠税前扣除资格的公益性社会团体名单"予以办理。而财政部出台的《公益事业捐赠票据使用管理暂行办法》规定，省级政府财政部门印制的捐赠票据，一般应当在本行政区域内核发使用，不得跨行政区域核发使用。由此出现这种情况：捐赠人持异地基金会捐赠票据去办理扣税手续时，被当地税务机关认定既不在全国性的公益性社会团体名单内，也不在当地的公益性社会团体名单内。建议完善捐赠票据使用管理办法，并加强监管，防止利用捐赠票据逃避税收的行为。

（二）扩大基金会获得税收减免的范围

1. 建议增加基金会获得税收减免的种类

税收优惠的方式和种类其实很多，但目前与基金会等非营利组织相关的税收优惠主要集中在所得税方面，即公益性捐赠所得税税前扣除和非营利组织企业所得税免税。建议增加营业税、增值税等税种的优惠，不一定要求全免，可以采取降低税率的方式，减少基金会接受实物捐赠、房产捐赠和股票捐赠以后产生的税收支出。

2. 建议扩大基金会的免税收入范围

如前文所述，基金会等非营利组织享受所得税优惠，区分了免税收入和不免税收入，取得政府购买服务收入和投资收益均不在免税收入之列。为了保障基金会等非营利组织更好地通过政府购买服务和投资收益获取资源，建议将基金会获得政府购买服务收入和基金投资收益列入非营利组织的免税收入范围，或将符合条件的非营利组织开展与其宗旨相关的业务活动取得的各种收入扣除相应的成本支出后的余额作为非营利组织的免税收入。

案例5　中国非公募基金会税收政策研究报告建议——加快非营利组织（非公募基金会）营利性收益的税收优惠政策研究

在当前社会转型背景下，非公募基金会日益成为社会建设和社会创新中的积极力量，其社会性特征逐渐增强，基金会进行投资活动已成为发展的必然。因此，政府应加快非营利组织（非公募基金会）营利性的税收优惠政策研究，适时发布相关投资指引，鼓励基金会多渠道筹资，科学理财，专业操作，使资金增值，以促进其自身可持续发展。根据我国的现行规定，没有禁止非营利组织从事营利性活动，如《社会团体登记管理条例》中规定的"可以开展章程规定的活动"，并没有排斥"营利性经营活动"，这就意味着社会团体可以开展与其章程相关的商事活动，只要其收入没有在其成员中进行分配。因此，非营利组织从事法律法规允许的营利性活动，符合下列条件的可考虑给予企业所得税优惠。

（1）非营利组织从事营利性活动不得妨碍本组织开展符合非营利组织宗旨的活动，比如可参照日本的规定，营利性活动收入占本组织全年收入的比重应低于50%。

（2）非营利组织从事与本组织宗旨无关的营利活动所获得的利润不得超过本组织全年总收入的一定比例，比如可参照美国35%的规定，确保组织的非营利性。

（3）非营利组织的营利性收入除支付营利性活动正常的管理费用之外，必须全部用于符合非营利组织宗旨的活动。

（4）按照新企业所得税法中规定的享受所得税优惠的一般性前提即享受优惠项目必须进行单独核算，在财务处理上非营利组织的营利性活动应与非营利活动相分离，各自能够分开准确核算。

另外，还可考虑建立营利性收益与公益性支出相结合的捐赠退税制度。由于营利性活动应与非营利活动相分离，各自核算，这样如果将营利性收益用于当前的公益性支出的部分进行抵税，可使基金会在实现基金会资助的前提下，获得一定的投资收益税收优惠。

3. 改进民政、财政、税务等主管部门的工作机制

（1）加强政府主管部门之间的协调及其与社会组织之间的沟通

由于基金会等非营利组织的税收优惠资格申请、认定和减免税办理涉及财政、税务、民政等主管部门，建议政府主管部门之间建立正常的协调机制，及时处理基金会等非营利组织在享受税收优惠政策过程中的问题。特别是对非营利组织免税资格的认定工作，民政主管部门也应参与审核。

同时，要加强政府部门和非营利组织之间的沟通与理解，充分认识非营利组织的价值和使命，使国家制定的税收优惠政策能够达到预期的效果。

（2）进一步提高现行税收优惠政策的执行力度，简化程序，改进服务

建议将"公益性捐赠税前扣除资格"和"非营利组织免税资格"的审核认定合并进行，提高信息公开程度，简化税前扣除手续，尤其是对个人捐赠的30%的个人所得税减免程序，要方便快捷，以利于更多的民众捐赠。

为克服目前在税收征管中依行为课税而不是依主体课税的弊端，建议省级税务主管部门设立专门针对非营利组织的税收管理部门，克服基层税务机关熟悉社会组织的专业人才不足的困难，也节约人力成本。

（3）强化对基金会享受税收优惠政策的监管

为防止违法行为，建议民政、财政、税务和金融主管部门联合建立统一的信息平台，监督基金会等非营利组织对慈善捐赠资金和政府补助资金的使用管理，对未按规定履行信息公开义务的基金会，取消其免税资格。

应当要求基金会严格执行国家会计制度，依法进行税务登记和纳税申报。未按其设立宗旨和章程规定进行支出的基金会，不得享受企业所得税优惠。

结　语

公益慈善捐赠与非营利组织在公益事业发展和社会进步过程中扮演着重要的角色。基金会既是公益慈善捐赠的运营主体，也是公益事业的资源提供者，探讨扩大基金会税收优惠政策和改进政策操作的工作机制，改善基金会发展的政策环境，对于促进基金会健康持续发展，使其在社会主义和谐社会建设中发挥更好更大的作用，具有极为重要的意义。

通过开展本次调查研究工作，我们看到了各级民政、财政、税务等主管部门在落实、完善公益慈善捐赠和非营利组织税收优惠政策方面做了大量的努力，付出了很多的辛劳。绝大部分基金会切实感受和获得了国家税收优惠政策的鼓励与支持，这些鼓励和支持使成长中的中国现代公益慈善事业充满朝气和活力。

中共中央关于全面深化改革的决定提出了加快转变政府职能、深化财税体制改革、创新社会治理体制的指导方针，并对公益慈善事业和社会组织赋予重要的历史使命。我们呼吁，以十八大三中全会精神为指导，以全面深化改革为契机，对公益慈善捐赠和非营利组织的法律制度、管理体制及其税收政策进行顶层设计。

第一，尽快出台一部《慈善事业促进法》，对慈善捐赠的主体、行为、财产关系、税收政策进行统一规范，确立基金会作为慈善事业运营主体的法律地位。

第二，对现行社会组织分类管理，制定一部《非营利组织法》，打破从事非营利性社会服务活动的公益组织与事业单位之间的所有制界限，将现行的事业单位和民办非企业单位统一管理，统一税制。

第三，改革公益慈善事业和非营利组织管理体制，将现行的民政主管部门和业务主管单位"双重"管理模式改为民政主管部门和税务主管部门"双重"管理模式，在扩大公益慈善捐赠和非营利组织税收优惠范围的同时，加强和改进对公益慈善捐赠和非营利组织的税务监管，防止滥用税收优惠制度的行为。

在此，我们也呼吁基金会行业要重视绩效管理，加强行业自律，加强政策研究与倡导能力建设，与政府建立合作伙伴关系，共同促进社会事业改革创新。

𝕭.5
社会组织（基金会）
公众筹募政策研究报告

一 研究背景

公众筹募简称"众筹"，也就是面向公众募捐。2014 年颁布实施的《基金会管理条例》第三条规定，"基金会分为面向公众募捐的基金会（以下简称公募基金会）和不得面向公众募捐的基金会（以下简称非公募基金会）。"公募基金会可以面向公众募捐，非公募基金会不得面向公众募捐。其他组织是否可以面向公众募捐，没有规定。事实上，大量基金会以外的组织以各种方式面向公众募捐。就已有规定的基金会而言，何谓"面向公众募捐"在法律和政策层面很难界定，它到底是公益组织应当普遍拥有的权利还是少数组织的特权，是应当管理募捐资格还是管理募捐行为，都是需要讨论的。而且随着技术特别是互联网技术的发展，现有的规定已被突破，更需要在政策上做出调整。

（一）社会组织管理体制改革的推进

十八大之后，包括基金会在内的社会组织迎来前所未有的发展机遇。十八大明确提出"支持发展慈善事业"，要"加快形成政社分开、权责明确、依法自治的现代社会组织体制"。十八届二中全会要求"改革社会组织管理制度"，十八届三中全会提出"激发社会组织活力"，昭示着社会组织将进入新的历史发展

阶段。

来自中央的决策信号直接推动了公益慈善行业政策环境的改善。据不完全统计，仅2012年颁布的全国性、地方性公益慈善政策法规就有22部，倾向于支持和引导公益慈善行业发展。十二届全国人大一次会议通过的《国务院机构改革和职能转变方案》决定，行业协会商会类、科技类、公益慈善类、城乡社区服务类社会组织直接登记。登记这四类社会组织，不再需要业务主管单位的前置审批。由于《基金会管理条例》将基金会定义为公益性组织，实行公益慈善类社会组织直接登记将极大地促进基金会的发展。

（二）网络筹募的发展

网络的兴起正深刻地改变着人们的捐赠方式。2005年，随着两家公益机构在淘宝网上开设公益网点筹集善款，基金会的网络筹款历程开启。2008年汶川地震之后，网络筹款进入了爆发期，网络逐渐成为灾害发生后最重要的公众筹款渠道。2008～2013年是网络捐赠发展异常迅速的5年，各网络捐赠平台纷纷上线。据不完全统计，截至2013年9月10日，中国网络捐赠平台共筹集善款超过5.2亿元。其中，阿里巴巴平台、腾讯网络捐赠平台、新浪微公益平台以及支付宝E公益平台的筹款总额均超过1亿元，成为中国网络捐赠的主要通道；网络捐赠参与度方面，仅腾讯网络捐赠平台的参与人数就超过了1600万人[①]。

目前，中国的网络捐赠已日臻成熟，各大网络捐赠平台为网友和公益慈善组织搭建了重要的捐赠桥梁，网络筹款已经成为募捐市场的新兴力量，潜力巨大。

---

① 《中国网络捐赠研究报告》。

（三）公众参与和监督意识的提升

2011 年，一些公益慈善行业的负面新闻被集中报道，引发了公众对公益慈善行业透明度、执行力等的质疑，捐赠人对社会组织公信力的要求越来越高，也更加重视自己在募捐中的知情权、参与权与问责权。随着中国捐赠人权利意识的提高，政府和社会组织急需摆脱被动状态，提升行业透明度和服务监管质量。

有鉴于此，本研究报告将重点关注在社会组织管理体制改革的大背景下，伴随着网络筹募的兴起和公众参与度及监督意识的提升，中国的社会组织如何进行筹募；在筹募过程中遇到的问题和挑战，以及政府在规范筹募程序、促进筹募市场的健康发展和推动社会公益慈善良性运行中的重要作用。

二 基金会公众筹募的现状和挑战

（一）国内公益慈善筹募市场总体描述

在社会组织迅速发展的同时，以基金会为募捐主体的中国公益慈善筹募市场也在发生变化。一方面，基金会作为独立的募捐主体在募捐市场上所起的作用更加积极。据估计，2012 年，我国接受国内外社会各界的捐赠款物总额为 1 亿元，基金会的捐赠收入为 376.07 亿元，约占全社会捐赠总量的 37%①。从 2010 年到 2012 年，基金会募得的款物始终占社会捐赠总额的三成以上，基金会已经成为我国筹募市场上最大的募捐主体。另一方面，公益慈善捐赠中个人捐赠的占比逐年提高。随着募捐市场的进一步放开以

---

① 刘忠祥主编《中国基金会发展报告（2013）》，社会科学文献出版社，2014。

及公众参与和监督意识的提升，在未来的募捐市场中，来自公众的捐赠份额将进一步扩大。

（二）基金会公众筹募的主要方式

日益增长的公众捐赠额既来源于银行汇款等传统的募捐方式，也受到网络捐赠、户外筹款活动等新兴的筹募方式的推动。

1. 以银行汇款为主的传统筹募方式

基于既有的项目，由捐款人通过银行、邮局进行汇款是基金会长久以来主要的筹募渠道。如"免费午餐"基金现在有银行汇款、淘宝公益店、支付宝网络捐赠、腾讯月捐等多个渠道，2012 年其57% 的捐赠收入依然来自银行汇款[①]。

2. 网络募捐

网络募捐主要是利用网络技术手段，以电子商务的形式通过第三方网络捐赠平台进行募捐，网络募捐的对象主要是普通网民，多为小额捐赠。目前国内主要的网络捐赠平台为阿里巴巴平台、新浪微公益平台、腾讯平台、支付宝 E 公益平台、易宝公益圈以及百度旗下的百付宝爱心捐赠平台。网络募捐具有速度快、成本低、传播广、透明度高的特点，为中国 5.91 亿网民提供了快捷有效的捐赠渠道，已被国内各大基金会广泛使用。同时，国内多个网络捐赠平台都为"草根"组织开发了募捐通道，使这些规模不大但确实有募捐需求的机构获得了有效的筹募渠道。网络筹款在提升公益组织透明度方面的作用明显，为了更好地利用网络进行募款，公益机构需要为捐赠人提供优质的服务，尤其是保证组织的公信力和资金使用的透明度。

3. 活动募捐

通过开展面向普通公众的户外筹款活动进行筹款，是目前国内

---

① 《中国社会福利基金会免费午餐基金 2012 年财务信息披露报告》。

公募基金会的新尝试。上海公益事业发展基金会（联劝）自 2011 年
10 月启动"一个鸡蛋的暴走"公益筹款活动以来，已募得善款 428
万余元，其中公众筹款总额为 366 万余元。由壹基金发起的"为爱
同行·壹基金健行活动"已于 2013 年 7 月、8 月先后在深圳、杭州
两地启动，目前共筹得善款 237 万余元。2013 年 9 月，中国青少年
发展基金会发起的"'挑战 8 小时'慈善徒步越野赛"在北京正式
开赛，活动报名人数为 1200 余人，累计筹款额接近 150 万元。

这种户外运动类大型筹款活动主要是借鉴了香港地区诸如
"乐施毅行者"的筹款模式，具有公众参与人数多、互动性强的特
点，既能迅速提升基金会的知名度也能在较短的时间内筹得一定款
项。但是，此类活动的参与门槛相对较高，一般需要组队参与，对
参与公众有一定的筹款额的限制；同时，活动的成本较高，需要考
虑公共秩序、交通安保等一系列的问题。

（三）基金会筹募的主要问题和挑战

募捐市场的进一步放开为基金会提供了一个相对公平、平等的
劝募环境，但是社会组织在劝募实践中仍然面临着筹募资质、募捐
环境等方面的困难，而竞争日益加剧的募捐市场也对基金会的募捐
能力提出了挑战。

1. 筹募资质

是否具有公募资质决定了公益组织是否能够合法面向公众募
捐。公募基金会在募捐市场上的竞争优势明显。对绝大多数没有公
募资质的公益慈善组织而言，挂靠在公募基金会下成立专项基金成
为其获得公募资质的捷径。专项基金虽然能使部分的公募行为合法
化，但是仍然有资金使用不独立、不自主的问题。

2. 来自普通公众的小额捐赠不足

目前，中国内地个人捐赠的主力仍是企业家，民间的小额捐赠

始终只能占到个人捐赠的一小部分，这与香港筹募市场95%的捐款来自普通公众有明显的不同。在大额捐赠下降、企业捐赠分流趋势明显的情况下，引导公众持续地参与小额捐赠将是保持基金会筹款额持续稳定的重要途径。目前，壹基金、中国扶贫基金会等公募基金会已引入月捐项目等定期小额捐赠模式，腾讯网络捐赠平台也已推出腾讯月捐平台，这种按月定期捐款的小额捐赠模式既有利于公益慈善文化的传承和推广，也使公众能够参与到善款使用监督的过程中。

3. 公信力问题

由于"郭美美事件"等一些负面信息的曝光，公众对公益组织的信任度有所降低，公益组织的公信力与其接受捐赠量的关系也越来越直接和紧密。随着筹募市场的进一步放开，基金会的专业性和透明度将成为影响捐赠人捐赠意愿的最直观标准，专业性强和透明度高的组织将更容易获得公众的捐赠。

4. 筹募模式缺少创新

目前以公募基金会为代表的筹募主体依然延续传统的筹款模式，缺少对目标筹募群体的细分，项目的创新性明显不足。像中国扶贫基金会的"爱心包裹"项目这样既有清晰、良好的项目实施效果，又能为捐赠人带来较强体验感的明星项目数量依然较少。

三　国内募捐相关的政策法规

（一）现有的法律文件

1999年施行的《中华人民共和国公益事业捐赠法》，对公益、公益捐赠和受赠、捐赠财产的使用和管理进行了规范，具有鼓励、规范捐赠，保护捐赠人、受赠人和受益人合法权益的作用。由于该部法律的制定时间较早，部分内容如政府作为公益捐赠的监管主体同时又可作为受赠主体，已不符合目前筹募市场发展的要求，对快速发展的筹募市场的指导和监管作用有限。2004 年颁布实施的《基金会管理条例》对基金会进行了比较详细的规定。规定了公募基金会可以面向公众募捐；基金会组织募捐，应当符合章程规定的宗旨和公益活动的业务范围；境外基金会代表机构不得在中国境内组织募捐、接受捐赠；公募基金会组织募捐，应当向社会公布募得资金后开展的公益活动和资金的详细使用计划。国务院救灾和福利事业的主管部门民政部分别于 1994、1998 年发出《社会福利性募捐义演暂行办法》《关于救灾募捐义演等有关问题的通知》，对相关问题进行了规范。以上法律法规尚不足以对募捐市场的方方面面进行有效的规范和促进。

2011 年 5 月 1 日，我国第一部专门规范募捐的地方性法规《湖南省募捐条例》正式实施；2012 年 5 月 1 日和 9 月 1 日，《广州市募捐条例》、《上海市募捐条例》相继施行，内蒙古自治区也在同年的 9 月 21 日实施了《内蒙古自治区慈善捐助管理办法》。此外，江苏、宁夏、宁波等省区也在 2010～2012 年间陆续颁行了当地的慈善事业促进条例，其中都不同程度地涉及公益捐赠方面的内容。

表 1 为现有的与慈善募捐有关的法律文件

表 1　与慈善募捐有关的法律文件

名　　称	施行时间
《中华人民共和国公益事业捐赠法》	1999 年 9 月 1 日
《基金会管理条例》	2004 年 6 月 1 日
《江苏省慈善事业促进条例》	2010 年 5 月 1 日

名　　称	施行时间
《湖南省募捐条例》	2011 年 5 月 1 日
《宁波市慈善事业促进条例》	2011 年 10 月 1 日
《宁夏回族自治区慈善事业促进条例》	2011 年 11 月 1 日
《广州市募捐条例》	2012 年 5 月 1 日
《上海市募捐条例》	2012 年 9 月 1 日
《内蒙古自治区慈善捐助管理办法》	2012 年 9 月 21 日

（二）对地方条例有关公众募捐内容的解读

募捐主体资格不明确、募捐程序不规范、募捐财产管理使用不透明等问题一直受到社会的普遍关注和广大捐赠人的质疑。近两年出台的地方条例对上述热点问题也做出了相关的回应。

1. 募捐主体资格

依法成立的具有公募资质的社会组织是法定的募捐主体，如红十字会、公募基金会。《上海市募捐条例》第四条第一款第三项规定，"经依法登记，以发展公益事业为宗旨，通过资助或者志愿服务等形式向社会公众提供服务的社会团体"也是募捐组织，享有当然的募捐主体资格；广州、湖南的募捐条例均规定公益性社会团体、公益性事业单位在取得募捐许可或募捐资格后可以开展公众募捐活动，其中广州特别规定公益性民办非企业单位在获得许可或资格后也可以作为募捐主体。

2. 募捐程序

对于募捐组织开展募捐活动的事前审查，上海采用的是备案制，即"募捐组织开展募捐活动，应当制定募捐方案，并在募捐活动开始十个工作日前，向募捐活动所在地的区、县民政部门办理备案手续"；由于规定的募捐主体不同，广州对募捐活动的审查采用的是备案、许可制，对红十字会等享有公募资质的社会组织开展的募捐活动实行备案，而"公益性的社会团体、民办非企业单位和非营利的事业单位经申请取得募捐许可后，在许可的范围和期限内开展募捐活动"。

虽然社会公众对广州市民间募捐也需要行政许可的规定有较大的争议，但是这一募捐管理措施的实质是以开放公募权为前提，为不具有法定公募资质的社会组织尤其是规模较小、资源不足的公益性民办非企业单位提供了合法的开展募捐活动的途径。

3. 募捐财产的管理和使用

如何加强对募捐财产的管理和使用，避免机制不完善而使公众的善款有所缺失或去向不明也是各地方募捐条例重点关注的内容。在管理方面，广州、上海、湖南的募捐条例规定了对募捐资金设立专门账户进行专账管理，上海、湖南都要求募捐组织"按照合法、安全、有效的原则，实现募捐财产的保值增值"。在使用方面，按照募捐方案确定的使用计划或与捐赠人约定的用途及时使用募捐财产是已出台的地方募捐条例的总体要求；同时，广州、上海、湖南的募捐条例对募捐成本的列支也做出了相应的规定，如广州市对募捐成本的列支做了如下规定："国家规定可以在募集财产中列支的，募捐组织不得超出国家规定列支；国家没有规定的，应当控制在已经公布的募捐方案所确定的工作成本列支项目和标准之内。"

4. 募捐的透明度

湖南、广州、上海的募捐条例均规定了募捐组织的"四次公开"，即：募捐活动开展前，将募捐方案等主要信息在当地民政部门网站予以公开；募捐活动开展时，在活动现场或活动载体上公示募捐方案等；募捐活动结束后，在当地民政部门网站上公布募捐情况；一定期限内，在当地民政部门网站上公布募捐财产的使用情

况。这些公开措施的落实将有效提升募捐活动的透明度和募捐组织的公信力，增强社会捐赠的积极性。

四 公众筹募监督和管理的政策建议

中国的募捐市场正在发生变革，募捐主体数量的增加、募捐方式的多元以及社会公众对慈善募捐的关注都对政府作为募捐市场"裁判员"的角色提出了更高的要求，而政府也需要通过新的制度设计适应变革中的募捐市场，回应社会公众的关切，在有效监督和管理筹募市场的过程中，维护和激励公益慈善的健康发展。

基于此，我们提出对公众筹募进行监督和管理的三项原则，即：规范市场，提振信心；鼓励创新，培育市场；汇聚资源，和谐共融。以此三原则为出发点，监督和管理社会组织的公众筹募行为，引导筹募市场的健康有序发展。

（一）规范市场，提振信心

对筹募市场的规范建议以明确募捐主体资格、监管募捐活动和惩治违法行为为主要内容。

1. 明确募捐主体资格

目前的筹募市场上存在着募捐主体资格不明确的问题，公众面对不同形式的社会组织难以分辨其是否具有募捐资格。建议政府出台政策明确哪些社会组织在何种情况下可以成为募捐组织，并为募捐组织提供可供识别身份的形象标识以利于公众辨认。同时，提供相应的查询渠道以便于公众查询开展筹募活动的组织是否具有募捐资质。

2. 监管募捐活动

在募捐活动的监管方面，首先应当明确社会组织在公开场合进行的所有募捐活动是否都要受到政府统一的监管。我国香港的做法是慈善拍卖、慈善舞会、音乐会、晚宴、步行、电影首映礼、传媒表演节目，以及以邮寄、广告或慈善电话热线方式安排的公众慈善筹款活动都不受政府的监管。实践中，为了降低政府的监管难度和社会组织的申请成本，建议对募捐活动进行分类，明确不同类型的募捐活动的监管范围。

对募捐活动的监管建议主要涵盖筹款活动的运作、社会组织信息披露的义务、社会组织的财务责任以及捐款人的权利等内容；其中，财务责任具体指社会组织在对募捐财产进行管理和使用的过程中应尽的法定责任和约定义务，也包括对筹款成本的控制。同时，民政部门有责任在其网站上公布已获得许可证的慈善筹款活动的名单以及募捐方案等主要信息，以促使社会组织以负责任的方式筹集善款，管理和使用善款，并为捐赠人或普通公众监督募捐活动的流程和善款的使用提供依据。

3. 惩治违法行为

设置投诉、除名机制，对违反许可证规定或募捐活动规定的个案，赋予募捐活动的利益相关方向民政部门进行投诉的权利；经民政部门审核后投诉成立的个案，民政部门可以撤销已发放的行政许可证，对违法行为进行相应的行政处罚，如限期返还募捐财产、处以罚款等。

（二）鼓励创新，培育市场

1. 鼓励网络捐赠等新兴募捐方式

网络捐赠平台具有良好的信息披露机制且用户基础量大。实质上，社会组织进行网络募捐的透明度要求更高。政府部门对网络捐赠的监督可以侧重于对网络捐赠平台的规范和管理，由平台自身和广大网民作为社会组织的实际监督者。

2. 促进募捐市场专业化发展

目前，国内的募捐市场方兴未艾，筹募的专业化将有益于公益慈善募捐市场的健康发展。建议政府通过政策措施鼓励、引导筹募的专业化发展，如通过筹款专业资格认证、发放筹款人执照等方式使筹款成为一个职业化、专业化的工作。

同时，为了避免筹募市场化发展可能带来的弊端，政策设计中也应当考虑筹款人的职业操守和未来可能出现的筹款公司的社会责任，对于筹款人或筹款公司对捐赠人个人信息的保密以及佣金的提取等问题做出明确规定。

3. 合理确定筹募成本等行政开支

实践中，开展募捐活动的行政成本列支仍限定在 10% 的行政经费里。对筹募成本的限制可以保证列支的募捐成本在合理、可控的范围内，提高募捐财产的有效使用率。但是，过低的筹款成本势必会对社会组织开展筹募活动造成压力，压制社会组织开拓筹募市场的创造力和信心，不利于筹募市场的健康发展。

（三）汇聚资源，和谐共融

除公募基金会享有法定的公募资质外，政府可以考虑赋予公益性民办非企业单位等其他公益性社会组织在一定条件下开展公众筹募活动的权利。《广州市募捐条例》规定的备案许可制给了我们很好的启示，其第五条第二款规定"公益性的社会团体、民办非企业单位和非营利的事业单位经申请取得募捐许可后，在许可的范围和期限内开展募捐活动"。实践中，政府可以考虑对社会组织申请许可拟提交的材料、审核流程和内容等做出具体规定。

公募权在有效监管下的放开将激发社会组织尤其是规模较小的公益性民办非企业单位的活力，有利于社会资源流向更有需要的领域和个人，发挥社会组织应有的职能，促进社会和谐。

由于很多基金会在募捐市场依然具有垄断权，对公众筹募的监管需要避免强化这些基金会的垄断权。应鼓励这类基金会在募捐的同时积极履行基金会作为捐赠方的职责，为公益性民办非企业单位和众多的社会服务机构提供资助，为更多的社会组织提供更大的生存空间，扩大公益慈善行业乃至社会服务领域的受益人群。

总体而言，政府对社会组织公众筹募进行监督和管理的角色应以协助推行公众筹募活动和保护捐赠人的权益为主，惩治涉及诈骗、洗钱的筹款活动。行之有效的监管机制将提升募捐活动的透明度和募捐主体的公信力，培养公众成为有智慧的捐赠人；同时，应避免监管机制为社会组织带来烦琐的行政审核程序和不必要的行政成本支出，以致阻碍筹募活动的正常开展和募捐市场的良性发展。

参考文献

1. 《中国网络捐赠研究报告》
2. 《中国民间组织报告（2013）》，社会科学文献出版社，2013。
3. 《香港慈善筹款活动最佳安排参考指引》
4. 《香港法律改革委员会慈善组织小组委员会咨询文件》
5. 《广州市募捐条例》
6. 《上海市募捐条例》

法 律 声 明

权威报告·热点资讯·特色资源

皮书数据库
ANNUAL REPORT(YEARBOOK)
DATABASE

当代中国与世界发展高端智库平台

社会科学文献出版社 皮书系列
SOCIAL SCIENCES ACADEMIC PRESS (CHINA)

卡号: 770265873572
密码:

S 子库介绍
ub-Database Introduction

中国经济发展数据库

涵盖宏观经济、农业经济、工业经济、产业经济、财政金融、交通旅游、商业贸易、劳动经济、企业经济、房地产经济、城市经济、区域经济等领域，为用户实时了解经济运行态势、把握经济发展规律、洞察经济形势、做出经济决策提供参考和依据。

中国社会发展数据库

全面整合国内外有关中国社会发展的统计数据、深度分析报告、专家解读和热点资讯构建而成的专业学术数据库。涉及宗教、社会、人口、政治、外交、法律、文化、教育、体育、文学艺术、医药卫生、资源环境等多个领域。

中国行业发展数据库

以中国国民经济行业分类为依据，跟踪分析国民经济各行业市场运行状况和政策导向，提供行业发展最前沿的资讯，为用户投资、从业及各种经济决策提供理论基础和实践指导。内容涵盖农业，能源与矿产业，交通运输业，制造业，金融业，房地产业，租赁和商务服务业，科学研究，环境和公共设施管理，居民服务业，教育，卫生和社会保障，文化、体育和娱乐业等 100 余个行业。

中国区域发展数据库

以特定区域内的经济、社会、文化、法治、资源环境等领域的现状与发展情况进行分析和预测。涵盖中部、西部、东北、西北等地区，长三角、珠三角、黄三角、京津冀、环渤海、合肥经济圈、长株潭城市群、关中天水经济区、海峡经济区等区域经济体和城市圈，北京、上海、浙江、河南、陕西等 34 个省份及中国台湾地区。

中国文化传媒数据库

包括文化事业、文化产业、宗教、群众文化、图书馆事业、博物馆事业、档案事业、语言文字、文学、历史地理、新闻传播、广播电视、出版事业、艺术、电影、娱乐等多个子库。

世界经济与国际政治数据库

以皮书系列中涉及世界经济与国际政治的研究成果为基础，全面整合国内外有关世界经济与国际政治的统计数据、深度分析报告、专家解读和热点资讯构建而成的专业学术数据库。包括世界经济、世界政治、世界文化、国际社会、国际关系、国际组织、区域发展、国别发展等多个子库。